普通高中国家课程项目式教学实践研究丛书

白刚勋　总主编

GAOZHONG SHUXUE
XIANGMUSHI JIAOXUE SHIJIAN
YANJIU

高中数学
项目式教学实践研究

孙云霞　主编

山东科学技术出版社

图书在版编目（CIP）数据

高中数学项目式教学实践研究 / 孙云霞主编. —济南：山东科学技术出版社，2020.11

（普通高中国家课程项目式教学实践研究丛书 / 白刚勋总主编）

ISBN 978-7-5723-0408-8

Ⅰ.①高… Ⅱ.①孙… Ⅲ.①中学数学课—教学研究—高中 Ⅳ.①G633.602

中国版本图书馆CIP数据核字（2020）第135146号

高中数学项目式教学实践研究

GAOZHONG SHUXUE XIANGMUSHI JIAOXUE SHIJIAN YANJIU

责任编辑：林翠丽
装帧设计：孙　佳

主管单位：山东出版传媒股份有限公司
出 版 者：山东科学技术出版社
　　　　　地址：济南市市中区英雄山路189号
　　　　　邮编：250002　电话：（0531）82098088
　　　　　网址：www.lkj.com.cn
　　　　　电子邮件：sdkj@sdcbcm.com
发 行 者：山东科学技术出版社
　　　　　地址：济南市市中区英雄山路189号
　　　　　邮编：250002　电话：（0531）82098071
印 刷 者：青岛新华印刷有限公司
　　　　　地址：青岛市城阳区仙山东路12号
　　　　　邮编：266107　电话：（0532）87872799

规格：16开（184mm×260mm）
印张：18.5
版次：2020年11月第1版　　2020年11月第1次印刷
定价：58.00元

普通高中国家课程项目式教学实践研究丛书
编 委 会

主　　任　刘鹏照
副 主 任　姜元韶
委　　员　柴清林　项　骏　白刚勋　逄淑萍

指导专家（北京师范大学教授）
　　　　　王　磊　郑国民　王　蔷　罗　莹　郑　林
　　　　　王　民　曹一鸣　王　健　李晓东

总 主 编　白刚勋
副总主编　逄淑萍
编　　委　王振敏　李洪忠　付立金

《高中数学项目式教学实践研究》作者名单

主　编　孙云霞
编　者　李洪忠　周梦鸽　甄　晓　衣军潼　孙　超
　　　　胡　月　陈　雪　李元基　于志昌　谷佳文
　　　　王成平　赵晟珂　杨淑英　邹旭涛

序一

邓云锋

教育是国之大计、党之大计，是功在当代、利在千秋的德政工程。

普通高中教育是连接基础教育与高等教育的重要枢纽，是国民教育体系中承上启下的关键一环。推进教学方式方法改革，对于提高高中教育教学质量，促进高中多样化有特色发展，满足不同性格禀赋、不同兴趣特长、不同素质潜力学生的教育需求，让每个学生都有人生出彩机会具有重要意义。习近平总书记在全国教育大会上强调，要推进教材、教法改革，探索形式多样、行之有效的教学方式方法，切实在素质教育上取得真正的突破。山东省深入学习贯彻习近平总书记关于教育的重要论述，认真落实全国全省教育大会精神，根据新的普通高中课程方案和课程标准，努力推进育人模式改革，支持和鼓励各地各学校创新教育教学方式方法，取得了明显成效。一大批学校在实践探索中形成了值得推广的成功经验和典型做法，青岛39中就是其中的佼佼者。

多年以来，青岛39中依托中国海洋大学等几十家涉海单位，探索形成了基础课程＋拓展课程＋实践课程"三位一体"的海洋教育课程体系，启动实施了每周一次专家讲座、每月一次实践考察、每学期一项课题研究、每年一次海上科考的"四个一工程"，让学生在深钻细研过程中体验学习乐趣、丰富文化知识、开阔眼界视野、提升综合素质，取得了良好育人成效。学校从中认识和发现了项目式教学对学生发展核心素养的意义和价值，并由此决定开展基于国家课程的项目式教学研究。

从2017年起，青岛39中与北京师范大学合作，实施了"基于项目式教学促进学生核心素养发展的课程整合及课堂教学改进实践研究"，以学生为主体，引导学生在真实的情境中自主探究、合作学习；以实践为导向，培养学生科学精神、提高学生创新能力。经过3年多实践，学校有40多名教师开设了项目式教学省级公开课，20多名青年教师凭借项目式教学成果通过硕士学位答辩，57名教师在教育类专业期刊发表项目式教学论文，项目式教学的经验做法得到广泛认可和推广，仅历史学科就有4个项目式教学案例被北京师范大学历史学院本科生和研究生教材引用。学校2020年被确定为新课程新教材实施国家级示范校。

为总结3年多来的实践经验，青岛39中组织编写了"普通高中国家课程项目式教学实践研究丛书"，目前已完稿付梓。该丛书共10册200余万字，全面展现了青岛39中探索实施项目式教学的历程，并对普通高中教育教学方式方法改革进行了理论探索，是一套理论与实践相结合、指导性和可操作性较强的教学研究丛书。

相信更多的学校能够从该丛书中得到启示，在落实立德树人根本任务、健全人才培养体系、优化育人模式等方面，进一步解放思想、更新观念，大胆改革、积极创新，坚守"为党育人、为国育才"的初心使命，真正走出一条适应新时代要求、符合学校实际的教育教学创新之路，努力培养更多堪当民族复兴大任的时代新人。

我在青岛工作期间，就比较关注青岛39中的教学改革，得知学校近年来项目式教学改革取得的成绩后更是高兴。因此，当学校请我为这套丛书作序时，欣然提笔，是以为序。

（作者系中共山东省委教育工委常务副书记，山东省教育厅党组书记、厅长）

王 磊

  2017年在一次齐鲁名师名校长培训活动上，了解到青岛39中在白刚勋校长的带领下，开展基于课题研究促进学生学习方式转变的教学改革，并且在海洋教育方面已经取得了丰硕成果，完成了国家级课题研究，也获得了国家教学成果奖。从2015年开始进一步探索"将课题研究的学习方式延伸到国家基础课程，让学生在研究中学习"的教学改革。这种实践与北师大学科教育团队开展的基于项目式教学促进学生核心素养及学科能力发展的研究高度吻合。他们有实践，我们有理论，双方一拍即合，决定开展全面深度合作。

  2017年7月，在青岛市教育局大力支持下，北京师范大学、青岛市教育局、青岛39中共同签署了《"基于项目式教学促进学生核心素养发展的课程整合及课堂教学改进实践研究"合作协议》，3个学年共6个学期，北京师范大学组建9个学科的专家团队以每学年6次的频次，通过理论研修、教学诊断、课程整合、课堂改革、学生评价及总结交流的方式进行现场指导。截止到2020年9月，专家已赴青岛39中现场指导219人次，指导80名老师设计并实施了102个项目，覆盖语文、数学、英语、物理、化学、生物学、思想政治、历史、地理9个学科的课程标准的核心课程内容，高一和高二年级参加项目式学习的学生近3500人次。项目促进了学生的核心素养和关键能力的发展、教师的教学能力提升和专业成长，推动了学科组的建设以及学校的特色发展。

项目式学习（Project Based Learning，简称PBL）是一种建构主义理念下以学生为中心的教学方式，它主张学生通过一定时长的小组合作方式，解决一个真实世界中复杂的、具有挑战性的问题，或完成一项源自真实世界经验且需要深度思考的任务，在解决问题或完成任务的过程中，精心设计项目作品、规划和实施项目任务，进而逐步习得包括知识、可迁移技能、高级思维能力、关键品格等在内的21世纪核心素养。

经过近3年的实践和研究，青岛39中在基于学科的项目式教学设计和实施策略方面取得了丰硕成果，形成了项目式教学的操作流程，各学科构建了项目式学习的课程体系，并积累了部分经典案例。鉴于学科内项目式教学实践研究已比较成熟，为了将研究成果惠及山东省乃至全国其他学校，白刚勋校长组织学校精干力量，编写了该套"普通高中国家课程项目式教学实践研究丛书"。该丛书共分10册，其中1册介绍项目式教学在学校层面的理解和操作，另外9册分为语文、数学、英语、物理、化学、生物学、思想政治、历史、地理9个学科，分别介绍各学科的项目式教学设计、实施流程及典型案例。

回望过去的3年，感慨很多，这个基于项目式课程及教学的大学和中学的合作项目是非常具有开创性和挑战性的！有幸遇到满怀教育理想和极具教育创新精神的白刚勋校长，有幸与青岛39中富有激情和活力的师生共同探讨教育的真谛，真诚为青岛39中喝彩！也为北师大学科教育团队鼓掌！很高兴为这份凝结了我们和青岛39中师生协同创新智慧的教学成果"普通高中国家课程项目式教学实践研究丛书"作序。相信该丛书一定会为项目式教学的推广发挥非常大的推动作用，也一定会为普通高中完成以核心素养为目标的教育任务提供有力支撑。

好雨知时节，完成此序时悉知青岛39中成为教育部确认的新课程新教材实施国家级示范校，该丛书适时地为教育部国家新课程新教材的实施助力，也为全国普通高中实施新课程新教材提供理论和实践样本。

（作者系北京师范大学化学学院教授、教育学部部长助理，中国化学会主任委员，教育部课程标准编制组核心成员，其研究成果荣获国家基础教育教学成果一等奖）

前言

中共中央总书记习近平指出:"综合国力竞争说到底是人才竞争。人才资源作为经济社会发展第一资源的特征和作用更加明显,人才竞争已经成为综合国力竞争的核心。谁能培养和吸引更多优秀人才,谁就能在竞争中占据优势。"中国共产党第十八届、第十九届全国代表大会的报告也反复强调创新型人才对建设创新型国家的重要性,要求教育改革传统的人才培养模式,重视学生创新能力的培养。

为了适应新时代国家对人才的要求,教师需要对传统的人才培养方法进行改进,取其精华去其糟粕,探索适合培养学生创新能力的教学方法,并将其应用于教学实践。在日常教学中,教师要注重知识的传授,重视对学生创新能力的激发和培养,将自己的教育教学观念从"知识型"转变为"应用型"。教师要将课堂的主动权交给学生,调动学生自主学习的积极性,引导学生在课堂上发挥主人翁的作用,使学生敢于表达和实践个人思想,从而达到培养学生创新能力的目的。

在此背景下,青岛市教育局联合北京师范大学,依托青岛第三十九中学开展项目式教学实践研究。项目式教学是培养21世纪创新型人才的有效途径。在国家基础课程中实施项目式教学,可以促进学生在掌握教材的基础上进一步理解和探索学科知识的内涵和外延,锻炼其自主解决问题以及团队合作共赢等多种能力,对教育创新和创新人才的培养有启发性影响。同时,项目式教学对教师个人的专业成长有很强的推动作用,教师专业水平的提升能给学生带来更明显的引导示范效果,学生和教师在项目式教学过程中共同进步,形成良性循环。

本书以项目式教学在我校的具体实践为依据，由我校数学组成员在理论学习的基础上，结合相关书籍、文献对三年的项目式教学实践资料进行了整理与编写。本书内容概述为项目式教学与数学项目式教学、数学项目式教学系统构建、数学项目式教学实践三部分，并从素养系统、问题情境系统、活动系统、评价系统四方面对项目式教学的理论依据进行了阐述与说明。除此以外，数学组的每一位成员都亲身经历了项目式教学的理论学习与实践，亲自设计、实施项目课程。我校数学组成员在曹一鸣教授团队的指导下开展课堂教学实践探究，实践历经理论学习、教材整合、项目挖掘、高端备课、研讨打磨、教学实施和反思评价等环节。数学项目式教学以"项目"为形式，以"成果"为目标，整合高中数学课程内容，以微课题等形式开展教学，学生通过小组合作完成项目，促进学生数学学科核心素养的发展。

　　本书旨在对数学项目式教学进行完整的理论表述，同时以多样的教学实践案例对项目式教学进行教学实际操作的阐述。我校作为青岛市第一个选择引入项目式教学的学校，在自主探索学习的过程中也同北京师范大学进行联合教研活动，在近三年的实践探索中不断改进、完善，现在已经取得了适用于国家基础课程的科学规范的教学成果。本书同样是我校实施项目式教学近三年以来的结晶，希望能为同行教育工作者带来一点启发和教学上的示范作用。

　　最后，本书的顺利出版离不开各位编者的辛苦付出，参与此次编书的成员有孙云霞、李洪忠、周梦鸽、衣军潼、甄晓、胡月、孙超、陈雪、李元基、王成平、于志昌、谷佳文、赵晟珂、杨淑英、邹旭涛等老师。除此之外，编者还要特别感谢北京师范大学曹一鸣教授、郭衍副教授、王立东博士等专家团队的三年跟踪指导，青岛市教科院两位数学教研员李现勇老师和魏清泉老师以及我校各位领导的支持与帮助。

CONTENTS 目录

第1章 项目式教学与数学项目式教学

第1节　项目式教学概述　　　　　　　　　　　　　　　　　/ 1

第2节　数学项目式教学内容与特点　　　　　　　　　　　/ 17

第3节　数学项目式教学与学科核心素养发展　　　　　　　/ 26

第2章 数学项目式教学系统构建

第1节　数学项目式教学的内容选择与目标制订　　　　　　/ 46

第2节　数学项目式教学的素材收集与问题设计　　　　　　/ 58

第3节　数学项目式教学的工具支持与活动组织　　　　　　/ 83

第4节　数学项目式教学的过程评价与目标达成　　　　　　/ 99

第3章 数学项目式教学实践

第1节　数学项目式教学操作流程　　　　　　　　　　　　/ 128

第2节　基于数学学科必备知识的微项目式教学　　　　　　/ 136

　　案例1　基于数学学科内容的概念课项目式教学案例分析
　　　　　——变化率与导数　　　　　　　　　　　　　　/ 136

案例2　探秘杨辉三角、再寻数字规律

　　　　——基于二项式系数性质的再探究　　　／147

案例3　圆锥曲线光学性质在生活中的应用　　／158

第3节　基于数学探究活动的小项目式教学　　／171

案例1　基于高度问题的解决——正余弦定理应用　／171

案例2　穿越三百年对数之光——滑尺运算　　／181

案例3　基于圆锥截口曲线形状的项目式教学　　／191

第4节　基于数学建模活动的小项目式教学　　／205

案例1　"苏大强"买房记

　　　　——数列在实际生活中的应用　　　　／205

案例2　基于教育储蓄兴衰的项目式教学　　　／215

案例3　三角函数模型在潮汐现象中的应用　　／226

第5节　基于跨学科融合的大项目式教学　　　／235

案例1　解锁"人造卫星"的轨迹方程　　　　／235

案例2　交通枢纽接驳布局　　　　　　　　　／245

案例3　历史回眸（牟）

　　　　——"牟合方盖"体积计算　　　　　／263

成果1　用所学知识解决真实世界的问题

　　　　——高中数学项目式学习的实践研究　／274

成果2　基于数学核心素养培育的项目式学习研究　／279

参考文献　　　　　　　　　　　　　　　　　　／284

第1章　项目式教学与数学项目式教学

第1节　项目式教学概述

项目式教学是一种建构主义理念下以学生为中心的教学方式。它主张学生通过一定时长的小组合作方式，解决一个真实世界中复杂的、具有挑战性的问题，或完成一项源自真实世界经验且需要深度思考的任务，在解决问题或完成任务的过程中，精心设计项目作品、规划和实施项目任务，进而逐步习得包括知识、可迁移技能、高级思维能力、关键品格等在内的21世纪技能与核心素养。它将基于知识传授的传统教学转变为专注于项目完成、职业体验和解决问题的多维交互式教学。传统的课堂教学活动主要由教师主导，学习对象及学习媒体为教科书，学习内容和形式单调，学习环境固化，学习过程同步，所以无法满足学生的个性化发展需求。而项目式教学通过调整教学内容、拓宽教学环境、改变教学模式、改革评价方式等，最终使学生充分发展创造力和创造性思维，取得良好的教学效果。

一　项目式教学研究历史

梳理项目式教学兴起和发展的历史，可以使我们弄清其在国内外的研究内容、模式、价值及研究现状。

1. 项目式教学的兴起

根据诺尔对项目式教学的研究，项目式教学起源于16世纪的欧洲建筑和工程教育运动。当时，一些建筑大师认为，作为建筑工人和石匠接受的职业培训不足以满足艺术和科学的需求，这使他们无法设计出真正美观而实用的建筑。此外，他们希望将自己的职业上升到科学的高度，从而改善他们的社会地位，同时使其门徒能够通过学习来改善他们的教育水平。当时从事相关工作的画家和雕塑家也有相同的愿望和需求。因此，1577年，建筑师、画家和雕塑家共同创建了罗马的圣卢卡艺术学院。该学院将艺术创造力作为培训目标，并为优秀学生提供具有挑战性的设计项目，如教堂、宫殿或纪念碑的设计等。该课程的学习方法是在教师示范下，学生通过动手操作来理解原理，并从实践中学习技术。这是最早的项目式教学。但是，当时所谓的"项目"都是虚拟的，学生并没有真正参与事实上的建筑工程设计。1671年，法国巴黎的皇家建筑学院成立。该学院设立了普利斯竞赛奖，并将该奖项设置为进入大师班以获得专业建筑设计师头衔的前提。该学院所有培训课程都是通过事实项目学习的，这些项目已完全融入课程中，并逐渐发展成为常规学校课程的一部分。此时，项目式教学已在欧洲扎根，并成为学术界普遍接受的教学方法。但是，当时人们对项目的理解仅仅停留在设计结果的水平，所谓的项目式教学实际上是在弥补纯书本理论学习的不足。

2. 对项目式教学实施模式的探索

18世纪末，项目式教学不再是建筑的专利。受第一次工业革命的影响，许多国家在技术学院和技术大学中建立了与建筑紧密相关的工程专业。项目式教学完成了从建筑到工程的飞跃，并从欧洲传播到了美国。这对项目式教学的实际应用和理论发展具有重要影响。项目式教学可以弥补书本知识的不足，提高学生的操作能力，并考量学习者的实践能力和艺术创造力。这种教学模式引起了越来越多学者的关注。1876年，美国麻省理工学院院长约翰·丹尼尔·兰格创立了机械艺术学院，并很快发现学生的操作能力不足。因此，他建议应该将手工培训作为对科学知识的补充，使其成为学校常规课程的重要组成部分。尽管手工项目作为补充被纳入常规课程，但它们仍与理论课程相分离。后来，美国伊利诺伊理工学院机械工程学院的鲁滨逊教授提出，项目式教学应贯串整个课程，因为理论与实践是密不可分的。学生应进入工作坊，将设计转化为产品，并经历完整的创作过程。

伍德沃德是美国华盛顿大学的机械工程学教授。1879年，他在圣路易斯建立了第一所手工培训学校。他借用了当时俄国的教学体系，将手工培训从大学转移到了中学，实施项目式教学的"线性模式"。该模式让学生分两个阶段熟悉手工工艺。首先，让学生通过完成一系列基本练习来了解工具和技术的基本知识，如让学生锉方槽、旋螺丝刀、钻柱面等。其次，在每个教学单元结束或在学年结束时，他们必须独立开发并完成该项目。在第三年末，必须完成最终的毕业项目。这种从概念原理到实际应用的教学模式在随后的40年中得到了普遍认可，并在美国的基础教育领域得到了广泛的应用。在手工培训学校成立后的十多年中，成千上万的美国学生在中学期间参加了各种教学培训，如木工、烹饪、缝纫等。该模式迎合了当时人们对项目式教学的理解，即项目仅与技能培训相关，不包括复杂的认知活动。

19世纪末，伍德沃德的思想开始遭到强烈反对。反对者认为，项目的推动力不应该是工作和学习的需要，而应该基于学生的兴趣和经验；项目不应仅侧重于技能，创造性对于学生同样重要；项目不仅应考虑系统性，还应考虑学生和学科逻辑等。这些观点引发了项目式教学模式的重大变革。作为美国实用主义教育家的代表，杜威反对传统的灌输和机械训练的教学方法，提出"学生应该在体验生活中主动学习"，主张"教育即生活，学校即社会""为社会生活做准备的唯一途径就是投身于社会生活"，教师应引导学生"从做中学"。1896年，他建立了实验中学作为其教育理论的实验基地，并担任实验中学的校长。他的教育理论强调个人发展，从实践中学习和体验式学习，这成为20世纪项目式教学研究和探索的重要理论支持。1900年，理查兹教授在霍瑞斯曼学校实施了"自然与社会学习"项目。该项目中，学生自始至终是群体共同参与合作活动，促进项目学习的是综合"建构"而不是"讲授"，项目从设计到实施是一个综合系统，可实现知识和技能的双重目标，学生的学习动机被大大激发，被称为项目学习的"整体模式"。

3. 项目式教学的内涵发展

随着时代的发展和研究的深入，人们逐渐认识到，项目式教学除了使学生掌握技能外，对于个人兴趣和经验也具有特殊意义。项目式教学不仅要考虑从设计到结果的单个项目的完整性，还要考虑学科逻辑。斯奈登将项目定义为"教育活动单元"，并指出其主要特征是项目成果有明确而具体的形式，学习者最终将通过执行活动任务而获得丰富的知识和经验。但是，该定义并未明确说明项目属于哪种教育活动，而是将完成项目视为一种体力活动。查特斯指出，项目是一项在自然环境中实施和完成的活动，需要解决相对复杂的问题，学习者在解释原理时应提出问题。他不仅将"项目"和"问题解决"进行了链接，还提出了定义问题的时机，强调项目应与现实生活的真实场景相关。埃利斯指出，所有程序，包括游戏、社交体验、自然体验等，都是儿童入学前日常生活的一部分，应继续成为他们学校生活的一部分。伍德霍尔指出，项目应具有下列特征：必须从问题开始、基于价值或意义、学生积极投入、很少以完成的形式结束。上述项目式教学的定义具有不同的观点，但都不具有通用性，并且难以在整个教育领域为项目式教学提供概括和宏观指导。

1918年，杜威的学生克伯屈重新定义了项目式教学，并给出了项目式教学的广义定义。根据杜威的经验理论和桑代克的教育心理学，克伯屈将项目定义为"在社会环境中发自内心地进行有目的的活动或活动单元"。他认为，项目式教学是旨在实现儿童自主学习的教学活动，内部学习动机是项目式教学的重要特征。它的主要内容包括以下几个方面：项目必须是一个要解决的实际问题；它必须是有意义的单元活动；学生必须负责计划和实施；包括一项有始有终的活动，可以增加经验，以便学生可以通过该项目实现重大发展和良好成长。克伯屈倡导"废止分科的教材"，以特定的"有目的的活动"为单位整合各科教材的单元。也就是说，项目不仅限于手工培训和特定的教学阶段，而是适合于任何时间和任何学科，包括各种形式的活动和学习。他设计了四种类型的项目活动：第一种是建构式的，即生产者的项目或建造性项目，其目的是以一种外部形式反映一个想法或计划，如制作模型、编写研究报告等；第二种是体验式的，即消费者项目或欣赏项目，其目的是享受某种审美感觉并提高对美的欣赏，如编写戏剧、欣赏油画等；第三种是问题式的，是以问题为基础的项目，其目的是克服一些智力上的困难并解决一些实际问题，如探索为什么鸟类在空中飞翔、为什么季节会改变等；第四种是特定类的，即练习项目或特定学习项目，其目的是完成一项任务或获得一定水平的知识和技能，如学习阅读、游泳和打球等。克伯屈还将项目式教学过程设计为四个阶段：①确定目的，即要求学生根据自己的兴趣和需求选择要解决的问题，目的通常由学生自己决定，教师可以引导学生做出选择，但不加强制；②制订计划，即达到目的的行动计划，包括材料的选择、工作任务的分配、实施步骤等，学生制订计划，教师仅指导和监督学生的执行情况；③实施计划，即学生使用选择的材料通过实际的"活动"完成计划；④评估结果，即教师提出评估标准和方法，由学生自己评估，如计划是否按照原定方案执行、预定目标是否实现、学生从项目中学到了哪些知识和技能等。

在20世纪70年代末和80年代初，美国的一些教育先驱者认为，应将基于项目的学习与传统的教学模式协调起来，以解决课程教学和项目式教学之间的矛盾。基于项目的学习不再局限于手工操作和建筑，而被认为是一种深度学习。它不仅用于解决或探索现实生活中的问题，还可以培养学生动手能力以外的其他能力。其他学者认为，基于项目的学习应该使学生能够深入学习某个领域的知识，并获得其他学科的知识和方法以扩大视野，因此项目应该是更复杂的任务。为了解决需要回答或处理的挑战性问题，学生必须全身心投入到决策和研究活动中，以设计方案并解决问题。项目结果可以是论文、研究报告、档案、计算机程序、模型或口头报告等。这些研究极大地丰富了项目式教学的内涵和主导思想。这样，项目式教学从"是什么"到"如何做"都有了非常清晰的概念，其思想也被普遍接受。

4. 项目式教学的价值提炼

项目式教学不仅是21世纪技能运动的先驱，而且是学习方式的一场革命。它从根本上改变了学生、教师、学习材料和学习环境这四个教学要素之间的关系及作用：授课的教师成为资源的提供者和学习活动的参与者，从教师变成学生学习的顾问或协助者；过程性评价或绩效评价与表现性成果相结合；关注学生的兴趣，最直接的学习材料是现实生活中的实际问题，而不是教科书；因为知识是用来解决问题的，所以学生在解决实际问题的过程中会通过决策整合、批判性思维和合作学习活动来了解世界，从而获得知识，发展个性并获得能力。因此，基于项目的学习是一种跨学科的深度学习，项目式教学包含了传统教育无法替代的创新教育理念。

目前，项目式教学受到了教育界的广泛关注，各国逐渐开展了基于项目的学习理论和应用研究。自21世纪以来，项目式教学已应用于美国、加拿大、马来西亚、德国和其他国家或地区的不同学科，如高等教育中的医学、建筑、工程和心理学等。

二 项目式教学要素和设计要求

1. 项目式教学要素

项目式教学要素包括内容、活动、情境和结果四个部分。

（1）内容

内容主要是指项目的主题选择和学习目标，它是现实生活中的实际问题与课程标准的结合。在教学设计过程中，教师一般以学科的基本概念和原理为中心，选取聚焦学科概念、体现学科素养和关键能力的教学主题进行分析，诊断出学生的已知点、障碍点和发展点，找到该主题对学生素养发展和能力提升的功能价值与教学要求，然后对学科内容按照专题进行整合，整体规划出项目目标。一般而言，基于项目的学习是从查阅资料开始的，有些项目需要进行深入的调查研究。因此，在实施该项目之前，教师需要根据项目式教学内容、学生现有的能力和经验、学时的安排及自身能力来确定项目的范围。

（2）活动

不同主题的项目，其目标和活动的主体也不同，因此需要在具体分析的基础上确定活动单元、活动任务及评价方案。分析项目式教学的目标，设计适当的项目活动方式，如调查、实验、模型制作、情景剧编排等，制订项目计划并准备相关资源。项目活动的安排强调三个"完整"：首先，教师应引导并要求学生经历事情的完整过程，在实践中体验项目的意义和价值，并产生取得项目成果的强烈愿望；其次，教师应指导并要求学生完整地研读学习内容，以完成项目或学习任务并解决核心问题，在小组互助学习、合作交流的基础上，形成总体的展示思路和展示内容，然后进入展示环节；再次，教师要特别强调学生就某一话题、某一成果或某一任务进行整体性展示，避免教学过程中的碎片化展示或师生间的问答式教学。与传统的教学活动相比，项目式教学活动更加复杂，更具挑战性，更有利于培养学生应对未来挑战的能力。

（3）情境

项目式教学应创造一个适合探究的情境，以充分调动学生的求知欲，激发学生的好奇心，并吸引学生参与到教学活动中。好的情境是由真实问题或任务驱动的，并允许使用各种学习资源和工具来支持学生的学习。一个丰富的问题情境可以促进学生之间的团队合作。好的问题情境还可以长期保持学生的学习兴趣和学习热情，从而促进学生的深度学习。

（4）结果

项目式教学的结果以作品的形式体现。每个项目都有明确的学习目标，完成项目活动后，学生需要掌握相关知识并发展某些技能。项目式教学通过项目作品展示学生的学习结果，作品形式可以是实物、模型、报告、论文、设计方案、艺术品等。项目作品是学生在项目学习中所获得的知识与技能的重要表现性评价指标。

2. 项目式教学设计要求

巴克教育学院的PBL框架（图1-1-1）表明，要设计一个成功的学习项目并尽可能调动学生的学习和参与热情，必须专注于核心知识、关键能力和成功素养。项目式教学向学生教授重要的内容标准、概念和深度理解的技能，这为学生掌握学科知识奠定了基础。如今，学生在学习中仅掌握知识并理解概念还远远不够。无论是在学校、工作场所还是在社会上，人们都必须学习如何批判性思考、如何有效地解决问题、如何与他人合作，以及如何有效地管理自己。这些能力被称为"成功必备技能"，也被称为"21世纪的基本技能"或"大学及工作的预备技能"。我们建议所有项目式教学都应注重这些成功的技能：批判性思考的能力、解决问题的能力、团队协作的能力、创新创造的能力及自我管理的能力。当然，项目式教学还可以促进其他技能的发展，如思维习惯、工作习惯和某些个人素质。

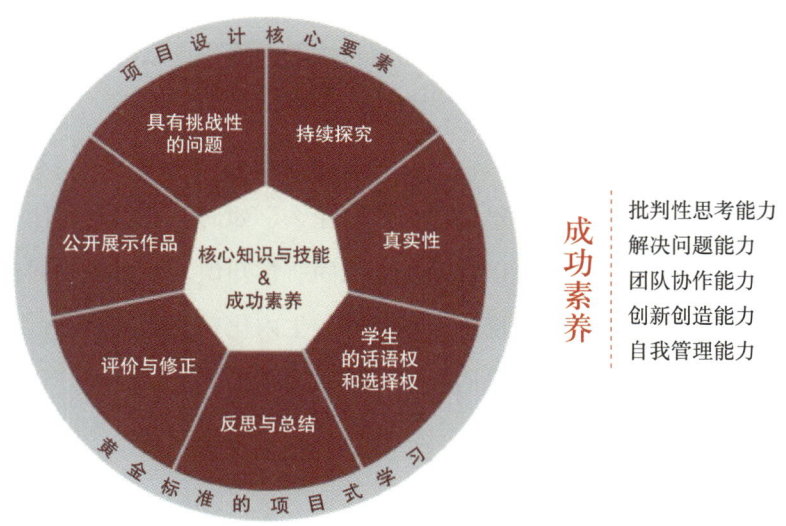

图1-1-1　PBL框架

设计项目时，应包括以下7个元素。

（1）具有挑战性的问题

研究和解决问题，探索和解决困惑，是项目式教学的核心。一个有吸引力的问题将使学习对学生更有意义。这个问题应该毫无疑问地对学生构成挑战，并且最好是一个开放性的、学生通过科学探索能够解决的驱动性问题。

（2）持续探究

与在书本或网络上随意浏览不同，探索意味着更积极、更深入地搜索或查找信息。探索通常需要一些时间，这意味着该项目将至少持续几天。在基于项目的学习中，探索是逐层加深的。当学生遇到具有挑战性的话题时，他们会提出问题，通过各种途径寻找问题的答案，然后提出更深入的问题，重复此过程，直至找到一个令人满意的解决方案或答案为止。

（3）真实性

真实性意味着学习的内容或任务与现实世界相互关联。项目的真实性将增加学生学习的动力。项目的真实性可以体现在以下几个方面：项目具有真实的背景，项目可以使用现实世界中的工作流程、任务、工具和绩效标准，项目可以对其他项目产生真实的影响等。项目还可以反映个人的真实性，如该项目与学生自身的烦恼、兴趣、文化、身份或生活中的其他问题有关。

（4）学生的话语权和选择权

这使学生对项目有一种主人翁感，他们将更加关心该项目并更加努力地学习。能力强的学生可以自主选择项目的主题和性质、编写自己的驱动性问题，并决定如何探索问题、展示所学知识及分享工作成果等。

（5）反思与总结

在整个项目中，学生总是反思自己在学习什么、如何学习以及为什么学习。对知识内容理解和掌握的反思可以帮助学生巩固所学知识，并思考如何在项目之外应用这些知识。对技能发展的反思可以帮助学生内化对技能的理解，并为进一步发展技能设定目标。对项目本身的反思可以帮助学生决定如何设计和实施下一个项目。

（6）评价与修正

通过深思熟虑的评估和修订，可以创作高质量的项目作品。教师应指导学生设计合理的评价量规和评价标准，并且教会学生如何利用同伴反馈信息及建设性的评价建议，这些反馈将改善项目流程和项目产品。除了同伴和教师，其他人也可以通过展示真实的观点为评估过程做出贡献。

（7）公开展示作品

在项目式教学中，要求创建作品并公开展示。作品可以是有形的，可以是一个设计方案，也可以是一个复杂问题的解决方案。

三 我校关于项目式教学的探索

我校是一所人文素养厚重、艺术教育见长、海洋特色鲜明的全日制完全中学。近年来，我校勇于变革，抓住机遇，走出了一条创新发展的超越之路。从享誉岛城的艺术特色，到抓住国家大力实施海洋强国战略的契机积极推进海洋教育，再到如今项目式教学的开展，凸显了三十九中人对祖国教育事业的热爱、对收获知识的渴求、对未来的憧憬和永不止息的冲劲。

1. 项目式教学探索历程

（1）缘起海洋，深于课题，结识项目式教学

《中国学生发展核心素养》的出台，对学校教育提出了严峻的挑战。以往过于固化的课程结构，不能适应社会发展和学生发展的变化；过于僵化的课堂生态，不能适应信息化时代和每个学生个体的需求。我们深刻认识到，围绕核心素养，学校要实现国家课程的校本化实施，就必须实现学校课程教学整体的结构性变革。

一是受海洋教育的启发。我校利用办学的自主权，挖掘中国海洋大学附属中学的资源优势，开发并建立了基础课程+拓展课程+实践课程"三位一体"的海洋教育课程体系。海上科考是学生最喜欢的课程，在学校每年组织的海上科考活动中，我们惊喜地发现学生会测量、会写科考报告，他们出色地完成了学习任务，并且超出了我们的预期。这使我们受到启发：实践出真知，体验式学习是深刻的学习方式。

二是国家课程课题化教学的尝试。2015年，我们提出设想：如果将课题研究的学习方式延伸到国家基础课程，那么让学生在研究中学习就可以成为一种常

态。于是，我校在通过海洋课题研究成功促进学生全面发展的基础上，积极开展国家课程课题化教学的实践探索，组织各学科制订课题化课程方案并开设课题化教学研究课，收到良好的效果。这种基于实践的课题化教学方式，使学习变成学生的"内需"。在这种教学模式下，学生的学习从问题开始，且处于不断发现问题、解决问题的动态过程中。这一过程既加深了学生对知识与技能的理解，又使他们"学以致用"，将学习引向深入。

三是牵手北京师范大学，探索国家课程项目式教学。2017年7月，我校与青岛市教育局、北京师范大学合作开展"基于项目式教学促进学生核心素养发展的课程整合及课堂教学改进实践研究"。项目式教学是一种创造性地解决实际问题的教学方式，真实的驱动问题、在情境中对问题展开探究、以项目小组的形式开展学习、运用各种资源和工具促进问题解决、产生可以公开交流的成果——这是项目式教学课堂展现的形态。相比于传统课堂，项目式教学更强调高阶知识的学习带动低阶知识的学习，高阶思维的培养带动低阶思维的培养。这种教学方式正是我校唤起学生对未知的探索欲、发展学生核心素养的一种有效可行的途径。

（2）躬行实践，写意未来，携手高校结硕果

我们深知，教育改革应凭着疾风劲草、不畏艰难险阻的韧劲不断前行；既要有励精图治的斗志，也应该有实事求是、扎根现实的理智。我们始终秉承这两个原则：一是坚持高中学段国家基础课程的项目式教学实践和研究；二是我校教师在研究的基础上接受专家指导，但不照搬专家的研究成果。

①项目式教学的行动研究路径

为保证项目式教学在我校顺利推进，我们基于本校实际，边实践边研究，制订了研究和实践的路径（图1-1-2）。老师们在实践中不断发现问题，然后通过深入研究逐步解决这些问题，使项目式教学深深植根于我校这片教育沃土上。

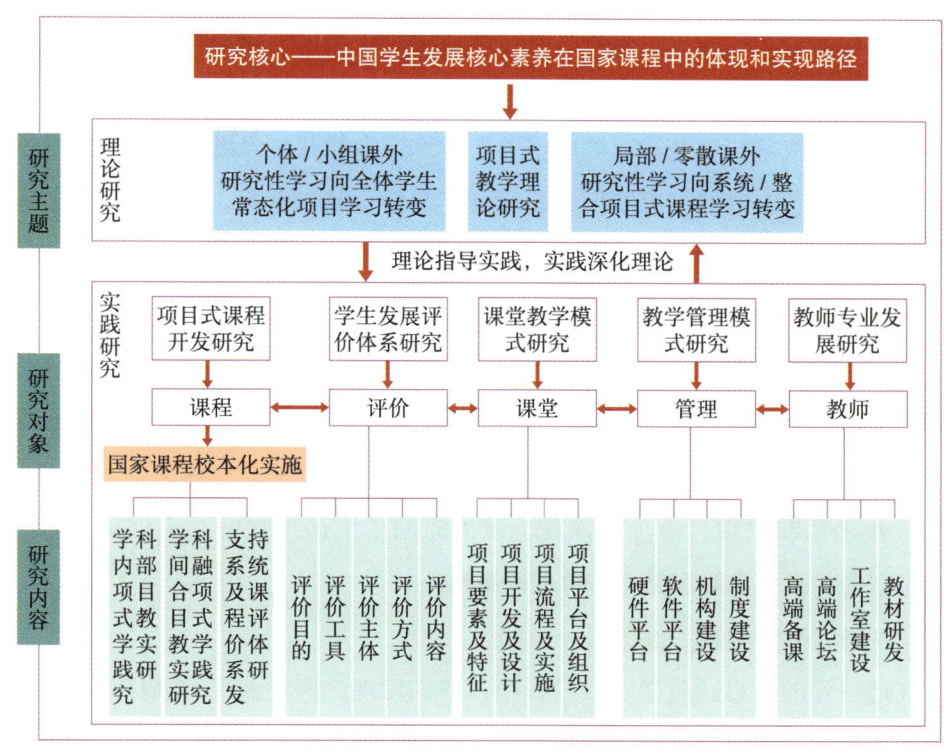

图1-1-2　项目式教学行动研究路径

②国家课程项目式教学的核心要素

经过实践与探索，我们将项目式教学的核心要素概括为项目及学习目标的制订、真实情境、活动设计与探究、成果展示交流四项内容。其中，项目及学习目标的制订，既要尊重课程标准和学业要求，又要考虑发展学生哪些方面的核心素养，同时要结合学校的资源优势；真实情境还原知识产生的背景，使知识的发生回归原点，教育也从原点发生；活动设计与探究过程还原知识产生过程，使学生能够理解知识原型的诸多变化，从而更能适应复杂多变的真实世界问题；成果展示交流环节还原思维发展过程，使学生的思维过程变得可视化，从而带来评价方式的变革。

③项目式教学的课堂实践

在项目式教学中，查阅资料和实地考察是学生常用的学习方式。通过阅读文献、请教专家、实地考察，学生搜集有关自然和社会问题或现象的资料，并运用科学的统计方法予以分析研究，以明了情况、弄清问题、提出结论和建议，同时进行相关知识的学习和储备。在理论知识铺垫完成后，学生设计探究方案，开展相关的探究活动。在探究过程中，学生既运用了知识，加深了对基本概念和基本原理的理解，又在解决问题的过程中掌握了方案设计及完善、数据收集及处理、问题发现及解决等探究技能，同时培养了合作能力和科学思维能力。项目式教学最后的展示环节，遵循"有疑问展示问题、有新意展示创新、有探究展示过程、有训练展示结果"的基本原则，突出重点难点。展示形式包括口头展示、书面展示、情景剧展示、模型展示、教具展示等，有利于培养学生的沟通和表达能力。

在项目式教学的推进过程中，我们也遇到了一些瓶颈。最突出的问题是时间和效率问题：时间不足，使得完成常规教学任务的效率不高。但"问题即机遇"，我们由此着手探索课内课外统筹、学科之间统筹及学科内统筹，生发出大项目、小项目和微项目等项目课程。课外时间学生最喜欢的是走进实验室做实验、做研究，在课余时间做更有价值的事情。

④项目式教学的育人价值

在近三年的项目式教学实践过程中，我们发现，国家课程的项目式教学展现出特有的魅力。一是能够激发学生的学习兴趣。在各学科项目式教学实施的过程中，学生展现出了比传统授课方式更浓厚的学习兴趣和探索欲望，他们的核心素养在调研或探究真实问题、展示小组成果、就相关问题展开辩论、总结反思等活动中悄然提升。二是能够通过高阶思维带动低阶学习。在项目式教学中，学生对核心概念的理解不是通过背诵、识记等方式获得的，而是在解决问题过程中自然发生的，学生能够真正领悟知识背后的奥秘，所以项目式教学是通过高阶思维的培养带动低阶知识的学习的过程。三是能够实现多学科知识融合。学生在解决真实世界的复杂问题及动手实践的过程中，运用的不仅仅是一个学科的知识，而是多学科知识的交叉和融会贯通。四是能够优先培育学生的核心素养。学生通过调用已有的知识、经验解决新情境中的新问题，需要转变自己的心态去理解他人，创造性地思考新问题的解决办法，合理美观地展示成果。经历这一过程，学生对相关核心概念的理解将更加深刻，沟通协调能力逐步提高，艺术、数学、科学及人文素养得以提升，由此培育的核心素养将更真实。

项目式教学将学科知识教学与现实生活结合，将学术学习与社会实践结合，将科学技能学习与人文思想结合，使我校的国家课程变得更加开放、灵活。学生在触摸、思考真实世界和尝试解决自然或社会问题的过程中，既完成了知识建构，又实现了意义建构，还构建了自己的精神世界，同时使自己的知识结构清晰呈现、综合素养合理提升。

2. 项目式教学的体制、机制保障

为保证项目式教学的顺利推进，我校进行了相关体制和机制的创新。

（1）创建项目式教学推进机制，确保课堂改革顺利实施

机构设置方面：我校成立项目式教学研究室，负责项目式教学实施的基本制度建设、活动组织运行及监督工作，保证了项目式教学的顺利开展，使学生核心素养的培养在国家基础课程的教学中得以落实。

合作机制方面：我校与北京师范大学、青岛市教育局开展"基于项目式教学促进学生核心素养发展的课程整合及课堂教学改进实践研究"合作项目。北京师范大学组织专家及助理团队，以每学科每学年六次现场指导的频度，到我校指导教师进行教学诊断、课堂改进、学生评价和交流总结，协助我校按时推进项目，定期反馈、汇报项目的阶段性成果。

工作制度方面：一是修订《青岛三十九中学校章程》，将"学校执行国家颁布的课程计划、课程标准，加强学校校本课程的自主开发与研究"写入章程，为项目式教学的推动奠定了良好的制度基础。二是制订了推进项目式教学实施相关的6项制度、1本手册和1份协议。

（2）创新实施国家课程，改进教育教学方式

重构国家课程体系：我校以"立德树人"为教育宗旨，营造全面实施综合素质培养的氛围，使学生具备完整的现代知识结构和技能，达到提高学生综合素质的目的。我校探索国家课程课题化的项目式教学，对部分学科课程进行知识重组，以课题研究为载体，探索综合实践活动课程与学科课程的深度融合，并在此基础上开始对全部国家基础课程进行重构。我校以教研组为单位，将基础课程进行解构和重组，实行项目化改造，形成各学科含大项目、小项目和微项目在内的项目清单，由此构建起我校独具项目特色的国家基础课程体系。

开发设计支持系统：在项目式教学实施过程中，为使学生有意义地参与问题解决并获得技能，需要提供各类支持。例如，在解决抽象问题时，提供认知模型、史料、科学研究设备、实验方法及问题解决线索等。我校大力开发项目式教学的支持系统，校外支持系统包括大学教授、科研院所专家、社区工作人员、企

业单位员工及家长等，校内支持系统主要是各科教师及网络资源。同时，为保证活动顺利进行，老师们还开发设计了学习日程表等支持系统。

建设各类实践平台：为促进项目式教学深入开展，我校积极搭建实践平台。校内实践平台中，硬件平台包括各学科功能教室、学科文化长廊、海洋实验室、艺术楼、小剧场、宋文京工作室、徐殿平柔道馆、美式社团中心、光伏大棚、植物组培室、海洋生态缸等；软件平台包括艺术节、体育节、各类社团活动、英语演讲、电影拍摄等。校外实践平台包括企业、医院、社区和各类科研院所等。这些实践平台，保证了项目式教学的顺利实施，使学生逐步习得包括知识、可迁移技能、高级思维能力、关键品格等在内的21世纪技能与核心素养。

创新教学管理模式：首先是建立横向管理机制，强化教研组和集备组的职能，赋予教研组本学科课程开发和建设自主权。教研组全体成员通过整体规划，将国家基础课程进行课题化处理或项目化改造，形成项目清单。各集备组根据所在年级的学生特点和教学进度，设计相关大项目、小项目和微项目并对同一主题设计不同的项目；同时，牵手北京师范大学专家团队进行高端备课，开展项目式教学研究。其次是建立纵向管理机制，形成课程中心—教务处—年级部—集备组—教师管理轴线，使项目式教学在整个高中学段顺利开展。再次是实行选课走班教学，依据学生不同的兴趣爱好和学习能力构建不同的项目小组，引导学生开展同一主题不同项目的学习，最终习得知识、培养技能、落实核心素养。

改进教育教学方式：实施项目式教学，引导学生通过小组合作方式，在解决一个真实情境中具有挑战性的问题，或完成源自真实世界经验且需要深度思考的任务的过程中，设计项目作品、规划和实施项目任务，逐步习得包括知识、可迁移技能、高级思维能力、关键品格等在内的21世纪技能与核心素养。我校探索形成了项目式课程设计及实施流程。项目式课程设计的基本流程（图1-1-3）包括：①分析教学内容，确立项目主题；②根据项目主题，选择项目素材；③梳理项目内容，进行问题拆解；④设计活动任务，实施科学探究；⑤设计学习支架，提供实施保障；⑥设计评价方案，诊断素养水平。项目式教学实施的基本流程（图1-1-4）包括：①选定项目；②制订计划；③审定决策；④项目实施；⑤展示交流；⑥活动评价。

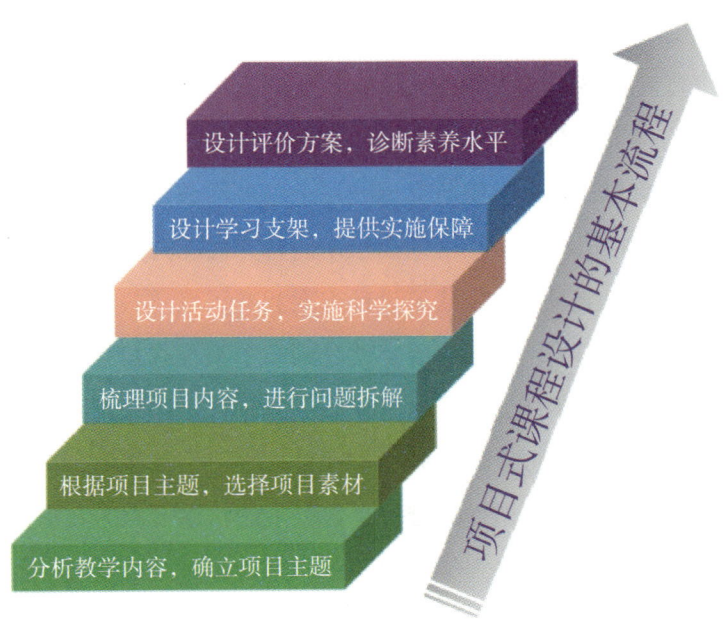

图1-1-3 项目式课程设计的基本流程

图1-1-4 项目式课程实施的基本流程

3. 项目式教学的实施成效

（1）培养学生核心素养，立德树人目标落地生根

我校在国家课程中实施项目式教学后，学生的关键能力和核心素养得到明显提升。据不完全统计，自2013年起，近1000人次获得430项国家级奖项。每年均

有40个以上学生研究课题获国家"海洋科研未来之星"优秀课题奖；在全国"2049年的中国"海洋科技畅想征文中，97人次获奖，其中特等奖2个，一等奖5个；在全国大中学生海洋文化创意设计大赛中，获金奖2个，银奖6个。9篇学生论文发表于国家级学术期刊。多个学生研究课题在全国海洋教育论坛等会议上展示。据我校对毕业生发展的追踪，学生就读高校期间各方面能力和素养发展普遍突出。例如，马帅同学参加全国大学生建筑设计方案竞赛，以"共享自行车道——青岛城区空间改造"获得铜奖，而这一创意就受到高中项目式教学的启发。我校委托第三方机构对2014届至2016届海洋班毕业的学生进行了追踪调查。结果显示：学生对海洋课题研究方式认可度非常高，对项目式学习十分认同，认为该方式培养了自己的自主学习能力和创造性思维；半数以上的学生"因为在海洋班有过课题研究和做项目的经历，所以在大学中做实验、写论文方面得心应手"；2014届和2015届毕业生目前已经大学毕业，2014届毕业生的读研率高达90%，2015届毕业生的读研率达到81%，而目前全国每年参加考研与实际录取人数比例是25%左右，两届海洋班毕业生的读研率远高于全国平均数。

（2）促进教师专业发展，扩大学校社会影响

在项目式教学与教育改革创新中，我校形成了高端引领＋同伴互助＋课堂实践＋教学相长的教师专业发展模式。2011年，《青岛39中（海大附中）海洋教育课程》被评为山东省优秀课程资源专题资源一等奖；2017年，《海洋特色校本课程》被评为青岛市精品课程；4人被评为正高级教师，7人被评为山东省特级教师；2014年5月，《蓝色海洋教育研究》获得山东省基础教育成果奖一等奖；2014年10月，《蓝色海洋教育课程》获山东省首届特色课程一等奖；2015年，青岛市十二五规划重大课题结题；2015年7月，省级课题《海洋化学校本课程研究》结题；2017年，国家十二五规划教育部课题结题；2018年2月，教育部重点项目《创新人才培养视域下的中学海洋教育实践与研究》顺利结项，4月该成果获得山东省基础教育教学成果特等奖，9月该成果获得全国基础教育教学成果二等奖，刘翠老师个人成果获得山东省二等奖；2019年，我校的"普通高中国家课程项目式教学的实验研究"被选为山东省教育厅重点培育项目。

我校项目式教学研究成绩突出，在全社会引起广泛赞誉。我校被教育部中国教师发展基金会评为"全国特色学校"，荣获山东省校本研究先进单位。2015年5月，《环球网》发文《39中海洋班常科考实践 学生论文屡登核心期刊》。2017年

3月,《中国教育报》专题报道我校海洋教育。2017年,《教育家》对我校项目式教学情况进行报道。

我校采用项目式教学创新实施国家基础课程,以"重构国家课程体系、开发设计支持系统、建立各类实践平台、实施网络化教学管理、项目式课程整合和课堂改进"为主要内涵元素,从根本上解决普通高中学生面临的研究性学习能力不足、有效沟通能力不强、创新能力缺乏及职业能力较弱等诸多问题,使学生获得适应终身发展和社会发展所需的必备品格和关键能力,提高了人才培养的质量和针对性。北京师范大学副校长陈丽对我校目前实践研究的评价为:"在新一轮教育教学改革中,青岛三十九中确实值得期待。学校在学生核心素养方面的探索,将不仅仅服务于青岛三十九中学生,还将会成为全国基础教育改革的标杆。"

第2节　数学项目式教学内容与特点

2017年12月国家颁布的《普通高中数学课程标准(2017年版)》(以下简称《课标》)明确学科内容更新为"重视以学科大概念为核心,使课程内容结构化,以主题为引领,使课程内容情境化,促进学科核心素养的落实。"《课标》指出,高中数学教学以发展学生数学学科核心素养为导向,创设合适的教学情境,启发学生思考,引导学生把握数学内容的本质。按照《课标》的要求,高中数学项目式教学的目标定位聚焦学生数学抽象、逻辑推理、数学建模、直观想象、数学运算、数据分析六大数学核心素养的提升;提倡独立思考、自主学习、合作交流等多种学习方式,激发学习数学的兴趣,养成良好的学习习惯,促进学生实践能力和创新意识的发展,不断引导学生感悟数学的科学价值、应用价值、文化价值和审美价值。在《课标》的引领下,我校数学项目式教学的落脚点在于培养学生的创新能力、发展学生的学科核心素养、健全学生的必备品格。

一 高中数学项目式教学的含义与理念

国家课程项目式教学，是以建构主义学习理论为指导，以国家课程方案及《课标》为依据，以驱动性问题设计为引导，以真实世界中复杂且具有挑战性的问题解决为项目任务，通过一定时长的小组合作，学生精心设计项目作品，规划和实施项目任务，在解决问题的过程中实现对学科核心知识的学习理解、实践应用和迁移创新，发展学科核心素养的一整套教育教学策略。高中数学项目式教学是以解决真实问题为项目背景，整合数学教材，在教师的指导下围绕一个项目或多个子项目开展的教学活动。我校数学项目组在北京师范大学曹一鸣教授团队指导下开展课堂教学实践探究，实践历经理论学习、教材整合、项目挖掘、高端备课、研讨打磨、教学实施、反思评价等环节。数学项目式教学以"项目"为形式，以"成果"为目标，整合高中数学课程内容，以微课题等形式开展教学，引导学生通过小组合作完成项目，促进学生数学学科核心素养的发展。

运用项目理念改进教学，是一个全新的课题。在进行课题实践中，我们深感必须处理好以下几个关系，才能更好地开展项目式教学活动。

1. 项目式教学与传统教学的创新与继承的关系

项目式教学的教学理念，是一场深刻的创新变革，是一场从教育理念、教育模式到教学策略的变革。在这场变革中，教师和学生无论是在思想认识层面还是行为操作层面，在"变"的同时，有些东西仍然需要继承。我国传统教育中的精华部分就需要我们去继承发扬，如孔子的"因材施教"的教育思想，"不愤不启，不悱不发"的启发式教学方法。它们虽历经数千年，但与项目式教学理念却异曲同工。我们在重视创新的同时，要更加注重基础知识、基本技能的训练；在强调动手实践的同时，更要加强必要的理论修养。所以，开展项目式教学要求我们既要创新改变又要继承发扬。

2. 整体与个体的关系

项目式教学重视小组的协同合作，同样关注学生个体的发展，坚持提高每个学生的素养、提升每个学生的能力的原则。教师的教学设计，首先要给所教的对象（整个班级）在知识和技能上一个恰当的定位。对于项目目标，教师是针对全班或小组提出的，但在任务的分工时则绝不能忽视个体的差异。学生的知识水平是千差万别的，其知识、技能、天赋及爱好是各不相同的。所以，教师在进行教学设计时，必须充分考虑到这些因素，充分利用分层把项目细分；充分了解学生，把具有不同知识基础、不同技能的学生组成学习共同体，使之互相影响、互相促进，使每个学生完成项目并有自己的独特观点。为此在贯彻项目式教学理念时，我们强调一定要既关注整体成长，又关注个体发展。

3. 自主探究与约束引导的关系

约束引导即教师在充分考虑学生"个人能力、性格特点及完成项目之后能力的提升"三者的基础上，对整个项目的流程及发展有着周密的布置，对学生的任务完成有着恰当的引导，对学生行为进行恰如其分的指点和约束的过程。项目式教学理念倡导学习的探究性、自主性、开放性，强调个性化学习。在项目式教学的完成过程中，从立项到结项是以小组合作探索、共同参与的形式进行的。而在参与项目的过程中，由于学生自身的个性差异，若是教师不加以约束引导，则立项过程难免会存在部分学生项目参与度不足甚至被边缘化的现象。因此，项目式教学需要在教师的约束引导之下，以学生为主体，小组合作探究为主要方式开展。

在开展项目探究活动时，我们既要注意充分发挥学生的主观能动性，按学生的兴趣进行组建学习共同体，激发学生自主学习的热情，又要科学地对学习共同体的成员进行兼容匹配。这是因为每个人的成长和生活经历不同，而组内成员差异大更有利于他们之间交流经验，获得更多的经验信息。

4. 项目框架和课程标准的关系

课程标准是项目框架的设计依据。项目框架的设计是为了完成"落实学科知识掌握、促进学生能力培养"的教学目标，而教学目标的把握则需要依托课程标准。在项目实施的前期，教学设计的重点与难点都是框架问题的设计，而框架问题的设计来源则是本学科的课程标准。课程标准是教材编写、教学、评价和考核的依据。所以，在设计课堂教学的框架问题时，我们要基于课程标准进行设计，框架问题是落实课程标准的手段。打个比方，如果教师是一个楼房建筑设计师，那么课程标准就如同一个安全建筑规范准则。没有这个规范准则，设计出来的产品就是一个不合格、存在安全问题的建筑物。框架问题则如同楼房的钢筋和混凝土的框架，是一栋标准的楼房的支架。项目式教学中的项目则是设计师的设计风格及设计手段的体现，是设计出漂亮且安全的建筑物的手段与方法。

二 高中数学项目式教学的课型与内容

在课堂教学中如何落实数学学科核心素养？如何将项目式教学的理念融入常规教学之中？如何在项目式教学实践过程中实现师生两方面的能力提升？基于上述问题，我校数学项目式教学分如下课型和结构进行课堂教学实施。每种课程的具体设计，见本书第三章。

1. 基于学科必备知识的微项目式教学

微项目式教学是以坚实的、系统的学科知识为基础的社会实践。微项目式教学的理念应该落实到常规教学之中，与常规教学相辅相成，相互促进，共同完成对学生综合能力的培养。基于学科必备知识的微项目式教学，是指在《课标》的指导下，选择合适的教学背景作为项目来源，针对数学基本概念、定理等数学核心知识进行课堂教学。微项目式教学有效实施的关键在于核心知识的学习、课程整合与项目的优化。学生采用小组合作探究的学习方式完成项目，在教师的指引下，逐渐实现数学学科必备知识的学习、能力的培养、素养的发展。

2. 基于研究性学习的小项目式教学

小项目式教学是指在数学基本概念、核心知识的基础上，整合单元核心内容，采用研究性学习、数学建模等教学组织形式，进行知识迁移、拓展及应用的课堂教学。研究性学习以"培养学生具有永不满足、追求卓越的态度，培养学生发现问题、提出问题、解决问题的能力"为基本目标，以"在提出问题和解决问题的全过程中学习科学研究方法"为基本内容，以"独立思考、自主研究、合作探究"为基本活动方式。基于研究性学习的小项目式教学是利用课外活动时间组织学生以小组为单位开展的，以解决实际问题为项目背景，切切实实地让学生用所学的知识解决实际问题。教师在设计小项目式教学的过程中，应注意加强实际生活与数学知识的联系，优化课程结构，精选课程内容，凸显数学的内在逻辑和思想方法，借助研究性学习的小项目式教学落实学科课程标准的要求，以实现课程理论知识从"知"到"行"再到"用"的有机结合。小项目式教学流程图如图1-2-1所示。

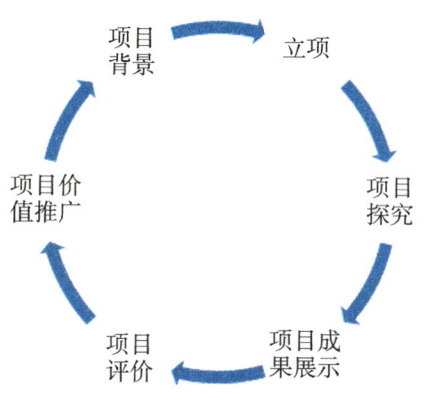

图1-2-1 小项目式教学流程图

3. 基于数学建模活动的小项目式教学

数学模型是用数学符号、数学式子、程序和图形等对实际课题本质属性的抽象刻画。数学模型的建立既需要对现实问题进行深入细致的观察和分析，又需要灵活巧妙地利用各种数学知识。这种应用知识从实际课题中抽象、提炼出数学模型的过程就称为数学建模。基于数学建模活动的小项目式教学的设计思路与指导思想来源于《课标》主题四——数学建模活动与数学探究活动。高中数学建模活动的小项目式教学的具体实施可以从生活实际、实事热点问题出发，探究生活中与数学相关的问题；也可以从课本知识、经典习题出发，探究数学知识在实际生活中的应用，如可以建立基本初等函数的数学模型来提高学生的数学知识运用和解决问题的能力。

4. 基于跨学科融合的大项目式教学

基于跨学科融合的大项目式教学顺应"STEAM"理念而生，旨在加强学生对数学与各学科交叉的应用意识，让学生在项目研究中主动获取知识，应用数学的理论、方法和思维方式解决问题。大项目式教学目标的达成过程是学生综合运用多学科知识完成任务的过程，是学生深入理解学科知识独特价值的过程。通过大项目式教学，学生能更加深刻地感受到系统学习各学科知识的重要性。

对于项目式教学的不同课型与特点，依据项目式教学理念、数学学科特点和高中生的认知水平，整合教材，根据项目情境在不同的单元开展项目式教学课程。高中数学项目式教学课程体系框架如图1-2-2所示，高中数学项目式教学部分项目设计清单见表1-2-1。

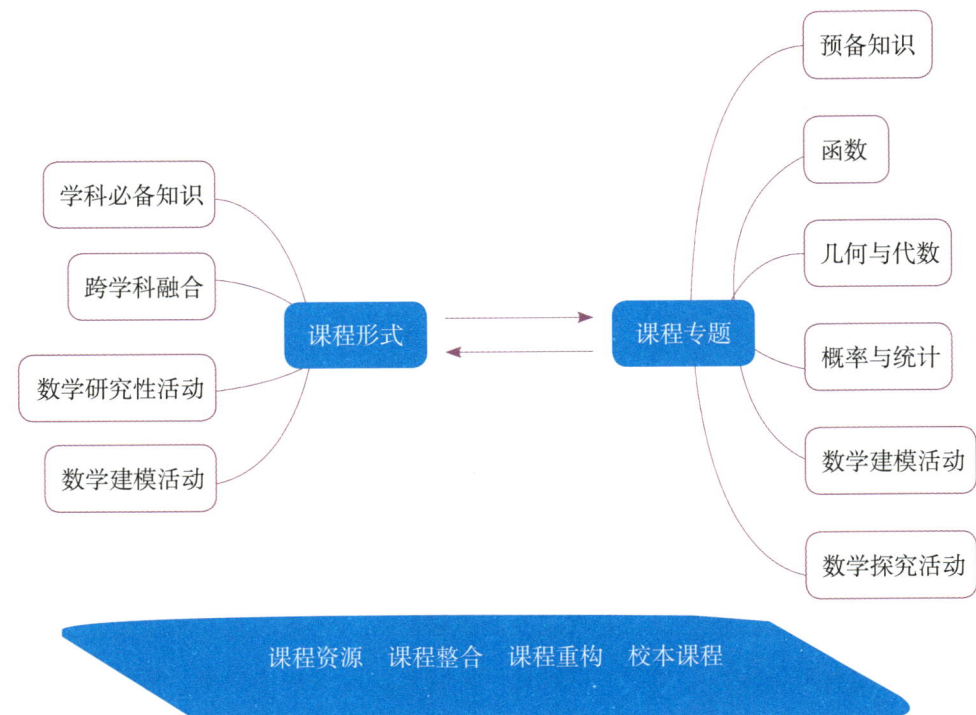

图1-2-2　高中数学项目式教学课程体系框架

表1-2-1　高中数学项目式教学部分项目设计清单

项目课型	项目名称	来源	核心素养
大项目	解锁"人造卫星"的轨迹方程	基于物理、数学学科知识融合的项目式教学	数学建模、逻辑推理、直观想象
	历史回眸（牟）——"牟合方盖"体积计算	基于数学文化的项目式教学	数学建模、直观想象、数学抽象
	基于生物遗传学中的数学问题探究——排列组合的应用	基于生物、数学学科知识融合的项目式教学	数学建模、逻辑推理、数学运算
小项目	交通枢纽接驳布局	基于数学社团化的项目式教学	数学建模、逻辑推理、数据分析
	基于高度问题的解决——正余弦定理应用	解三角形的学科知识在研究性学习中的应用	数学建模、数学运算、逻辑推理
	探秘杨辉三角、再寻数字规律	利用二项式定理中的数学文化，发展学生的学科核心素养	数学建模、数学运算、逻辑推理

续表

项目课型	项目名称	来源	核心素养
小项目	基于教育储蓄兴衰的项目式教学——数列知识的应用	等差、等比数列求和知识在解决实际问题中的运用	数学建模、数学运算、逻辑推理
	证明π是无理数/超越数	推理与证明的运用	逻辑推理
	基于产品检验的统计回归问题探究	利用高中数学中的统计学知识解决实际问题	数学建模、数据分析、数学运算、逻辑推理
微项目	三角函数模型的应用	函数模型的建立	数学建模、逻辑推理、数学抽象
	圆锥曲线光学性质在生活中的应用	圆锥曲线的物理性质	数学建模、直观想象、逻辑推理、数学抽象
	正态分布在生活中的应用	统计学的实际应用	数学建模、数据分析、数学运算、逻辑推理

三 高中数学项目式教学的特点

高中数学项目式教学以纵向或横向课题为载体，以科学、合理的课题的具体实施过程为主线，以学生为主体、教师为主导、实践为导向，充分发挥项目的育人价值。

1. 学生的主体地位

（1）开展研究性学习

在确定项目主题后，学生作为学习的主体主动地搜集信息、制订计划和方案，并最终作出自我评价与反馈。项目实施的整个过程充满了主动学习和研究性学习的特性。

（2）促进个性化发展

项目式教学尊重学生的个性化，注重学生发展的主动性、潜在性和差异性；满足不同学习风格和学习技能水平的学生的学习需求，挖掘其潜能，培养其终身学习能力。

（3）实现"知""行"合一

项目式教学优化了学生的学习方式，克服了"知识学习"和"思维实践"的割裂，挖掘了从"被动接受"到"主动参与"的学习内驱力，提高了发现问题、规划问题、解决问题、沟通探究、知识迁移和主动学习的能力。

（4）发展数学学科核心素养

项目式教学是基于学科素养对高中数学知识学习的进一步延伸、应用和再创造，学生"做项目"与"学习知识"是一种相互促进的过程，是提高学生学习能力、实践能力、创新能力的有效形式。项目式教学的开展提升了学生的文化基础，促进了学生应用所学知识自主参与社会建设，进而实现全面发展的目标。

2. 教师的主导作用

（1）担当指导角色

在项目式教学过程中，教师负责指导学生挑选可行性项目、协助学生完成项目、做项目最终成果评价，引领学生"做中学""学中用""用中思""思中辩""辩中明"，并不作为授课主导角色。教师由单纯的知识传递者变为学生学习的促进者、组织者和指导者。

（2）成就专业成长

项目式教学的实施过程是教师精心备课、认真传道授业的升华。教师的地位是专业引领者和执行掌舵人。这对教师的专业提出了更高的要求，也为教师的发展指出了更明确的方向。教师从研究者的角度来进行数学学科教学。教师不再囿于教材和教辅，而是在研究《课标》、整合国家教材的基础上，寻求最佳项目背景，在项目教学的实施下，培养学生的关键能力，落实学生的核心素养，从而把自己从教书匠转变为研究者。

3. 实践的导向作用

（1）理论与实践相结合

项目式教学与传统填鸭式教育的"死记硬背"不同，它要求学生以事实为基础提出并解决问题，通过项目实践得出成果，而不是简单地进行场景假设。在这个过程中，充分做到了理论与实践的结合。

（2）学科学习与信息技术相融合

在进行项目式教学的过程中，学生需要使用多种信息工具搜集材料进行合作研究分析，以辅助他们更高效地解决问题。这有效地锻炼了学生的自主学习能力、信息搜集和筛选能力。

（3）完善新课程体系

项目式教学的开展为学校办学提供了新的指导思想。在实施项目式教学的过程中，学校为了实现特色办学的目标，探索"组织形式、活动内容、管理特点、考核评价、支撑条件"等多方面的革新，逐步重新整合和完善学校课程体系。

（4）实现课程整合与跨学科融合

在学科融合项目中，充分体现了数学的基础作用。为解决问题，通常要求学生综合运用多个学科的知识，因此在这个过程中，学生在教师的引导下积极主动地进行跨学科、跨领域的学习，实现课程整合与跨学科融合。

4. 项目的育人价值

（1）促进自我提升

作为以解决实际问题为最终目的的教学及学习方式，项目式教学的过程与学生项目"成果"由教师、专家给予专业的评价及意见，同时会得到团队成员的评价与建议，学生也会进行自我评价与反思改进。学生会在完成项目学习中实现自我提升。

（2）培养团队精神

学生在短期内完成一个具有社会意义和现实意义的跨学科、跨领域并且辅以一些现代的科技手段的项目是有难度的，这时候团队的协调配合显得非常重要。在团队合作的过程中，学生的分工合作能力、团队凝聚力在挑战中得到了提高。

（3）创造社会价值

项目式教学对于学生而言是一个在有限时间段内完成的具有长期影响的学习任务。学生通过学科融合、网络搜索、自主探究等多种方式完成项目式教学任务。相较于传统接受式教学而言，探究式学习效果明显对学生素养的发展影响更深远。项目式教学不仅能够促进学生知识技能的培养，还能锻炼学生分析和解决问题的能力。项目式教学具有培养学生学习能力与未来从业能力的社会价值。

第3节　数学项目式教学与学科核心素养发展

一　数学项目式教学必备知识系统

数学是研究数量关系和空间形式的一门学科，数学知识可以满足人们日常生活计数、简单思维推理等需要。在人们的日常生活和工作中离不开对于数学的应用，比较量与量的关系、计算数量的和与差、对事物进行统计等都涉及数学范畴的知识和思想方法。数学知识的学习可以锻炼人的思维水平及思维品质，如计算能力、逻辑思维能力和空间想象能力。数学作为一种科学，它是严谨、缜密的，在学习数学科学知识的同时也在锻炼人的思维水平，使人头脑更加灵活、分析问题更加清晰。

数学知识作为一种基础性铺垫，可以为进一步学习其他学科知识提供必要的技术支持。数学作为认识世界的基础性学科，如同计算机系统，可以在思想上和技术上支持不同应用科学的深入发展。这一点对于接受过高等教育的人来讲，应该有比较深刻的理解和体会。人类科学史上也有众多的例子可以说明这一点：电磁理论之父麦克斯韦通过数学方程预言了电磁波的存在和特征，开创了科学的新时代；牛顿利用数学原理和开普勒三定律推导了著名的万有引力定理；诺贝尔奖获得者杨振宁坦言数学在他科学生涯中起到了举足轻重的作用。因此，也有学者把信息时代称作数学时代。由此可见，学好数学对于学习其他学科具有重要意义。

学习数学可以体会数学工作者身上体现出来的科学、严谨的态度和作风，提高自身科学素养。尤其是历史上无数为数学发展作出巨大贡献的数学家，无不是兢兢业业、刻苦勤奋、勇于创新的人。通过学习他们所创造的知识，可以深刻体会他们的人格魅力。针对数学知识实际发展的合理性及学生思维的合理性展开思考，以此为前提对数学学科的核心素养进行落实。对于数学学科而言，推理是最为常见的一种形式。在实际教学的过程中，理应对概念的具体形成予以重视。

在进行项目式教学时，必须要掌握的知识有初高中衔接预备知识：集合、相等关系与不等关系、一元二次方程、一元二次不等式与二次函数；函数：高中函数概念与性质、幂函数、指数函数、对数函数、三角函数、函数应用、数列、一元函数的导数；几何与代数：平面向量、立体几何、空间向量、平面解析几何、复数；概率与统计：计数原理、概率、统计。

下面介绍高中数学必备知识的重要性。

（一）夯实基础

在我国的教育体制中，虽然小学和初中都涉及数学教学，但小学和初中的数学内容偏于简单，不能够直接跳跃到大学的高数理论上。因此，在数学教学过程中，高中数学教学有着不容小觑的地位。高中数学教学能够更细致、更系统地讲述数学知识；能够使学生对数学知识有更准确、更精细的认识，并且有助于学生将数学知识的学习与物理、化学等学科知识的学习结合在一起，使各科学习齐头并进。

（二）锻炼思维

数学学习需要很强的逻辑性，并且与生活有着密切的联系。在小学和初中阶段，很多数学问题是可以联系生活实际被轻松解决的。这两个阶段的数学学习并不能很好地锻炼数学思维能力。在高中阶段，有些数学问题比较抽象，运用生活经验很难完全解决，需要学生掌握较详细的数学体系知识，提升思维能力，以此来解决实际问题。

（三）帮助学生进入理想学府

在我国的教育体制中，高考对学生来说至关重要。数学是高考中一个非常重要的考试科目，所占分值也非常大。学生必须重视高中数学学习，教师必须重视高中数学教学。具体知识细则如下。

集合

认识集合的概念及表示，理解元素与集合的从属关系。在具体情境中，了解全集与空集的含义。理解集合与集合间的关系，能识别子集与真子集的联系，能够进行集合间的交、并运算，正确认识空集、补集的概念。

相等关系与不等关系

相等关系与不等关系都是客观事物的基本数量关系，是数学研究的重要内容。建立不等观念，处理不等关系问题与处理相等关系问题是同样重要的。通过具体情境，感受在现实世界和日常生活中存在着大量的不等关系，理解不等式（组）对于刻画不等关系的意义和价值；掌握求解不等式的一些方法，并能解决一些实际问题。

一元二次方程、一元二次不等式与二次函数

理解二次函数与一元二次方程、一元二次不等式之间的联系，梳理初中知识，体会数学的整体性。会结合函数的图象判断方程的根的存在性，掌握零点的概念。根据二次函数的图象理解一元二次不等式的求解。

高中函数概念

在初中学习的基础上，用集合语言和对应关系刻画函数，建立完整的函数概念，体会集合语言和对应关系在刻画函数概念上的作用，了解构成函数的要素，能求简单函数的定义域。在实际情境中，会根据不同的需要选择恰当的方法（图象法、列表法、解析法）表示函数，理解函数图象的作用。能够对具体实例写出分段函数，并能进行简单应用。

函数性质

能够在借助函数图象的基础上，对函数的单调性、奇偶性、周期性、对称性有清楚的认识。联系具体的函数，将性质体现出的功能与函数紧密相连，理解函数性质的几何意义。

幂函数、指数函数、对数函数

清楚函数的形式定义，熟练掌握函数的图象和性质，了解它们在应用时的实

际意义。对于复合变形的函数有着脉络上的认识，对它们的运算规律进行梳理。

三角函数

借助单位圆建立一般三角函数的概念，会用几何直观和代数运算的方式研究三角函数的周期性、奇偶性、对称性、单调性及最值的变化情况。体会三角函数图象的平移伸缩变换，对于变量的形式变化和图象变化有较好的理解。会用三角函数构建数学模型，解决实际问题。

数列

了解数列的概念，探索并掌握等差数列和等比数列的变化规律，熟悉通项公式与 n 的关系，熟记等差、等比数列的前 n 项和公式。能够运用等差、等比数列相关知识解决简单的实际生活问题，感受数学模型的现实意义与应用。了解等差数列与一次函数、等比数列与指数函数的联系，感受数列与函数的共性与差异，体会数学的整体性。

一元函数的导数

理解导数的概念与几何意义，掌握导数运算、导数在研究函数中的应用。

平面向量

体会从物理角度过渡到数学角度的向量的概念，掌握向量的运算、向量的基本定理及其坐标表示，会进行向量应用。

立体几何

认识并熟悉空间基本立体图形，了解柱、锥、台、球以及简单组合体的结构特征，能够运用这些特征描述现实世界。掌握基本图形中点、线、面的位置关系，能够用数学语言对空间里的平行和垂直状态进行描述。

空间向量

理解空间向量的概念、运算、背景和作用，依托空间向量建立空间图形，掌握空间向量的基本定理，并简单应用于空间立体图形特殊位置的证明。

平面解析几何

对于在平面直角坐标系下构建直线、圆、椭圆、双曲线、抛物线代数方程的过程进行梳理。根据几何图形的特点，总结代数表达式，将对几何问题的分析转化成代数结论，并通过一些代数计算证明相应的几何结论。

复数

通过对方程求根的理解，知道复数系扩充的必要性。理解复数的代数表示形式及其几何意义，了解复数的加减运算的几何意义。

计数原理

通过实例了解分类加法、分步乘法计数原理及其意义，通过实例了解排列、组合的概念，能用计数原理推导出排列组合的数学公式，能够利用多项式的运算法则和计数原理证明二项式定理，会用二项式定理解决与二项式有关的简单问题。

概率

结合具体实例，理解随机事件与样本点的关系，理解古典概型，理解概率的性质，会用频率估计概率，掌握随机事件概率运算法则。结合有限样本空间，了解两个随机事件的独立性，利用独立性计算概率。了解离散型随机变量的概念，理解离散型随机变量的分布列及其数字特征。通过具体实例，理解伯努利试验，掌握二项分布及其数字特征，并能解决简单的实际问题。通过具体实例，理解超几何分布及其数字特征，并能解决简单的实际问题。了解正态分布的特征及其含义。

统计

掌握获取数据的基本途径及相关的概念，对于抽样有清晰的认识，会利用计算机工具进行统计图表的设计，会用样本数据估计总体数据。结合实例，了解样本相关系数的统计含义，会通过相关系数比较多组数据的相关性。掌握一元线性回归模型和2×2列联表。

在项目式教学中，学生除了学好数学知识，也要做好学科融合，在必备知识系统中做到从数学角度提出问题，从各学科角度找到知识铺垫、方式方法，做到数学与其他学科相辅相成。作为一种科学的计算工具，数学能够提供计算模型、计算公式。项目式教学作为一种开放式的、解决问题的教学模式，仅仅在数学领域里提取知识显然是不够的。因此，在必备知识系统中，要注意各个学科的知识储存，特别是对于物理、化学、生物学科高中必修内容的熟悉，对于信息技术的熟练操作，对于成体系的知识串、知识链条的清晰认识，都是非常重要的。

二 数学项目式教学核心素养系统

（一）核心素养的含义与价值

学科核心素养是育人价值的集中体现，是学生通过学科学习而逐步形成的正确价值观念、必备品格和关键能力。数学学科核心素养是数学课程目标的集中体现，是具有数学基本特征的思维品质、关键能力以及情感、态度与价值观的综合体现，是在数学学习和应用的过程中逐步形成和发展的。核心素养突出强调个人修养、社会关爱、家国情怀，更加注重自主发展、合作参与、创新实践。从价值取向上看，它反映了学生终身学习所必需的素养与国家、社会公认的价值观。从指标选取上看，它既注重学科基础，也关注个体适应未来社会生活和个人终身发展所必备的素养；不仅反映社会发展的最新动态，而且注重我国历史文化特点和教育现状。在我国，社会主义核心价值观包含了国家、社会、公民三个层面的价值准则。因此，从结构上看，基于我国国情的核心素养模型应该以社会主义核心价值观为圆心来构建。

此外，核心素养是可培养、可塑造、可维持的，可以通过学校教育而获得。随着科学技术的迅猛发展和社会对人才的需要，在《教育部关于全面深化课程改革，落实立德树人根本任务》中提到了核心素养，并且要求修改课程标准，要把学科核心素养贯穿始终。国家适时地提出了"学生核心素养"，其实最基本的问题是在追问我们到底要培养什么样的人，就是希望在高位的教育方针和具体的教育实践之间，搭建一个具体化的桥梁，使教师能够把教育教学与核心素养对照起来，进而促进党和国家教育方针的落实。张奠宙教授对数学核心素养是这样解释的："通俗地说，数学的核心素养有'真、善、美'三个维度；理解理性数学文明的文化价值，体会数学真理的严谨性、精确性；具备用数学思想方法分析和解决实际问题的基本能力；能够欣赏数学智慧之美，喜欢数学，热爱数学。"

（二）数学学科核心素养

1. 数学学科核心素养的内涵

项目式教学围绕《课标》规定的六大核心素养实施。数学学科核心素养与数学教育的终极目标有关，是对培养人的描述：会用数学的眼光观察世界，会用数学的思维思考世界，会用数学的语言表达世界。数学的眼光是指数学抽象（符号意识、数感）、直观想象（几何直观、空间想象能力），保证数学的一般性；数学思维是指逻辑推理能力、数学运算能力，保证数学的严谨性；数学语言是指数学模型（模型思想）、数据分析（数据分析观念），保证数学应用的广泛性。

2. 数学学科核心素养的具体分析

（1）数学抽象

数学抽象是指通过对数量关系与空间形式的抽象，得到数学研究对象的素养。主要包括：从数量与数量关系、图形与图形关系中抽象出数学概念及概念之间的关系，从事物的具体背景中抽象出一般规律和结构，并用数学语言予以表征。

数学抽象是数学的基本思想，是形成理性思维的重要基础，反映了数学的本质特征，贯穿在数学产生、发展、应用的过程中。数学抽象使得数学成为高度概括、表达准确、结论一般、有序多级的系统。

在数学抽象核心素养的形成过程中，积累从具体到抽象的活动经验，学生能更好地理解数学概念、命题、方法和体系，能通过抽象、概括去认识、理解、把握事物的数学本质，能逐渐养成一般性思考问题的习惯，能在其他学科的学习中主动运用数学抽象的思维方式解决问题。

（2）逻辑推理

逻辑推理是指从一些事实和命题出发，依据规则推出其他命题的素养。主要包括两类：一类是从特殊到一般的推理，推理形式主要有归纳、类比；一类是从一般到特殊的推理，推理形式主要有演绎。

逻辑推理是得到数学结论、构建数学体系的重要方式，是数学严谨性的基本保证，是人们在数学活动中进行交流的基本思维品质。

在逻辑推理核心素养的形成过程中，学生能够发现问题和提出问题；能掌握推理的基本形式，表述论证的过程；能理解数学知识之间的联系，建构知识框架；形成重论据、有条理、合乎逻辑的思维品质，增强数学交流能力。

（3）数学建模

数学建模是对现实问题进行数学抽象，用数学语言表达问题、用数学方法构建模型解决问题的素养。主要包括：在实际情境中从数学的视角发现问题、提出问题，分析问题、建立模型，确定参数、计算求解，检验结果、改进模型，最终解决实际问题。

数学模型搭建了数学与外部世界联系的桥梁，是数学应用的重要形式。数学建模是应用数学解决实际问题的基本手段，也是推动数学发展的动力。

在数学建模核心素养的形成过程中积累用数学解决实际问题的经验，学生能够在实际情境中发现和提出问题；能够针对问题建立数学模型；能够运用数学知识求解模型，并尝试基于现实背景验证模型和完善模型；能够提升应用能力，增强创新意识。

（4）直观想象

直观想象是指借助几何直观和空间想象感知事物的形态与变化，利用空间形式特别是图形，理解和解决数学问题的素养。主要包括：借助空间形式认识事物的位置关系、形态变化与运动规律；利用图形描述、分析数学问题；建立形与数的联系，构建数学问题的直观模型，探索解决问题的思路。

直观想象是发现和提出问题、分析和解决问题的重要手段，是探索和形成论证思路、进行数学推理、构建抽象结构的思维基础。

在直观想象核心素养的形成过程中，学生能够进一步发展几何直观和空间想象能力，增强运用图形和空间想象思考问题的意识，提升数形结合的能力，感悟事物的本质，培养创新思维。

（5）数学运算

数学运算是指在明晰运算对象的基础上，依据运算法则解决数学问题的素养。主要包括：理解运算对象，掌握运算法则，探究运算思路，选择运算方法，设计运算程序，求得运算结果等。

数学运算是解决数学问题的基本手段。数学运算是演绎推理，是计算机解决问题的基础。

在数学运算核心素养的形成过程中，学生能够进一步发展数学运算能力；能有效借助运算方法解决实际问题；能够通过运算促进数学思维发展，养成程序化思考问题的习惯；形成一丝不苟、严谨求实的科学精神。

（6）数据分析

数据分析是指针对研究对象获得数据，运用数学方法对数据进行整理、分析和推断，形成关于研究对象知识的素养。数据分析过程主要包括：收集数据，整理数据，提取信息，构建模型，进行推断，获得结论。

数据分析是研究随机现象的重要数学技术，是大数据时代数学应用的主要方法，也是"互联网+"相关领域的主要数学方法。数据分析已经深入到科学、技术工程和现代社会生活的各个方面。

在数据分析核心素养的形成过程中，学生能够提升数据处理的能力，增强基于数据表达现实问题的意识，养成通过数据思考问题的习惯，积累依托数据探索事物本质、关联和规律的活动经验。

（三）基于数学核心素养的教学现状

高中数学学科核心素养是对课程教学主线的反映和对课程教学目标的聚焦。在常态化教学中融入核心素养的培养不仅可以加深学生对数学知识的理解，提高学生的学习效率和学习效果，也可以有效锻炼学生的数学思维和数学能力，使学生逐步形成正确的数学观。然而在当前的高中数学学科核心素养培养过程中依然存在着不少问题。其一，部分教师的教学目标是单一地提高数学成绩，各项教学活动也都是以高考为出发点，对核心素养的培养不够重视；其二，核心素养的培养是以教学方式的改进为基础的，而部分教师依然沿用传统的填鸭式教学法，不愿意学习新的教学理论和教学思想。这些因素导致核心素养的培养无法真正落实到教与学的具体过程中，也就使得高中数学教学模式变得僵化死板，学生对数学课程往往是知其然而不知其所以然，这大大降低了高中数学课程对学生的教育指引意义。

（四）基于数学核心素养的教学策略

1. 从知识点（碎片知识无法领悟）到知识团（整体设计、分步实施）

教无定法，但需贯穿以学生发展为本的教育理念。教师在教学中需要做到以下五点：把握数学知识的本质，把握学生认知的过程；创设合适的教学情境，提出合适的数学问题；启发学生思考，鼓励学生与教师交流、学生之间互相交流；让学生在思考和交流中掌握知识技能的同时，理解知识的本质；感悟数学思想，积累思维的经验，形成和发展数学核心素养。数学核心素养可以理解为学生学习数学应当达到的有特定意义的综合性能力，它基于数学知识技能，又高于具体的数学知识技能。数学核心素养是指在素养中最重要的、必须具备的、具有普适性的部分，数学核心素养是通过数学学习建立起来的认识、理解和处理周围事物时所具备的品质。

2. 发挥指导和引领作用

数学学科核心素养对数学学科的教学应该起指导和引领的作用，彰显学科教学的育人价值，因此这就要求数学学科教学的目标和活动都要从素养的高度来进行，教师要"为素养而教，用学科育人"。但是，数学学科核心素养的达成也必须依赖于数学学科本身独特育人功能的发挥以及对学科本质魅力的发掘。所以说，数学学科核心素养反映的是数学本质、数学思想与数学思维方法，它是在学生参与相关的数学学习活动过程中逐渐形成的。在遇到问题的时候，即使不是数学问题，也可以从数学的角度和用数学的思维方法去思考、分析、理解和解决问题。

3. 明确数学内容的本质

如何在日常的教学中体现数学本质？作为教师，首先要明确数学教材中所涉及内容的实质。这样才会让学生理解和掌握这些内容的本质，促进学生数学核心素养的提升。核心素养现如今已经逐渐变成全球性教育发展趋势，即便是高考题目，同样对其有所体现。为了能够促使学生形成优良的核心素养，必须引导学生完成知识理解。因此，教师需要做好备课工作，并认真思考促使学生领会数学奥秘所在的教学方法。例如，在每一学期的第一节课上，先向学生讲解完成数学学科知识学习需要具备的主要素养，而在每一个新单元的知识学习之前，同样需要介绍该单元学习过程中需要具备的学科素养。如此一来，学生便会对之后的学习活动有了大致把握，并以此为目标投入学习。长此以往，学生的学习积极性便会大幅度提升，同时也会形成良好的学习意识。

4. 注重思考和实践

发展学生的核心素养是教育方针的具体化、详细化。所谓的数学学科核心素养，不仅仅是关注学生对知识的掌握，更应该关注学生运用数学思维来观察事物、抽象生活问题、解决生活问题。思考是看不见摸不着的，但是我们培养的学生必须是会思考的学生，用素养的落实来检验培训的效果。数学核心素养来自学生自我的思考和实践，对于知识的消化和理解。项目式教学能够激发学生的学习兴趣，带动学生潜移默化地养成思考的习惯、提高质疑的本领，从而培养学生的创新意识和能力。

5. 提升课堂教学丰富度

数学知识涉及的内容十分广泛。高中学生即将面临高考，因此一些教师为了能够让学生取得优异的成绩，往往将重心更多放在了题目练习和解答方面，而对于基础知识、数据分析及模型建立等方面有所忽视。然而事实上，这些内容中同样包含数学核心素养。因此，教师需要提升课堂教学的丰富程度，将人才培养放在所有工作的首位，通过情境创设方式，帮助学生完成基础知识的掌握；设计多种不同的作业，帮助学生完成多方面知识的学习，进而提升自身的综合水平。

三 数学项目式教学关键能力系统

关键能力是指即将进入高等学校的学习者在面对与学科相关的生活实践或学习探索问题情境时，能够有效地认识问题、分析问题、解决问题所必须具备的能力。关键能力是支撑高水平人才终身发展和适应时代要求的能力，是发展学科核心素养、培育核心价值所必备的能力基础，由知识获取能力群、实践操作能力群和思维认知能力群构成。任子朝等在所著的《基于高考评价体系的数学科考试内容改革实施路径》一文中指出，根据高考评价体系的整体框架，结合《课标》中提出的学科核心素养，高考数学学科提出 5 项关键能力：逻辑思维能力、运算求解能力、空间想象能力、数学建模能力和创新能力。其中，前 4 项关键能力具有鲜明的数学学科特点，是学生学习数学必须具备的能力，也是数学教学着力培养的、数学考试着重考查的能力；创新能力集中反映高考数学的学科特点、高校人才选拔的要求和国家选才的意志。学科素养是理念考查和总体要求，关键能力是学科素养的细化和具体体现。在命题中，关键能力是具体的考查目标，是实现学科素养考查目标的手段和媒介。

（一）逻辑思维能力

1. 定义

从思维的角度上说，逻辑思维是数学的核心思维，它是一种抽象的思考活动，指的是人能够根据不同的概念、情境进行应变推理，从而揭示真实世界的本质。从能力的角度上说，逻辑思维能力是重要的数学学科能力，指的是能够对事物进行观察、比较、分析、综合、抽象、概括、判断和推理，采用科学的逻辑方法，准确、有条理地表达自己思维过程的能力。

2. 培养逻辑思维能力的重要意义

强大的逻辑思维能力既是学好数学的重要基础，也是提升学生思维品质、提高综合素养的保障。高中数学的课程内容需要学生具备一定的逻辑思维能力，才能更好地学习。从高中数学的特点分析，一方面，高中数学的课程内容广泛且丰富，包括预备知识、函数与应用、几何与代数、概率与统计，还包括数学建模活动、数学探究活动等；另一方面，高中数学课程的难度较大，具有一定的抽象性，这就对学生提出了较高的要求，需要学生具有较好的逻辑思维能力。学生具有较好的逻辑思维能力，才能更好地进行分析、概括、推理和表达等。在现代社会中，逻辑思维能力对于一个人的成长和发展来说是至关重要的，逻辑思维能力的应用空间也十分广阔。

逻辑思维能力在高中数学学习中有很多种表现形式，如因果思维能力、递推思维能力等。培养学生的逻辑思维能力有助于学生因果思维能力的提高和递推思维的有效发展。

因果关系的把握是运用逻辑思维思考问题的一大表现，提供公式和推导两个及以上因素之间是否存在某种特殊的因果联系，是高中数学教学的重要内容，这也是提升学生分辨事物、深入研究本质的一大渠道。在开展数学教学工作中，往往要探讨一因一果、多因一果、一因多果以及多因多果等实际话题。当学生遇到一些略显复杂的问题时，就可能因为思考不全面或者思维系统性不足而导致学习效果大打折扣。因此，教师要注重学生良好学习习惯的养成，强化学习方法，加强对学生逻辑思维能力的培养。

递推思维也是逻辑思维的重要形式。顾名思义，递推指的是根据当前事物的某个特征及多个事物的联系推导下一个层面的特征和联系，这是一个层层递进的思维过程。递推思维在高中数学实践中的运用也是极为广泛的，数学内容的学习也要经历一个从浅至深、由易至难的基本过程。因此，教师在注意引导学生思考的同时，也要注意采取渐进式引导的理念，让学生逐步接触知识，深入理解，接纳与消化所学，提高学生的自主分析和思考的能力。

（二）运算求解能力

1. 定义

在数学中，运算求解能力是课程目标要求的核心能力之一。《课标》中指出："数学运算是指在明晰运算对象的基础上，依据运算法则解决数学问题的素养。主要包括：理解运算对象，掌握运算法则，探究运算思路，选择运算方法，设计运算程序，求得运算结果等。"在数学问题的研究过程中，运算是不可避免的。它能反映出学生研究数学问题的态度，考验学习者的意志品质。因此，培养学生的运算求解能力是中学数学教学的重要任务。

2. 运算求解能力的理解

《课标》中指出："通过高中数学课程的学习，学生能进一步发展数学运算能力，有效借助运算方法解决实际问题。"在高考中，对运算求解能力的考查要求有以下几点：能够根据法则、公式进行运算及变形，能够根据问题的条件与目标寻找与设计合理简洁的运算途径，能够对相关数据进行合理估计和近似计算。因此，对于运算求解能力主要有下面几个方面的理解。

（1）运算须准确

这是运算求解能力中最基本的要求，学生在运算过程中必须保证所使用的公式、法则、定义是准确的，在进行准确的化简之后，求得准确的运算结果。

（2）运算须熟练

学生在保证运算的准确性以后，还要提高自身运算的熟练程度。只有熟练掌握一级数学公式、结论、定理，合理记忆二级结论、变形公式，同时使用必要的运算技巧，才能逐步加强运算的熟练程度，提高运算效率。

（3）运算须合理

这是运算求解能力的核心要求，要求学生能够将复杂的数学运算进行合理的拆分，在保证运算准确性和熟练度的前提下，选择最合适、最简洁的运算途径，将运算由复杂变简单。

（4）运算须规范

运算的规范性是学习者非常容易忽略的一个方面，也是教师在日常教学中需要加强指导的一个方面。运算规范要求学生必须将运算求解过程用数学语言进行规范表述、规范呈现，这是展示运算成果的关键。

3. 运算求解能力的培养

在高中数学的日常教学中，教师要注重学生运算求解能力的培养。在构建完善、系统的知识体系后，遵循运算求解能力发展的基本规律，抓实运算求解能力培养的各个环节。培养运算能力的大致过程是知识→技能→能力，相应要求分别是懂知识、会技能、能变通。

（1）建构完善系统的知识体系

准确理解数学定义、概念、公式、定理，要掌握其发现、推导过程，还要掌握它们的各种等价变形，熟练掌握有关运算的方法、步骤。在熟练掌握运算求解的算理、算法及运算技能基础上弄清其隐含的数学思想方法，并以数学思想方法促进运算技能向能力过渡。

（2）加强审题训练

发现运算目标，启发、帮助学生细致分析问题的条件、结论以及条件与结论间的联系，尤其是如何发现问题中的隐含条件，及早确定运算目标，并在运算求解过程中及时调整运算方向。

（3）重视简化运算，提高求解能力

运算求解能力是其他数学能力的基础，简化运算是提高求解能力的重要环节。熟记一些常见的运算结论和推理结果有利于寻找解题思路，简化运算过程，提高运算结果的准确性。例如，在解析几何解题运算中，教给学生简化运算的基本方法，如恰当建系、巧妙设元、回归定义、设而不求、数形结合、整体代换、数式化简、特殊引路、特征分析（定量、定性）、直觉判断、合情推理等。

（三）空间想象能力

1. 定义

在高中数学空间知识中，空间通常指直线、平面、立体图形所反映的现实空间。空间想象能力指的就是人们对客观事物的空间形式进行观察、分析和抽象的能力。空间想象能力所对应的数学学科核心素养即直观想象。《课标》中指出："直观想象是指借助几何直观和空间想象感知事物的形态与变化，利用空间形式特别是图形，理解和解决问题的素养。"

在高中数学课程的学习过程中，很多学生对空间概念的理解不够扎实，难以在头脑中建立三维的想象，更难以用空间想象能力去解决具体情境中的问题。因此，对学生空间想象能力的培养是必不可少的。当然，这是一个长期的过程，需要教师结合学生的实际情况，采用多种方法，有意识地发展学生的几何直观和空间想象能力。

2. 空间想象能力的培养

（1）加强空间形式基础知识的学习

在高中数学中，有关空间形式的知识主要包括基本的立体图形、基本图形的位置关系等。学生需加强这些空间基础知识的学习，这是建立空间想象能力最基础的要求。学生可以通过借助身边的实物模型，也可以通过借助计算辅助软件等，深入感知基本的几何图形，加强概念的理解，从而加强空间想象能力。当学生头脑中掌握的感性材料越多，越容易建立空间观念，从而越容易进行几何直观的想象。

（2）教师演示和学生动手相结合

教师在教学过程中，要通过提供丰富的实物模型、计算机辅助模拟等方法帮助学生形成空间观念，从整体到局部、从具体到抽象，以演示的形式直观、有效地指导学生建立空间想象。而对于学生来说，不仅要观察教师的演示，更要亲自动手感知。例如，在探究圆锥的截口曲线形状时，学生可以借助卡纸、剪刀等亲自动手制作圆锥的模型，在实际操作中感受圆锥的截面问题。只有将教师的演示与学生动手相结合，才能真正有效提高学生的空间想象能力。

（3）通过数形结合，培养空间想象能力

探究空间图形的性质除了几何直观想象外，还要注意运用数形结合的思想，要学会用度量计算的方法研究几何问题、研究作图方法、进行准确计算等，将数和形进行巧妙的联系，这些都有助于学生更精确地建立对空间几何的理解。

（四）数学建模能力

1. 定义

数学建模是六大数学学科核心素养之一，《课标》中指出："数学建模是对现实问题进行数学抽象，用数学语言表达问题、用数学方法构建模型解决问题的素养。数学建模过程主要包括：在实际情境中从数学的视角发现问题、提出问题，分析问题、建立模型，确定参数、计算求解，检验结果、改进模型，最终解决实际问题。数学模型搭建了数学与外部世界联系的桥梁，是数学应用的重要形式。数学建模是应用数学解决实际问题的基本手段，也是推动数学发展的动力。"

在《课标》的指导下，教师在日常教学中，也应逐步强化学生的数学建模意识，设置与数学建模相关的项目式教学活动，引导学生通过自主探究、合作探究等形式进行建模，进而培养学生的数学建模能力。

2. 数学建模能力的培养

学生数学建模能力的培养与提升，是一个需要长期坚持的过程。学校可通过开设数学建模社团，组织学生进行数学建模活动，将数学建模与项目式教学融合到一起，不断提升学生的数学建模能力。

（1）结合生活实际问题，创设项目式教学情境

数学来源于生活。因此，教师在日常教学中，可结合生活中可能遇到的实际问题，合理创设教学情境，引导学生用数学建模的思想解决实际问题。例如，体育运动中，篮球场上放置于地面的篮球形成的阴影轮廓与椭圆的定义有关；广场

上，旗杆高度的测量问题可以用正余弦定理帮助解决等。学生在用数学知识解决这些现实问题时，会逐步体会数学建模的过程，从而提高数学建模能力，让数学真正走进学生的生活。

（2）回归数学教材，激发学生学习兴趣

除了现实生活中的问题，数学教材中也有很多探究活动，可以作为数学建模的资源。教师可以根据教材的核心概念、核心内容，深入挖掘数学项目，与生活实际相联系，以项目式教学形式为载体，开展数学建模活动，引导学生通过自主探究、合作探究等形式，建立数学模型，解决实际问题。

（3）组织开展数学建模活动

学校可开设数学建模社团，为有兴趣、有能力的同学提供数学建模的拓展培训；当然，也可以组织学生参加相应的高中生数学建模比赛，如国际数学建模大赛等。学生通过参加这样的建模比赛，会对数学建模的一般过程有更系统的理解，在实践中积累建模经验、提高建模能力。

（五）创新能力

1. 定义

通俗地说，创新指的是面对现实情境中的困难，能够打破思维界限，提出行之有效又新颖独到的解决方案，创造性地解决问题。这样的过程就叫作创新。创新既是一种创造性的思维，也是一种创造性的能力。在高中教育阶段，这是学生应该具备的核心能力。从数学学科的角度来说，数学的学习能够帮助提升学生创新能力、实践能力，从而为其终身发展奠定基础。

2. 培养创新能力的重要意义

从学生发展的角度看，在高中教育阶段，培养学生的创新能力具有重要意义。学生能够依据所学知识，创造性地解决问题，这是一种极为重要的能力。从国家发展的角度来看，创新能力是国家选拔人才的重要标准之一。当今社会的竞争，与其说是人才的竞争，不如说是创造力的竞争。随着现代科学技术的发展，创新意识和创新能力正越来越成为一个国家国际竞争力和国际地位的重要的决定因素，文明的真正财富将越来越表现为人的创造性。

3. 培养创新能力的重要途径

（1）夯实基础知识，提高学生创新意识

创新能力是学生必须具备的一项关键能力，而创新能力的培养则要从日常做起。在高中教育阶段，学生要想具备创新能力，首先要夯实基础知识。只有拥有扎实的知识储备，学生才能逐步将知识进行灵活地运用，为提高创新能力奠定基础。

当然，对于教师来说，在日常的数学教学过程中，要有意识地培养学生的创新思维和创新能力。在进一步增加学生的知识储备的同时，提高学生的学科素养、认知能力和逻辑思维，让学生思维能力更加地灵活。例如，面对复杂又抽象的数学知识，教师要指导学生进行知识的系统梳理，构建思维导图，夯实基础知识；面对创新性的题目，教师要有意识地引导学生进行一题多解，从多个角度思考问题，探究知识的本源，启发学生创造性地思考。总之，创新能力的培养与提升应该渗透在高中数学的学习过程中，教师要懂得启发学生思考，使他们养成独立思考、自主学习的习惯，提高他们的创新意识。

（2）开展项目式教学，提升学生创新能力

高中学生的数学创新能力贯穿于高中整个数学教学过程之中，如何将数学教学与学生创新能力培养相结合，推动广大高中生形成创造性的逻辑思维已成为教育界和学生家长共同关心和讨论的话题。提升学生的创新能力既需要学校营造良好的创新环境与创新氛围，也需要教师创新教学模式，真正将学习主动权交还给学生，激发学生的兴趣与创造力。

教师可以积极实践项目式教学，开设相应的项目式教学课题，把每个学生看作具有创造潜能的主体、具有丰富个性的主体，把以"教师单方面讲授"为主的教学方式转变为以"启发学生对知识的主动追求"为主的教学方式。所谓兴趣是最好的老师，学生对项目课题产生了研究创新的浓厚兴趣和强烈的求知欲，便通过自主探索、小组合作等多种形式，借助数学知识解决生活中的实际数学问题。

在项目式教学过程中，教师引导学生亲身感受、理解知识产生和发展的过程，培养学生的科学精神和创新思维习惯；创造良好条件，让学生积极参与教学过程，从被动学习转变为主动学习；充分调动学生学习的自觉性和积极性，使其思维活跃，善于动脑筋，能够解决各种问题。这样，在潜移默化中培养学生的创新意识，激发出学生的创造积极性。

四 数学项目式教学核心价值系统

核心价值是指即将进入高等学校的学习者应当具备的良好政治素质、道德品质和科学思想方法的综合，是在各学科中起着价值引领作用的思想观念体系，是学生面对现实的问题情境时应当表现出来的正确的情感态度和价值观的综合。据任子朝等所著的《基于高考评价体系的数学科考试内容改革实施路径》一文所说，高考要解决"为谁培养人、培养什么人"这个根本性的问题。因此，高考评价体系以"立德树人"为统领，将"核心价值"放在首位，无论是高校人才的选拔需求还是基础教育的培养目标，都要求学生具有社会主义核心价值观、辩证唯物主义的世界观与为人民服务的人生观。

数学是培养理性思维的重要学科，有助于学生树立科学精神与科学态度，促进智力发展，促进思维能力、实践能力和创新意识的提升；有助于学生形成正确的人生观、世界观、价值观，这对于提高公民素质具有重要意义；要在高考中发挥数学学科的独特价值引领作用，数学教学就应该聚焦于能够表现出学生核心价值观、世界观与人生观的问题情境，体现高考的育人功能。

1. 合理联系社会实际进行价值观渗透

《课标》中明确提出"数学文化应融入数学教学活动"，要求"在教学活动中，教师应有意识地结合相应的教学内容，将数学文化渗透在日常教学中"。这不仅可以"引导学生了解数学的发展历程，认识数学在科学技术、社会发展中的作用，感悟数学的价值，提升学生的科学精神、应用意识和人文素养"，还"有利于激发学生的学习兴趣，有利于学生进一步理解数学，有利于开阔学生视野、提升数学学科核心素养"。近几年高考命题也进行了相当幅度的改革，试卷中屡屡涌现出蕴含丰富数学文化内涵的新颖题目，这些现象无一不对数学教学具有良好的导向与示范效应，并为数学课堂教学变革铺陈了丰富的现实背景与理由，启示教师在课堂教学中应该着力渗透数学文化，促使学生养成说理、批判、质疑等理性思维习惯，实现对学生应用意识、人文精神、创新意识和情感态度等数学素养的培养。

2. 合理运用课堂进行数学文化渗透

教师应通过在课堂教学中渗透数学文化，展现数学家创造知识的历程，让学生感受数学家坚韧不拔的科学研究精神和创新精神，形成迎难而上的人生态度，促使其形成健康向上的人格。一部数学发展史就是古今中外历代数学家艰辛卓绝的奋斗史。数学家在为世界奉献自己的聪明才智、挖掘出一座座数学宝藏的同时，也让世界看到他们身上咬定青山不放松、百折不挠的研究定力和实事求是、不破不立、敢于创新的治学态度。更难能可贵的是他们的身上闪现着不吝分享、甘为人梯以及超脱名利的高贵品格，这些熠熠生辉的精神光芒照耀着一代又一代数学工作者的前行之路，激励着他们要志存高远、不懈奋斗，为人类社会贡献更多更好的精神财富。当代教师应在课堂教学中浸润有关数学文化，传承好数学家优秀的科研精神和创造性精神，让学生感受数学家的高尚人格。

第 2 章　数学项目式教学系统构建

第 1 节　数学项目式教学的内容选择与目标制订

《课标》指出，以立德树人为根本任务，通过知识的学习、方法的传授培养学生数学抽象、直观想象、数据分析、数学建模、数学运算、逻辑推理六大核心素养。因此，项目式教学的内容选择要为目标系统服务。在进行项目式教学时，要注意教学设计有助于六大核心素养的养成。另外，项目式教学是以项目为载体，推动学生进行知识的学习，所以在进行内容选择时要注意内容是否适宜学生探索，启发学生开阔思路，动手探究。

一　数学项目式教学的内容选择

数学项目式教学的内容选择决定着后期课程的设计与安排。在选择内容时，应该着重选择紧扣数学学科知识、有助于发展学生数学学科核心素养、适宜学生开展自主探究活动的内容。以下将详细介绍数学项目式教学内容选择的类型。

总览国内项目式教学推进成果，大多数项目式教学的开设以职业院校学习内容或幼儿园阶段学习内容为主，这是因为职业院校和幼儿园的学习内容实践性比较强，便于搜集案例、开发项目，便于调动学生参与的积极性，也便于设计课堂流程让学生动手，通过使用不同方法，求同存异，从而达到效果的最优。而对于数学学科而言，其性质限制了选题，数学理论方面可以对中学数学概念教学进行深入理解或者拓展学习。由于高中数学的难度和深度有限，进行项目式教学时如果要对理论进行拓展或者创新，背后需要夜以继日的钻研或者借鉴现有理论成果，因而在纯理论方面进行项目式教学，一方面可以依托数学专著、期刊等现有知识进行拓展，另一方面可以通过数学教材的探究与发现、阅读与思考、信息技术应用等栏目进行适度扩充。这样既能实现项目与课本知识的融合，也能超脱课本知识进行深入学习，拓宽学生的学习视野。这就是后期详谈的"基于数学探究活动的小项目式教学"。

在探索项目的过程中，学生需要攻克自己陌生的领域，一边学习新的知识内容，一边将知识活学活用，应用到项目探索的过程中。这个过程与数学建模大赛有些类似，组队合作，通过多种方法解决问题。因此，数学应用方向可以结合数学建模大赛的题目，将题目简化用于开发项目，即"基于数学建模活动的小项目式教学"。数学应用方面因为纯数学难以解决实际问题，大多需要与物理学、计算机科学等其他学科进行跨学科融合，因此可以开发"基于跨学科融合的大项目式教学"。除此之外，《课标》指出，数学选修课程有一部分内容涉及大学高等数学的内容，因此也可预先学习高等数学内容，在高等数学中选择适宜内容开发项目式教学。本小节内容也将从学科必备知识的项目式教学内容选择、数学学科知识拓展的项目式教学内容选择、数学建模活动的项目式教学内容选择、跨学科融合的项目式教学内容选择、高等数学的项目式教学内容选择这五个方面展开详细介绍。

1. 学科必备知识的项目式教学内容选择

数学学科知识中有一些必备知识可以作为项目式教学的开课内容。设计项目深挖必备知识，可以将必备知识的产生源头、发展过程、应用方向等进行深入探究，使学生对课本知识有更深的了解与掌握，这对学生成绩的提升有重要作用。

例如，我校孙云霞老师设计并执教的《基于数学学科内容的概念课项目式教学案例分析——变化率与导数》一课，遵循数学史中导数的发展过程，从物理中相对使学生运动的变化率开始设计课程引入，使学生在计算过程中亲身体会导数的诞生过程，使学生对于导数的含义和应用有了更深的了解。我校杨淑英老师设计并执教的《探秘杨辉三角、再寻数字规律——基于二项式系数性质的再探究》一课，通过观察杨辉三角横行、斜行、上下行之间的关系，寻找数字之间的规律，提升了学生数列模块的解题技巧。我校周梦鸽老师设计并执教的《圆锥曲线光学性质在生活中的应用》一课，从圆锥曲线的光学性质入手设计项目式教学，让学生通过动手探究掌握不同圆锥曲线的光学性质，知道焦点的光学含义，拓展学生的视野。

由此可见，将学科必备知识进行挖掘也可以设计出有价值的项目式教学，相关内容的选取可以从数学教育期刊等资源中进行整理汇总、改编设计。

2. 数学学科知识拓展的项目式教学内容选择

数学学科知识的拓展探究可以激发学生深入探究的求知欲和学习数学的兴趣，培养学生刻苦钻研、灵活机动、独立思考的思维能力，对提高教育质量有着重要作用。数学课本的探究与发现、阅读与思考、信息技术应用等课后延伸拓展知识中也有很多能深入挖掘、便于学生探究的知识，因此可以在数学课本的课后拓展部分选择适宜内容进行设计。

我校邹旭涛老师设计并执教的《基于高度问题的解决——正余弦定理应用》一课，将正弦定理、余弦定理的学习搬到广袤户外，带领学生实地勘测得到数据，再利用正弦定理、余弦定理测得毛公山的实际高度，让学生学以致用，充分展现了数学在实际生活中的应用。我校孙超老师设计并执教的《穿越三百年对数之光——滑尺运算》一课，利用对数的课后阅读与思考，将对数发明发展史中大放异彩的对数计算尺单独拿出来研究，让学生通过操作滑尺进行运算，体现了对数化乘除为加减的简化运算的功能，丰富了学生对对数在数学史上的作用的认识。我校甄晓老师设计并执教的《基于圆锥截口曲线形状的项目式教学》一课，通过不同方式截取圆锥得到不同曲线的证明，让学生深刻体会"圆锥曲线"一词的由来，提升了学生的空间想象能力和逻辑推理能力。

诸如此类的案例还有很多，如魔术师的地毯、斐波那契数列等。数学的探究与发现、阅读与思考、信息技术应用等版块一般是基于教材学习内容的拓展和延伸，对学生核心素养的培养有深远意义。在课后探究的基础上加以整改研究，精心钻研设计成一节项目式教学课程，可以激发学生的探究欲望，培养学生的探究能力。

3. 数学建模活动的项目式教学内容选择

项目式教学探索过程与数学建模活动探索过程类似，二者均需要小组团结合作、分工明确，查阅资料、设计思路并解决问题。因此，内容的选取可以从近年来数学建模大赛中进行借鉴并加以简化，使得项目在班级大部分学生的就近发展区之内。我校开展的项目式教学中，也有部分案例是基于数学建模活动进行的。

我校李元基老师设计并执教的《三角函数模型在潮汐现象中的应用》一课，选材来源于数学建模内容，将高等数学建模课堂"数据拟合"内容加以修改，简化模型数据，形成适合高中生接触、了解、学习数学建模的项目式教学。我校谷佳文老师设计并执教的《"苏大强"买房记——数列在实际生活中的应用》一课，以"苏大强"贷款买房为背景，将"等额本金还款"和"等额本息还款"的计算方法用数列的形式表示，体现出等差数列和等比数列两种数列增长方式的差异，感受指数爆炸增长的实际体现，再将数学知识回馈实际生活，解决贷款问题。我校于志昌老师设计并执教的《基于教育储蓄兴衰的项目式教学》一课，基于教育储蓄问题，让学生切实感受项目式教学在实际问题中的应用，并且回扣现实中教育储蓄的发展兴衰问题，融入了数学项目式教学的德育教育功能。

上述实例是我校教师基于数学建模活动开展的项目式教学，通过对比数学建模活动与项目式教学探究活动求同存异，开通二者之间的壁垒，让学生体会共同之处。另外，学生在采用计算机信息软件等手段探索的过程中，也提高了自己的数学建模能力、计算机信息应用技术以及分析和解决问题的能力。

4. 跨学科融合的项目式教学内容选择

根据吴志勇老师所著《浅论高中数学建模思维和能力的培养》一文所述，数学建模知识的学习不仅对数学学习有益，而且对物理、化学、地理、生物、天文学、金融学等其他学科的学习也有帮助。事实上，现实生活中大部分项目并不单纯涉及数学知识，而是融合了多学科的知识。

我校衣军潼老师设计并执教的《解锁"人造卫星"的轨迹方程》一课，将物理学知识与数学知识相融合，促进了学生思维的发展和计算能力的提高。胡月老师设计并执教的《交通枢纽接驳布局》一课，将数学知识与地理知识融合，交通枢纽接驳布局即以设计高铁站、火车站等大型集散中心为主题，将人流量、占地面积等因素纳入考量范围，形成项目式教学，促进学生建模能力的培养。陈雪老师设计并执教的《历史回眸（牟）——"牟合方盖"体积计算》一课，将数学知识与传统文化、计算机科学融合，促进学生信息素养的提升。

跨学科项目的开发有利于学生发展综合能力。我们可以通过高考题、期刊等多种渠道挖掘跨学科融合的项目式教学资源。例如，李敏老师在《高中跨学科能力整合提升策略探究——以地理和数学学科为例》一文中，提供了一个地理和数学学科融合的实例。

某旅游城市为向游客介绍本地的气温情况，绘制了一年中月平均最高气温和平均最低气温的雷达图，如图2-1-1所示。图中A点表示十月的平均最高气温约为15 ℃，B点表示四月的平均最低气温约为5 ℃。下面叙述不正确的是（　　）。

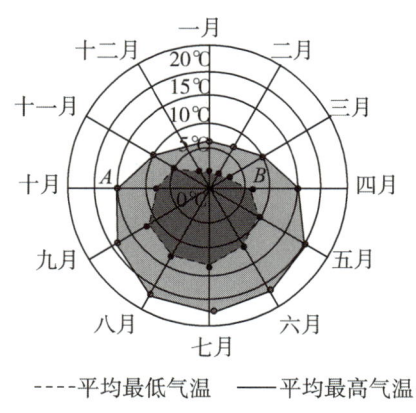

图2-1-1　雷达图

（A）各月的平均最低气温都在0 ℃以上

（B）七月的平均温差比一月的平均温差大

（C）三月和十一月的平均最高气温基本相同

（D）平均气温高于20 ℃的月份有 5 个

这道题是2016年高考数学全国三卷的一道题目，虽然是数学高考题，但雷达图和气温的知识涉及了地理学科知识。若将题目进一步拓展，让学生根据题目给出的气温特点判断该地的地理位置，则可将数学知识与地理知识进行巧妙融合。跨学科融合内容的选取即从具体题目背景或事件案例出发，选择适宜的考查点，进行恰当改编设计，完成项目式教学。

5. 高等数学的项目式教学内容选择

惠小健、王震、章培军、于蓉蓉老师在《线性代数项目案例式教学改革与实践》一文中指出，教师在线性代数课程中采用项目案例式教学可以解决学生在学习过程中"重理论、轻应用"的问题，激发学生的学习兴趣。项目式教学将数学知识、数学建模、计算机软件应用这三者有机结合，在培养学生创新精神的同时，提升了学生的数学思维。

这篇文章为线性代数课程的项目式教学设计提供了合理的建议。在项目开发案例选取中，文章建议可按照知识模块化设计教学案例，如Hill密码的设计、加密和破解，RLC电路系统的可控可观，配方问题，储层孔隙度问题，隧道围岩监测，艾滋病疗法评价，CT图像重建的代数方法，投入产出分析，种群年龄结构的估算问题等。同时，文章也建议在开发项目式教学的过程中，应该加强信息技术的应用，如Lingo、Lindo、Mathematica、Maple等数学软件，增强学生的计算机软件应用能力和数据处理能力。

我校目前尚未开展基于高等数学内容的项目式教学，但一直在筹备。教师可精心选取高等数学中适宜高中生细心钻研的内容，进行合理加工设计，激发学生的探索兴趣，提升学生的探究能力。

总而言之，生活中处处皆有数学，数学项目式教学内容的选取决定着后期活动的开展与学生的参与。教师在选择内容时，可以着重考虑以上五个方面。当然也不局限于这五个方面，内容选择上要注意以下三点：一要注意知识程度在学生的接受能力之内；二要注意内容翔实丰富可探究，足够令学生展开活动探究，足够支撑起一个项目；三要注意内容要有一定的扩展，能够形成一定的项目成果。

二 数学项目式教学的目标制订

数学项目式教学的目标制订应该紧紧围绕数学学科核心素养，从数学抽象、直观想象、数据分析、数学建模、数学运算、逻辑推理核心素养的培养出发，按照学生的认知能力在学生的就近发展区设计教学目标。

根据吴志坚老师所著《合理设计教学目标，突出数学学科核心素养》所述，教师需要在平时的教学活动之中，通过主题教学、单元教学、课时教学来实现《课标》所述的数学课程目标，即通过高中数学课程的学习，学生能获得"四基"，提高"四能"，发展"核心素养"。

《课标》指出，数学学科核心素养是数学课程目标的集中体现，是学生在数学学习的过程中逐步形成的。教师在制订教学目标时，要充分关注数学学科核心素养的达成；要深入理解数学学科核心素养的内涵、价值、表现、水平及其相互联系；要结合特定教学任务，思考相应数学学科核心素养在教学中的孕育点、生长点；要注意数学学科核心素养与具体教学内容的关联；要关注数学学科核心素养目标在教学中的可实现性，研究其融入教学内容和教学过程的具体方式及载体，在此基础上确定教学目标。

目标制订影响着课堂教学效果，也要通过课堂教学效果来检验其是否合理。教学目标的制订分为主题教学目标、单元教学目标和课时教学目标。分类依据是教学内容和课时长短的差异，也可将其概括为长期内容和短期内容，可依据项目式教学课程实际内容与历时长短选择制订相应教学目标。

教学目标的制订要兼顾宏观和微观两方面，既要有长期发展眼光，又要落实到课堂。这样才能提高学生的数学能力。下面，本小节按照六大核心素养分类介绍项目式教学目标的制订方式。

1. 数学抽象

数学本身具有抽象性和概括性的特点。数学抽象作为数学六大核心素养之一，是沟通数学与现实的桥梁。史宁中教授认为，数学在本质上研究的是抽象的东西，借助抽象可以形成数学的研究对象。根据赵全新老师的《核心素养背景下高中数学抽象再思考》一文可知，数学抽象一方面包括从数量与数量的关系、图形与图形关系中抽象出数学概念及概念之间的关系；另一方面包括从事物的具体背景中抽象出一般规律与结构，并用数学语言予以证明。数学抽象是数学学科核心素养的第一要素，反映出了数学学科的本质和内涵，是数学学科的基本思想，也是学生形成数学思维的重要基础和前提。它将贯穿于学生数学学习的整个过程之中，并帮助学生更好地学习和理解数学学科。因此，培养学生的数学抽象核心素养应该成为数学教学的主要目标之一，并始终渗透于日常的高中数学教学活动中。

我校周梦鸽老师设计并执教的《圆锥曲线光学性质在生活中的应用》一课，将教学目标制订为通过抛物线光学性质的视频引入，启发学生发现抛物线的光学性质，进一步延伸拓展，研究其他圆锥曲线的光学性质。这样制订教学目标，可以启发学生通过光学性质的实际体现归纳出圆锥曲线独有的特点，进而深入圆锥曲线本身，探究其光学性质。目标的制订既高于课本基础知识，又在学生就近发展区，可以激发学生的兴趣，完成课堂任务。

我校甄晓老师设计并执教的《基于圆锥截口曲线形状的项目式教学》一课，

将教学目标制订为通过不同方法截取圆锥，能得到不同的圆锥曲线，通过对界面曲线的观察，利用直观图形启发学生的数学抽象素养，提升学生对于圆锥曲线的了解和通过定义证明圆锥曲线的能力。目标如此设计，可以促使学生探究从圆锥截得圆锥曲线的奥秘，从而提升学生的数学抽象能力。

我校邹旭涛老师在《基于高度问题的解决——正余弦定理应用》一课的教学中，带领学生利用测量仪器，在我校附近的毛公山进行实地测量，将教学目标定为通过实践情境渗透数学抽象，提升学生的动手实践能力，强化学生用数学理论知识解决实际问题的能力。在动手实践的过程中，学生可以更全面地养成数学抽象的核心素养。目标的制订促进了学生进一步应用知识解决实际问题并且从实际问题抽象得出数学知识的能力。

为培养学生的数学抽象能力，教师应该在平时的教学活动中注意设计情境，让学生从实际生活中发现数学，学会用数学的眼光观察世界。在制订目标的过程中，教师应该重点关注学生自主分析情境、思考问题、经过观察找到解决方法的能力培养，侧重点放在学生抽象思维的培养之上。依托于教学内容，在数学抽象能力培养方面，教学目标的制订应大体如下所述：通过对数学引入情境的观察，能在情境中抽象出涉及的多种数学知识；能通过小组合作探究，归纳出相关数学知识的共有特点，并作出进一步探究；能根据发现的特点，找到背后与其关联的数学知识以及相应习题，能意识到此类知识的出题种类和变化方向。

2. 直观想象

直观想象主要表现为建立形与数的联系，利用几何图形描述问题，借助几何直观理解问题，运用空间想象认识事物。

直观想象一方面可以在"做中学、学中做"的实践活动之中培养。因此，教师在设计教学目标时，可以通过学生动手操作提高学生的直观想象能力。例如，我校陈雪老师设计并执教的《历史回眸（牟）——"牟合方盖"体积计算》一课，将教学目标定为学生通过动手实践，利用花泥和PVC管作为工具，通过两次截取，获得"牟合方盖"的模型。目标的制订让学生通过动手操作和实际观察更加清楚"牟合方盖"的结构特点，提升了学生的动手操作能力和直观想象能力。我校甄晓老师设计并执教的《基于圆锥截口曲线形状的项目式教学》一课和我校李元基老师设计并执教的《三角函数模型在潮汐现象中的应用》一课，都利用了数学软件，在目标制订中都涉及借助数学软件绘制函数图象和圆锥曲线图象，并且通过图象直观得到图象的性质。目标的设计既可以基于学生动手操作，也可以借助现代教学软件，从多个方面入手，提升学生直观想象的能力。

为了培养学生的直观想象素养，教师在进行目标制订时，应该注意通过动手实践和数学软件绘制图形来提升学生的几何直观能力和空间想象能力。具体制订课堂教学目标时，教师可以结合课堂内容，涵盖长期目标与短期目标共同推进。例如：①能通过动手实践制作实体模型或者观看计算机软件电子模型，找到数学图形的特征；②能通过观看近似模型，找到数学中对应的相关知识；③能利用几何图形或函数图象的特征，利用Geogebra、几何画板等电子软件，能够作出函数图象，并且能够利用函数图象在书本知识的基础上有所创新；④在前三个目标的基础上，能够做到手中无图、心中有图，提升空间想象能力和几何直观能力；⑤能用数学的眼光观察世界的意识，在实际生活中能找到对应研究内容的类似模型，在课堂上与同学分享。

3. 数据分析

数据分析主要表现为收集和整理数据，理解和处理数据，获得和解释结论，概括和形成知识。

在数学课堂上，教师若要达到提升学生数据分析核心素养的目标，则需创设与统计相关或者大数据背景的情境供学生探索。我校李元基老师设计并执教的《三角函数模型在潮汐现象中的应用》一课，将目标设计为通过对潮汐数据进行分析拟合，得到复合型三角函数的公式，提升学生的数据分析能力。衣军潼老师设计并执教的《解锁"人造卫星"的轨迹方程》一课，将目标设计为通过人造卫星轨迹中的各种数据进行分析，得到轨迹的近似方程。这些目标的设计引导着学生分析数据背后隐藏的规律，利用所学提高数据分析和应用能力。

另外，在统计与概率等相关课程的设计中，教师也可以通过对大范围的数据进行分析，从而让学生提升数据分析能力。这方面我校暂时未开设相关课程，可待后期参与相关课程的开设。

专业的数据分析在实际生活中的应用多与SPSS等数据分析软件相伴随。此外，在数学建模大赛中也常见对多个混杂数据进行分析。因此，数据分析核心素养的培养可以与数学建模核心素养的培养相伴随，也可以与数理统计与概率计算等内容相结合。在目标制订的过程中，依据课程内容，可参考以下几条：①根据已经给出的数据进行分析，删除误差干扰项之后，选择合适的数学函数、统计或者曲线模型将其拟合；②会借助一些数据分析软件，如SPSS辅助数据分析的基础操作；③能够树立数据分析的意识，日常生活中养成从网站获取数据进行分析的习惯，能够具备进行基础数据分析的能力；④能完成一些数学建模比赛试题的数据分析，进而掌握数据分析的方法。

4. 数学建模

正如吴志勇老师的《浅论高中数学建模思维和能力的培养》一文所述，随着教育改革对素质和能力培养的逐渐重视，数学建模在高中数学教学的地位越来越强，培养建模能力可以从培养建模意识、学习与掌握建模方法、探索跨学科建模途径等方面进行培养。

数学建模是为了将现实问题转化为数学模型，再将数学模型求解方案应用到现实生活中。近年来，数学建模的类型题在高考和数学竞赛中出现频率越来越高，在生活中人们用数学建模解决实际问题的意识也越来越强烈。例如，我校谷佳文老师设计并执教的《"苏大强"买房记——数列在实际生活中的应用》、我校李元基老师设计并执教的《三角函数模型在潮汐现象中的应用》和于志昌老师设计并执教的《基于教育储蓄兴衰的项目式教学》都是其中的具体体现。我校胡月老师设计并执教的《交通枢纽接驳布局》一课，设计的目标为通过设计飞机场、高铁站等交通枢纽，发展数学应用意识，学生通过多种因素的考量提升自身的数学建模能力。意识的培养属于长期目标，应该在平时加以培养，或在课后总结时留下感悟与思考，通过本节课的目标设计增强学生通过数学建模解决实际问题的意识。

在数学课堂上，解决问题的数学模型也是多种多样的，如数列模型、指数模型、几何模型、方程模型、函数模型等。以我校教师设计并执教的课例来说，谷佳文老师设计并执教的《"苏大强"买房记——数列在实际生活中的应用》和于志昌老师设计并执教的《基于教育储蓄兴衰的项目式教学》都属于运用数列模型解决实际问题，而李元基老师设计并执教的《三角函数模型在潮汐现象中的应用》一课则属于运用三角函数模型解决问题。同样地，建模方法也是多种多样，这几节课在目标设计中都有所涉及，将这些数据用我们学过的合适的函数建立函数模型，并且应用函数模型解决问题、求解模型、预测趋势。在高中阶段，学生解出数学建模的层次还比较浅，因而建议用五步法建立数学模型，即"提出问题、设未知数—选择建模方法—模型求解—模型优化—回答问题"的方法。建模过程是学生根据实际情况灵活机动地解决问题的过程。因此，教师可在学生探究项目的过程中引导学生参照一些经典的建模案例，提升建模能力。培养学生掌握基本的建模方法的任务应该设置在项目式教学活动探索之中完成。

数学建模的重要性已经不言而喻。近年来，越来越多的大中型数学建模赛事如雨后春笋逐渐涌现。数学建模中将理论学习与生活实践紧密联系、学以致用的思想更是备受推崇。项目式教学本身和数学建模大赛有一定的相似之处，师生从立项到完成项目的过程中，其数学建模的能力会随着参与项目的结项而有所提高。在项目式教学过程中，为了更精确地界定课程的实现标准，激励学生提升自己的数学建模能力，可将课程目标制订为如下几条：①能根据具体情境选择构建适当的数学模型解决问题；②了解数学建模大赛的主要流程，能完成中学生建模比赛初赛的试题；③树立建模意识，在日常生活中能够形成用数学的眼光观察世界，用数学的思维思考世界，用数学的语言表达世界的意识，在遇到问题后能够用数学的观点解决问题。

5. 数学运算

正如于亚男老师的《核心素养理念下高中生数学运算能力的培养》一文所述，数学知识与数学运算能力紧密联系，设置培养学生具备良好的数学运算能力的长期教学目标对于促进学生数学能力的培养有着重要的作用。

在培养学生数学运算能力的过程中，应该注意以下原则：第一，灵活性原则，即要求教师能够具有较强的随机应变的能力，能够根据学生的课堂反应及时作出调整教学设计的策略，避免出现按部就班的僵化教学；第二，趣味性原则，教师应该适当引入内容，提升数学学习的趣味性，激励学生自主探究学习。因此，教师在设置培养学生数学运算能力教学目标时要把握运算量，首先应该在学生知识可以涉及的范围内，否则无法保证灵活性；还要把握运算要基于具体的可探究内容之上，这样才能让学生有足够的兴趣进行探究。也就是说，在设置教学目标时，一要保证数学运算的程度可操控，二要保证运算依托的项目具有令学生探究的兴趣。

在这一方面，我校教师积极探索，挖掘尽可能多的素材提升学生的学习兴趣。例如，我校孙超老师设计并执教的《穿越三百年对数之光——滑尺运算》一课，利用计算尺的计算原理探究，引起学生的探究兴趣；利用对数的运算性质，令学生巧妙探索并解释对数计算尺乘、除、乘方运算的原理。在目标制订中，本课也依照高一学生的知识基础，将目标制订为：①通过研究对数计算尺了解对数简化乘除运算的作用，掌握对数运算公式的实际模型体现和灵活应用；②能运用对数简化真数乘、除、乘方、开方运算，用对数运算公式推导计算尺使用原理。我校陈雪老师设计并执教的《历史回眸（牟）——"牟合方盖"体积计算》一课，以计算"牟合方盖"体积为主线，将目标设定为通过模型求解、公式推导、概率计算等多种方法计算"牟合方盖"体积。由此可知，在目标制订方面，教师应当依据学生现有的数学运算水平，在学生的就近发展区设定目标，使得学生能够有达到目标的能力，也有勇气去探索未知。

数学运算素养的培养属于长期目标，远非一两节课的功力可以做出改变。在目标制订中，应该以长远目标的制订为主。例如：①不仅能够应用公式，而且清楚掌握公式的含义、推导以及变形应用，能将公式进行灵活应用；②善于总结做题过程中遇到的二级结论，将其整理汇总，提升自己的数学解题能力；③能够学会应用Mathematica等数学计算软件辅助完成高等数学的计算。

6. 逻辑推理

逻辑推理作为数学核心素养之一，是得到数学结论、构建数学体系的重要方式，是学生在数学活动中进行交流的基本思维品质，对学生数学能力与素养的提升具有重要的意义。逻辑推理对于培养和提高学生的思辨能力有着重要的作用，对于学生思维的健全与完善有着促进的作用，对于学生证明的严谨起着积极的作用。

我校孙云霞老师设计并执教的《基于数学学科内容的概念课项目式教学案例分析——变化率与导数》一课，将目标定为通过极限思想，巧妙进行逻辑推理得到变化率与导数的概念。杨淑英老师设计并执教的《探秘杨辉三角、再寻数字规律——基于二项式系数性质的再探究》一课，将目标定为通过对数字的观察得到数字规律，经过严格的推理，证明得到的规律，形成具有严格证明体系的项目成果。这些目标的设计引导着学生运用所学定理、公理和公式，通过让学生进行自主探究推导，实现了提升学生逻辑推理素养的目标。

逻辑推理素养的培养也需要将功夫落在平时，即应该依靠长期目标实现逻辑推理能力的提升。在项目式教学过程中，不乏含有提升学生逻辑推理能力的环节，但还需持之以恒才能有效果。目标设定可以借鉴如下几条：①能严谨完成项目中涉及的推理证明；②拥有一题多解的意识，能采用多种方法进行推理证明；③善于总结推理证明的方法，形成体系。

教学目标一方面把控教学的度量以及内容，另一方面促进学生提升数学学科核心素养。重视教学目标的制订对于把控教学方向、促进项目完善、推动教学过程有着不可忽视的重要意义。

第 2 节　数学项目式教学的素材收集与问题设计

理想的项目式教学，是让学生解决他们生活中的社会、经济和环境问题，所以搜集的素材最好是利用学生对现实世界的好奇心，能引导他们询问和调查问题。例如，他们可以设计或创造让一种产品更安全或更经济的解决方案，也可以设计一种减少当地环境破坏的方法，还可以钻研解决健康或无障碍的方案。学生对课程的热情和兴趣取决于背景与他们的相关性。选择一个专注于真实问题的课程，而不是一些假设场景，更有利于加强学生的学习效果。

例如，学生很关心学校大型停车场的渗水问题，于是在解决渗水问题的项目中一直表现得很感兴趣且十分专注，并最终解决了这个问题。项目式教学鼓励学生通过真实的活动来探索和解决问题，而且在加强科学和数学的严谨性方面效果较好。

在理想的项目中，可以发现以下特征：①项目具有灵活性和选择性，不是一成不变的；②教师要扮演辅导者的角色，为学生提供足够的指导和监督；③鼓励学生开展实践调查，培养他们的创造性思维，让他们思考、探索、决策，并不断测试自己的想法；④学习环境安全，学生不怕犯错误；⑤分析错误和设计的失败也是一种学习的方法；⑥确保你选择的课程需要创建模型或原型；⑦学生可以通过创建原型来解决问题，因为模型和原型的创建是理解、探索和表达科学和工程中重要概念的关键；⑧当用所学知识构建出一个看得见、摸得着的解决方案时，学生会获得更大的成就感。

接下来我们从素材收集和问题设计两个方面分别来举例说明如何创建一个理想的项目背景。

一 数学项目式教学的素材收集

在收集素材时，通常有两种思路：根据知识寻找合适的项目问题或根据项目背景寻找所含高中阶段的知识与思想方法。教师可根据自己的需要来选择思路，但是不论哪种思路，都离不开教师平时的积累与探索。

（一）根据知识，寻找合适的项目问题

在确定了课本中的某一知识点后，如何从这个知识点出发进行延伸呢？方向是有很多的，最常用的四个方向如下。

1.《课标》

例如，在学习"对数的概念"一节时，《课标》第21页提出了建议学生收集、阅读对数概念的形成与发展的历史资料。我们可以从这个提示出发，设计一个类似"对数的过去与现在"这样的小项目。

在学习"数列"一课时，《课标》第40页提出了引导学生通过具体实例（如购房贷款、放射性物质的衰变、人口增长等），理解等差数列、等比数列的概念、性质和应用。针对这一课，我们已经做了一个微项目供大家参考，详见"项目式教学的问题设计"的实例。另外，《课标》还建议收集、阅读我国古代优秀研究成果，如"杨辉三角"、《四元玉鉴》等。

在学习"三角函数"时，《课标》提出用三角函数刻画事物周期变化的现象有简谐振动、声波、交变电流等（图2-2-1），教师可以从这些方面出发设计项目背景。

在学习"复数"时，《课标》提出复数广泛应用于流体力学、信号分析等领域。教师可以先自己搜索并了解相关知识，然后推送给学生。

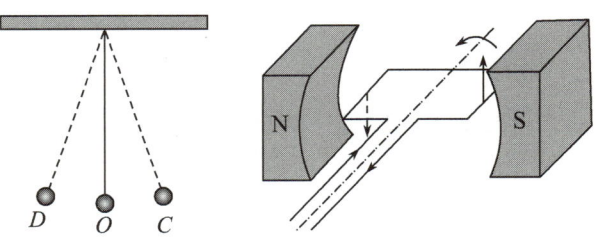

图2-2-1 单摆、交变电流示意图

《课标》的最后章节还给出了几个项目推荐，如第116页的"停车距离问题"（图2-2-2），第123页的"正方体截面探究问题"（图2-2-3）。

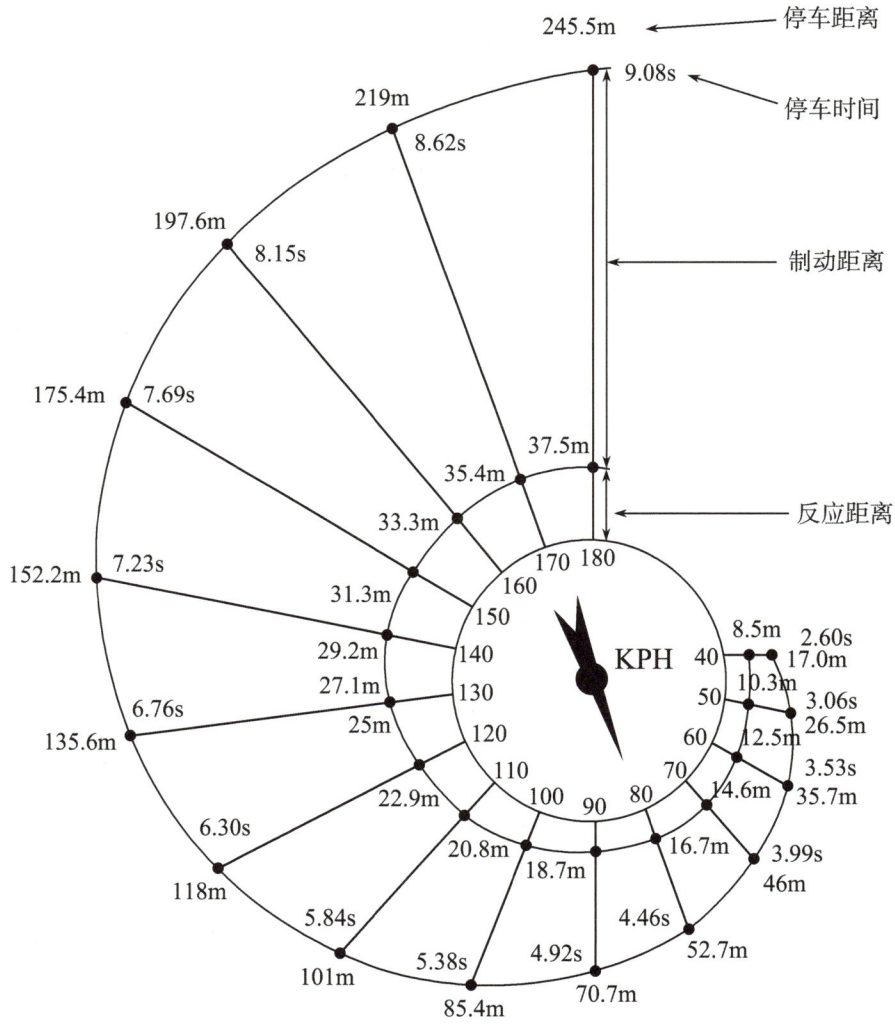

图2-2-2 停车距离示意图

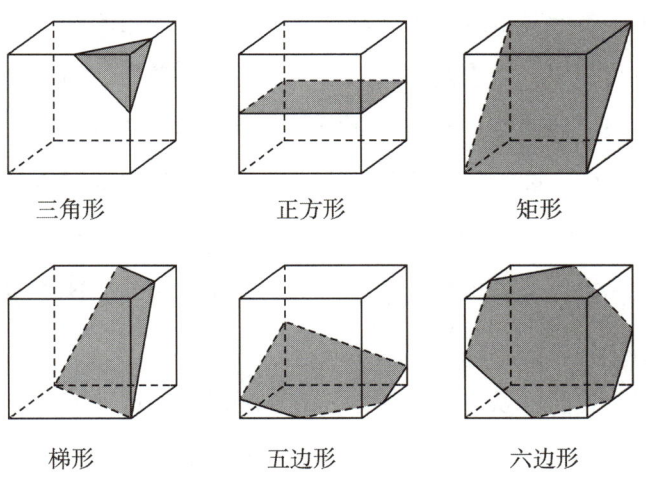

图2-2-3 正方体截面图形示意图

我校邹旭涛老师设计并执教的《基于高度问题的解决——正余弦定理应用》一课，在《课标》中就有相应的问题拓展。

①本市的电视塔的高度是多少米？②一座高度为 H m 的电视塔，信号传播半径是多少？信号覆盖面积有多大？③找一张本市的地图，看一看本市的地域面积有多少平方千米？电视塔的位置在地图上的什么地方？按照计算得到的数据，这座电视塔发出的电视信号是否能覆盖本市？④如果一座电视塔（例如300 m高）不能覆盖本市，请设计一个多塔覆盖方案。⑤至少发射几颗地球定点的通信卫星，可以使其信号覆盖地球？⑥如果我国要发射一颗气象监测卫星，监测我国的气象情况，请你设计一个合理的卫星定点位置或卫星轨道。

2. 数学文化与数学史

"复数的引入""对数的发现""微积分的创立与发展""平面解析几何的发展""牟合方盖"……这些数学史都可以作为一个项目单独研究，还有数学中的体彩文化、现代传媒文化等，均可作为数学项目式教学的开发背景。

例如，1494年，意大利出了一本有关计算技术的书。作者帕奇欧里提出了以下问题：假若在一场比赛中胜六局才算赢，那么两个赌徒在一个胜五局，另一个胜两局的情况下中断比赛，赌金如何分配才算公平？

美国的一档电视游戏节目中，参赛者会看见三扇关闭的门，其中一扇的后面有一辆汽车，另外两扇门的后面则各藏有一只山羊。参赛者选中后面有车的那扇门可赢得该汽车。当参赛者选定了一扇门，但未去开启它的时候，节目主持人开启剩下两扇门中的一扇，露出其中一只山羊。主持人随后会问参赛者要不要换另一扇仍然关闭的门。问题是：换另一扇门是否会增加参赛者赢得汽车的概率？如果严格按照上述条件，即主持人清楚地知道自己打开的那扇门后是羊，那么答案是会。不换门的话，赢得汽车的概率是1/3。换门的话，赢得汽车的概率是2/3。虽然该问题的答案在逻辑上并不自相矛盾，但十分违反直觉。这个问题曾引起一阵热烈的讨论。

就此例而言，我们可以将"反直觉"的直观感受和理性的概率计算形成的冲突作为项目背景。当然，我们也可以让学生通过大量实验来体会频率估计概率的过程。

3. 教材拓展

例如，在学习统计时，人教A版必修三第96页建议我们研究中学生物理成绩与数学成绩之间的相关关系，第122页建议了解天气变化的认识过程，第139页提出利用随机模拟的方法估计圆周率的值；必修五第59页提到了九连环与等比数列前 n 项和。像是课本中明确给出建议的这些项目背景，贴近学生的学习生活，都是理想项目的好开端。

4. 知识的延伸

例如，在学习复数时，拓展曼德布罗特集合（Mandelbrot set）。如图2-2-4，2-2-5所示，这些用计算机画出的神奇图形可以引发学生对集合的无限思考。在学习二项式定理时，推广三项式定理；在学习数列时，推广斐波那契数列。

图2-2-4　计算机生成的神奇图形

图2-2-5 计算机生成的神奇图形

5. 高考题改编

2019年高考已经落下帷幕，但讨论仍在继续。在这一年的高考中，数学题目的设置不再是单纯的数学，而是更好地和生活、社会实际相结合，甚至融入物理、传统文化、艺术等跨学科内容。

让我们先来看看2019年的数学真题。

数学与物理的融合：

2019年1月3日嫦娥四号探测器成功实现人类历史上首次月球背面软着陆，我国航天事业取得又一重大成就，实现月球背面软着陆需要解决的一个关键技术问题是地面与探测器的通讯联系。为解决这个问题，发射了嫦娥四号中继星"鹊桥"，鹊桥沿着围绕地月拉格朗日L_2点的轨道运行，L_2点是平衡点，位于地月连线的延长线上。设地球质量为M_1，月球质量为M_2，地月距离为R，L_2点到月球的距离为r。根据牛顿运动定律和万有引力定律，r满足方程：

$$\frac{M_1}{(R+r)^2}+\frac{M_2}{r^2}=(R+r)\frac{M_1}{R^3}。$$

设$\alpha=\dfrac{r}{R}$，由于α的值很小，因此在近似计算中$\dfrac{3\alpha^3+3\alpha^4+\alpha^5}{(1+\alpha)^2}\approx 3\alpha^3$，则$r$的近似值为（　　）。

A. $\sqrt{\dfrac{M_2}{M_1}}R$　　B. $\sqrt{\dfrac{M_2}{2M_1}}R$　　C. $\sqrt[3]{\dfrac{3M_2}{M_1}}R$　　D. $\sqrt[3]{\dfrac{M_2}{3M_1}}R$

数学与传统文化的融合：

中国有悠久的金石文化，印信是金石文化的代表之一。印信的形状多为长方体、正方体或圆柱体，但南北朝时期的官员独孤信的印信形状是"半正多面体"（图2-2-6）。半正多面体是由两种或两种以上的正多边形围成的多面体，半正多面体体现了数学的对称美。图2-2-7是一个棱数为48的半正多面体，它的所有顶点都在同一个正方体的表面上，且此正方体的棱长为1，则该半正多面体共有_____个面，其棱长为_____。

 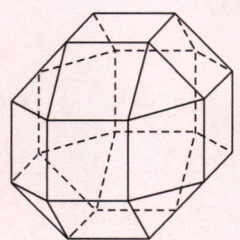

图2-2-6 印信　　图2-2-7 半正多面体

数学与艺术的融合：

古希腊时期，人们认为最美的人体的头顶至肚脐的长度与肚脐至足底的长度之比是 $\dfrac{\sqrt{5}-1}{2}$（$\dfrac{\sqrt{5}-1}{2} \approx 0.618$，称为黄金分割比例），著名的"断臂维纳斯"便是如此。此外，最美人体的头顶至咽喉的长度与咽喉至肚脐的长度之比也是 $\dfrac{\sqrt{5}-1}{2}$。若某人满足上述两个黄金分割比例，且腿长105 cm，头顶至脖子下端的长度为26 cm，则其身高可能是（　　）。

A. 165 cm　　B. 175 cm　　C. 185 cm　　D. 190 cm

图2-2-8 "断臂维纳斯"

数学与自然的融合：

如图2-2-9，在极坐标系Ox中，$A(2, 0)$，$B\left(\sqrt{2}, \dfrac{\pi}{4}\right)$，$C\left(\sqrt{2}, \dfrac{3\pi}{4}\right)$，$D(2, \pi)$，$\overset{\frown}{AB}$，$\overset{\frown}{BC}$，$\overset{\frown}{CD}$所在圆的圆心分别是$(1, 0)$，$\left(1, \dfrac{\pi}{2}\right)$，$(1, \pi)$，曲线$M_1$是$\overset{\frown}{AB}$，曲线$M_2$是$\overset{\frown}{BC}$，曲线$M_3$是$\overset{\frown}{CD}$。

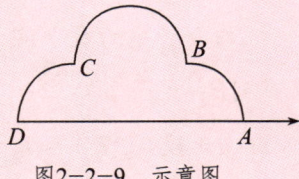

图2-2-9 示意图

（1）分别写出M_1，M_2，M_3的极坐标方程；

（2）曲线M由M_1，M_2，M_3构成，若点P在M上，且$|OP|=\sqrt{3}$，求P的极坐标。

数学与工业的融合：

某工厂要加工n种不同的原料，每种原料都要经过两道工序加工为成品，且工序的顺序是固定的，这n种原料在两道工序上的加工时间如表2-2-1所示。

表2-2-1 n种不同的原料在两道工序上的加工时间

	粗加工	精加工
原料1	a_1	b_1
原料2	a_2	b_2
…	…	…
原料n	a_n	b_n

应该如何安排各种原料的加工工序，才能使得总加工时间（即从粗加工第一种原料开始到精加工最后一种原料完毕所需时间）最短？

还有前几年的一道有趣的高考题：

> 对于数对序列P：(a_1,b_1)，(a_2,b_2)，$\cdots$，(a_n,b_n)，记$T_1(P)=a_1+b_1$，$T_k(P)=b_k+\max\{T_{k-1}(P),a_1+a_2+\cdots+a_k\}$（$2\leq k\leq n$），其中$\max\{T_{k-1}(P),a_1+a_2+\cdots+a_k\}$是$T_{k-1}(P)$和$a_1+a_2+\cdots+a_k$中的最大值。
>
> （Ⅰ）对于P：$(2,5)$，$(4,1)$，求$T_1(P)$，$T_2(P)$的值；
>
> （Ⅱ）记m为a，b，c，d四个数中的最小值，对于由两个数对(a,b)，(c,d)组成的数对序列P：(a,b)，(c,d)和P'：(c,d)，(a,b)，试分别对$m=a$和$m=d$比较$T_2(P)$和$T_2(P')$的大小；
>
> （Ⅲ）在由五个数对$(11,8)$，$(5,2)$，$(16,11)$，$(11,11)$，$(4,6)$组成的所有数对序列中，写出一个数对序列P使$T_5(P)$最小，并求$T_5(P)$的值。

2019年高考过后，我们需要进行一些反思。为何2019年高考数学会出现这么多的变化？命题组在考试结束后的第一时间给出了解释："今年的高考数学试卷着重考查考生的理性思维能力，综合运用数学思维方法分析问题、解决问题的能力，突出了学科素养导向，注重能力考查，全面覆盖基础知识，增强综合性、应用性，以真实情境为载体，贴近生活，联系社会实际，在数学教育、评价中落实立德树人的根本任务。"

命题人是突发奇想的吗？并不是。这样的命题思路其实主要来源于《课标》。《课标》给出了数学核心素养的概念。目前来看，数学抽象、逻辑推理、数学运算、数学建模、直观想象、数据分析这六大数学学科核心素养基本已经体现在了高考当中。

（二）根据项目背景，寻找所含高中阶段的知识与思想方法

1. 学科内部融合

例如，利用单位圆的对称性研究三角函数的诱导公式，正方体截面的研究，探究球的体积公式。

2. 跨学科知识融合

例如，数学与生物结合：种群增长模型（J型、S型）、此次新型冠状病毒感染的发展趋势预测。数学与物理结合：停车距离问题、最速降线问题。数学与化学结合：某种化学反应速率方程的确定。数学与地理结合：飞机飞行的最短路线。数学与历史结合：测定文物的年代。

下面详细列举一个数学与物理结合的案例《通过卫星遥感技术测量地球》。

地球是人类赖以生存的家园，对其形状和各种物理现象的精细化认识一直是人们追求的目标。众所周知，地球形状近似椭球体，但其表面实际是一个凹凸不平的不规则体，有海洋、高山、平原、丘陵、沙漠等。精确测量地球的真实形状和大小是卫星遥感技术的主要应用方向之一。

根据开普勒定律，卫星是在一个围绕地球的椭圆轨道上运动的，这个椭圆轨道可以用六个轨道要素（也叫轨道根数）描述。如图2-2-10所示，以不转动地心赤道坐标系XYZ为参考，六个轨道要素是：半长轴a，偏心率e，轨道倾角i，近地角点距ω，升交点赤经Ω，过近地点时刻τ。轨道上的卫星位置可以用这六个参数确定。

①轨道倾角i：卫星轨道平面与地球赤道平面之间的夹角。②半长轴a：确定轨道大小的参数。对于圆轨道而言，就是圆的半径；对于椭圆轨道而言，就是椭圆的半长轴。③偏心率e：确定轨道形状的参数。$e=0$时，轨道为圆；$0<e<1$时，轨道为椭圆。④升交点赤经Ω：确定轨道平面在空间位置的参数，沿着赤道方向，春分点至升交点（卫星由南半球至北半球穿过赤道平面的点）之间的角度。⑤过近地点时刻τ：卫星运行中通过近地点的时刻。⑥近地角点距ω：沿着卫星运动的方向，从轨道升交点度量至近心点的角度，也就是交点线与近地点矢径延长线之间的夹角。

雷达高度计（Altimeter，ALT）是遥感卫星的一种重要传感器设备，可以测量卫星与其在地球表面投影点（称星下点）之间的距离，也就是卫星在地球表面上方的高度。卫星高度计最初的成果就是测量地球形状及大地水准面，进而计算全球重力场。通过卫星高度计获取的数据已广泛地应用于海洋学、大地测量学、地球物理学、气候学、水文地理学和海洋生物学等领域的研究。尤其是在海洋学研究方面，卫星高度计为研究全球海平面、海洋环流及其随时间的变化提供了一种

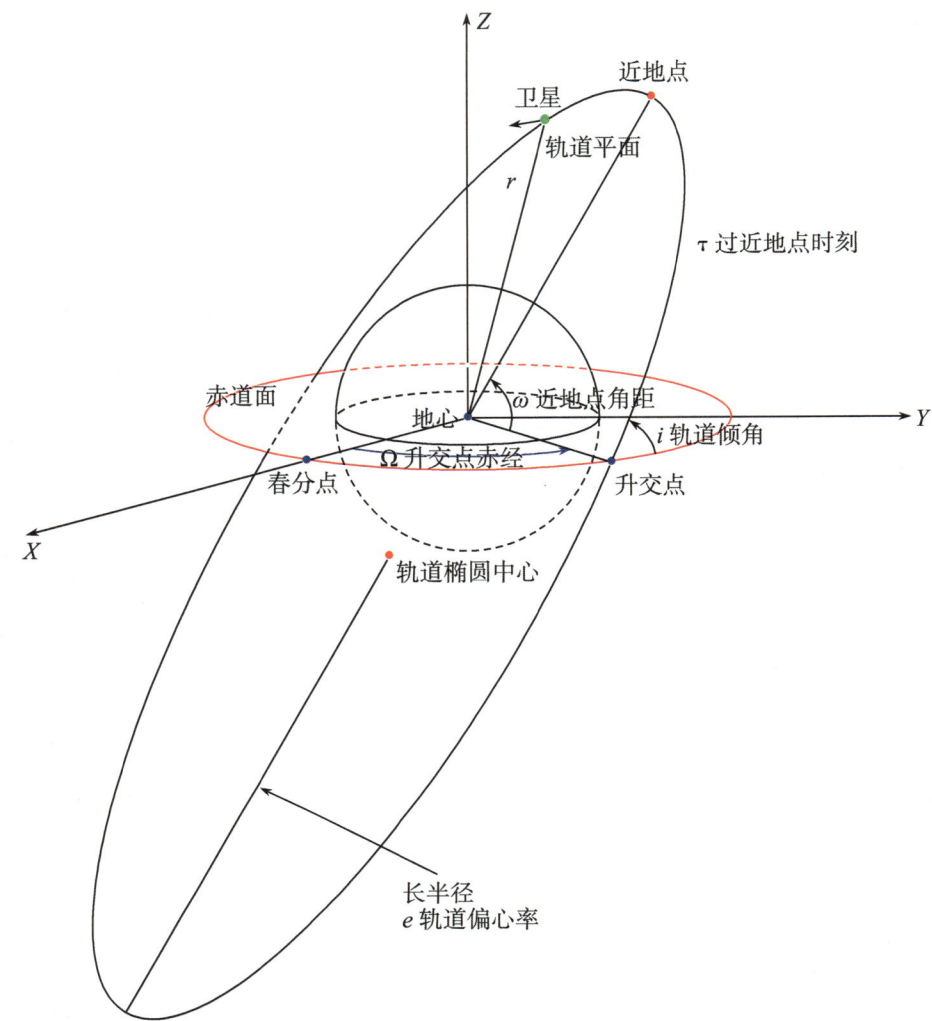

图2-2-10 卫星轨道示意图

强有力的工具。我国的天宫二号空间站以及多颗遥感卫星上都装载了这种设备。

卫星雷达高度计的基本原理是通过向星下点发射无线电脉冲并测量从地球表面返回的回波的时间间隔来测量卫星到反射表面之间的距离,如果时间间隔是 ΔT,则高度 $H = c \cdot \Delta T / 2$,其中 c 是光速。如图2-2-11所示,由于雷达高度计天线尺寸较小,其发射的无线电信号是在一个锥形空间里向下传播的,锥角 θ 一般是 $1° \sim 2°$,照射到地球表面的范围近似是一个圆形(称为足印)。高度计的测量值实际是卫星与星下点间的距离,但简单起见,可近似认为这个圆形区域内的地球表面离卫星的距离相同。另外,雷达高度计以很快的重复频率发射脉冲,相邻的足印区隔得很近,这些圆形的足印区连在一起就形成了一个带状的观测区。

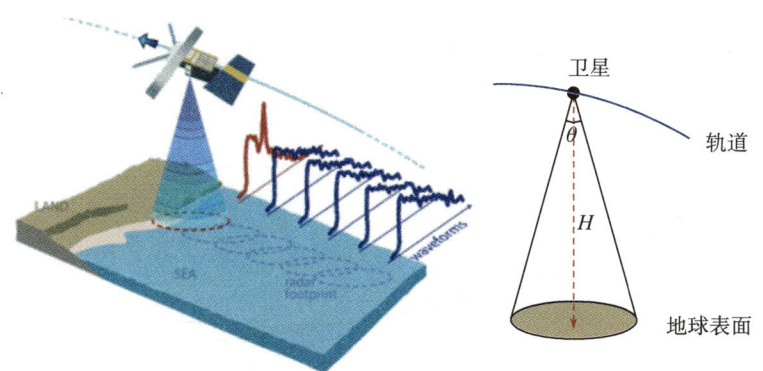

图2-2-11 足印示意图

问题：①根据卫星轨道的简单模型，建立用雷达高度计测量数据推算地球表面形状的数学模型。②对于一颗给定轨道参数及其雷达高度计锥角（或足印区大小）的卫星，建模分析最少需要多长时间才能把地球尽可能完整、均匀地测量一遍。选择一颗在轨的遥感卫星，将其参数代入所建立的模型，计算该卫星完整测量地球所需的时间。③如果在一颗卫星上可以安装多个高度计，该卫星如何只利用这些高度计的测量数据确定自己的空间位置？

3. 赛事题目

教师可以从往届数学比赛的试题中获得灵感，改编题目作为项目背景让学生探索。像国际的穆迪超级数学挑战赛、高中数学建模竞赛、跨学科建模竞赛、PARCC、PISA、Smarter Balanced等比赛，在设计赛题时都本着贴近生活、轻知识、重能力的考查原则。下面是几道赛题。

PARCC

一位科学家正在研究某特定材料随时间推移的冷却模式。在研究的过程中，她将一个样品材料加热到200 ℃，并记录了该样品在逐渐冷却到0 ℃的过程中的温度。下表显示了在冷却过程的前2分钟所收集的数据。

表2-2-2 冷却过程前2分钟数据

物质冷却时间/s	0	40	80	120
温度/℃	200	141	101	74

下图显示了科学家的数据（数据点被绘制为粗点），也给出了表示数据的三种可能的模型：线性模型、二次模型和指数模型。

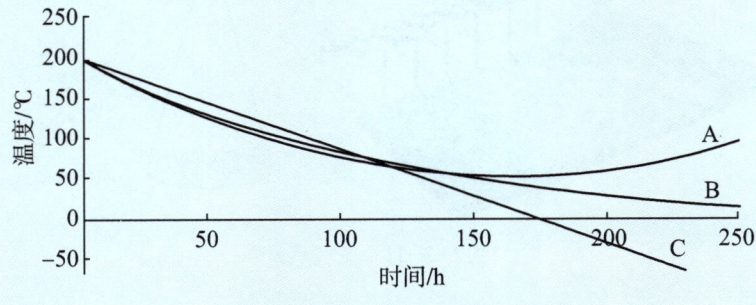

图2-2-12 温度与时间的关系图

那么问题来了：

哪个是线性模型？哪个是二次模型？哪个是指数模型？

哪个模型对时间范围 $0<t<250$ 是最合适的？

解释为什么在 $0<t<250$ 范围内，其他模型与数据拟合得不是很好。

Smarter Balanced

Tyler在其网站上售卖电子书，每本赚3美元。他研究了每个月的广告花费和电子书销售量之间的关系。他用这个信息来确定下图中所显示的最佳拟合曲线。

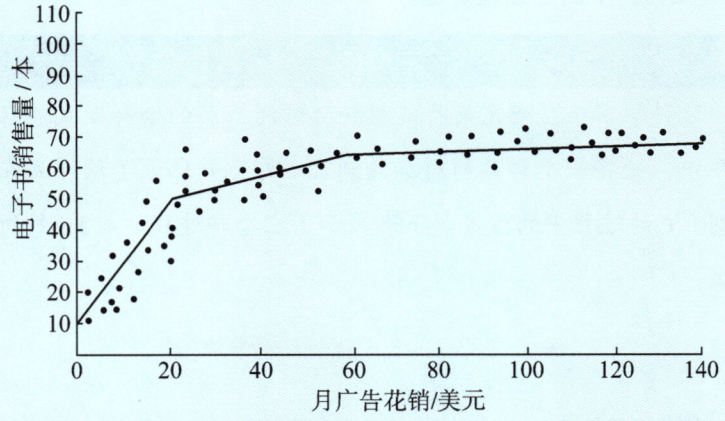

图2-2-13 最佳拟合曲线

问题是：Tyler每个月花在广告上的钱最多应该是多少？描述你的工作或解释你是如何找到答案的。

PISA

由于高达0.42 zeds/升的柴油燃料成本，New Wave的船主正考虑在他们的船上安装风筝帆。（译者注：zeds是一种国际竞赛中常见的假想货币单位）

据估计，这样一个风筝帆极有可能减少约20%的柴油消耗量：

表2-2-3 风筝帆数据

名字	New Wave
类型	货船
长度	117米
宽度	18米
负载能力	12 000吨
最大速度	19节
无风筝帆时的年柴油消耗量	约350 000升

New Wave安装风筝帆的成本是2 500 000 zeds。

大约多少年后，节省的柴油燃料费用可以超过风筝帆的成本？给出计算过程以支持你的答案。

TIMMS——出租车问题

计程票价信息

——初始费用是2.50美元。

——每1/5英里增加50美分，或当交通拥堵及车辆停止行驶时，每60秒增加50美分。

——对于曼哈顿街道的行驶流量，计程表每大约四个街区，或一个跨镇街区（东西方向）跳一次表。

——目的地在纽约市或拿骚、萨福克、韦斯特切斯特、罗克兰、达切斯、橙县或帕特南的旅程包括对所有车辆收取的50美分MTA州附加费。

——有一个30美分的建设附加费。

——从晚8点到早6点，每天将有50美分的附加费。

——乘客必须支付所有桥梁和隧道通行费。

——您的收据将显示您的总费用，包括通行费。请妥善保管您的收据。

——司机可以不接受超过20美元的钞票。

——为了促进安全及良好的服务，请为司机准备小费。

——对于其他乘客或行李，不收取任何费用。

比如TIMMS的这个出租车问题，教师就可以改成适合我国国情的出租车出行：司机的收入、乘客的花费，计费规则下在拥挤路段如何切换路线等问题。

再举一个国际数学建模大赛（IMMC）的例子。现代智能电子设备可以用作导航仪或计步器，并且可以识别用户是在走路、跑步还是乘车，设备可以确定其在空间中的方向，并相应地将图像定位在屏幕上。在解决这些问题时，会用到提及的加速度计。最简单的（单通道）加速度计具有特定的方向，即灵敏度轴。当此灵敏度轴理想地垂直向下时，静止的加速度计将精确录得1 g的读数，其中g表示重力加速度。通常，静止加速度计的读数可用来计算其轴线垂直向下方向上的偏离，即与重力方向的偏差。如果将多个单通道加速度计附于设备上，则可以根据各个加速度计轴的所有位置确定设备在空间中的总体方向。然而，要制造出完全没有误差的完美的加速度计是不可能的。传感器缺陷导致读数误差。例如，所有读数系统性地偏移一定的量以及在比例上的变化，即一定次数的增加或减少，都会导致误差。将传感器安装或加工在加速度计时的缺陷会导致灵敏度轴与设备壳体轴线的轻微偏差。要确切发现特定的加速度计如何扭曲其读数，并且对这些失真进行数字校正，则要执行校准的程序。一种校准方法是在加速度计外壳的几个精确的固定位置上取得加速度计的读数，并利用这些数据创建一个公式，将有偏差的加速度计读数与其位置联系起来。然后，该公式可用于确定加速度计在任意位置上的方向。学生的任务是提出公式或模型，在加速度计壳体空间位置给定的条件下，计算实际（有偏差的）加速度计的预期读数。学生可使用所提供的校准数据集来创建公式或模型。该任务有三个版本，依据单通道传感器的数量，其难度递增。每个任务版本都包含一个附加任务，如果主要任务已得到解决，附加任务的正确执行，将会提高对学生方案的总体评估。在此附加任务中，学生需解决逆问题，即创建公式或模型，或描述一种方法，以令教师可用给定的加速度计组的实际读数计算出加速度计组的壳体所在的空间位置。

所有版本都是当加速度计处于静止的固定位置时，取得加速度计的读数，测量单位为g，即重力加速度。如图2-2-14所示，读数是按照小的相等时间间隔测量得到的一系列数值，测量时将壳体置于给定的固定位置，然后从一个位置转到另一个位置。鉴于不完美性与噪音，即使在相同的位置，测量值也会有差别。另一方面，垂直向下指向的加速度计的理想（非失真）读数应等于1，对于向上指向的轴，读数应为-1；而对于倾斜的轴，它应等于向量 g 在其轴上的投影。用于测量的固定位置是通过向量 g 在这些位置中的理想加速度计轴上的投影来描述。

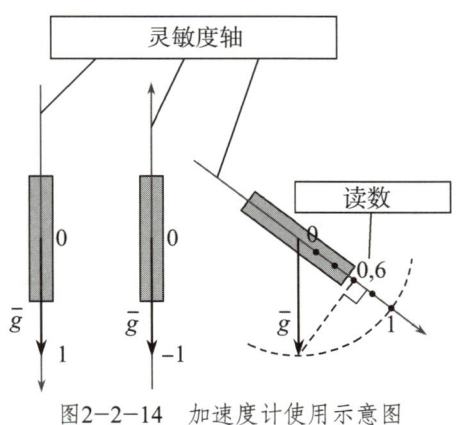

图2-2-14 加速度计使用示意图

任务版本1：单通道加速度计

在此任务中，假设加速度计灵敏度轴与其壳体轴完全一致。其读数在两个位置测量：a轴垂直向下，b轴垂直向上。而且，假设加速度计的位置仅在一个（垂直）平面中变化，即位置完全由其灵敏度轴与向下方向之间的角度确定。

任务版本2：双通道加速度计

这里的加速度计由两个单通道加速度计X和Z组成，这两个加速度计刚性地连接到单独单元中，并附着于它们的公共壳体，使得它们的轴沿着壳体的X和Z方向的轴定向。然而，由于安装缺陷，它们在XZ平面中略微偏离这些方向。它们的读数是通过壳体的四个位置测量得到的，见于单独的文件中所描述的向量 g 在壳体轴上的投影（在每个位置，X和Z轴都可精确地向上或向下指）。在此任务中，我们假设加速度计的位置仅在其XZ平面中变化，而其Y轴是水平的并保持所放置的位置。

任务版本3：三通道加速度计

加速度计由三个单通道加速度计组成，它们刚性连接到单独的单元中，并置于壳体中；三个灵敏度轴沿着壳体的X、Y和Z轴定向，但由于安装缺陷，这两套三元组轴并不完全一致。如单独文件所描述的，加速度计读数是在20个位置测量得到。在此任务中，对加速度计的可能位置不设限制。

4.现实世界问题

例如，双色球、咖啡温度、线性灌溉、选课走班、班车的合理路线、学生餐厅对餐桌的选用、电梯问题、黑板反光问题等，均可在情境中挖掘高中阶段的知识与思想方法。

二 数学项目式教学的问题设计

例1：前面提到的课本必修三第96页研究"中学生物理成绩与数学成绩之间的相关关系"，教师作为指引者应该先从大方向上概括出这个项目可以研究的几个问题：要研究的问题是什么？如何设计抽样方案？如何分析数据？从中能够得出什么规律？

教师先自己进行尝试解决，分析、归纳解决过程中所涉及的思想方法、专业知识。一个好的问题应当不涉及过多的范围外知识，解决方法灵活多样，解决问题的过程体现越多的思想越好。

例2：前面提到的《课标》中建议的研究数列中的购房贷款问题，这个项目在课本中也有提及，但是如果仅依靠课本给出的问题不免过于单调，不足以支撑起一个项目，所以需要教师设计一个问题串，分布于项目研究的不同阶段。

购房中的数学

数列在实际生活中有很多应用，如人们在贷款、储蓄、购房、购物等经济生活中就大量用到数列的知识。某地一位居民为了改善家庭的住房条件，决定重新购房。某日，他来到了一个房屋交易市场，面对着房地产商林林总总的宣传广告，是应该买商品房还是二手房呢，他一时拿不定主意。

图2-2-15 房屋

经过一番调查，这位居民搜集了一些住房信息，然后在下表中列出了他的家庭经济状况和可供选择的方案，准备向专家咨询。

表2-2-4 家庭经济状况和预选方案

家庭经济状况	家庭每月总收入3 000元，也就是年收入3.6万元，现有存款6万元，但是必须留2万元~3万元以备急用。
预选方案	1. 买商品房： 一套面积为80 m² 的住宅，每平方米售价为1 500元。
	2. 买二手房： 一套面积为110 m² 左右的二手房，售价为14.2万元。要求首付4万元。

购房还需要贷款，这位居民选择了一家银行申请购房贷款。该银行的贷款评估员根据表格中的信息，向他提供了下列信息和建议：

申请商业贷款，贷款期限为15年比较合适，年利率为5.04%。购房的首期付款应不低于实际购房总额的20%，贷款额应不高于实际购房总额的80%。还款方式为等额本金还款。如果按季还款，每季还款额可以分成本金部分和利息部分，其计算公式分别为

本金部分＝贷款本金÷贷款期季数，

> 利息部分=（贷款本金-已归还贷款本金累计额）×季利率。
>
> 同学们今后也可能面临这样的问题。现在，就用我们学过的数列知识帮这位居民算一算这笔经济账。根据以上购房贷款方式，你认为预选方案1、2到底哪个是他的最佳选择？和同学交流你的想法，然后给他写一封信，阐述你的建议，并说明理由。
>
> 你可以借助报纸或互联网查找、整理有关房地产和购房贷款的资料，还可以请教老师。

要解决上述此类问题需要如下过程。

（一）项目背景

如今住房问题成为我国年轻人面临的主要问题之一，房价一直是社会、媒体所关注的热点话题之一。鉴于目前的收入状况和房价，许多人选择了贷款买房以减轻压力，而贷款买房就涉及一个还房贷的问题。

（二）提出问题

目前，等额本金还款和等额本息还款是贷款买房的两种主流方式。等额本金还款是在还款期内把贷款本金等分，每月偿还同等数额的本金和剩余贷款在该月所产生的利息；等额本息还款则是借款人每月按相等的金额偿还贷款本息，其中每月贷款利息按月初剩余贷款本金计算并逐月结清。

两种还款方式有所不同，让许多现状不同的贷款购房者有了不同的选择。不同的人群究竟适合哪种还贷方式呢？请项目成员从贷款购房者的角度出发，分析、比较两种不同的还贷方式，供贷款购房者借鉴。

1. 变量

贷款本金——m（万元），月利率——i，房贷分期数——n。

2. 假设

假设一：我国贷款的月利率基本稳定，没有较大波动。假设二：用不同方法还贷款的时间相同，本金相同。

3. 目标

比较两种还款方式付清 n 期房贷后总共还款数额。

（三）推导模型的数学表达式

1. 等额本金还款

等额本金是指一种贷款的还款方式，是在还款期内把贷款数总额等分，每月偿还同等数额的本金和剩余贷款在该月所产生的利息。贷款人需要将本金平均分摊到每期内，同时付清上一交易日（还款日）至本次还款日之间产生的利息。

设第 k 个还款日贷款人需要还款的金额为 a_k，$k=1, 2, 3, 4, \cdots, n$。此时 a_k 由两部分构成，即平均分摊到每期的本金和上一还款日至本次还款日之间产生的利息。

平均分摊到每期的本金为 $\dfrac{m}{n}$。

上一还款日至本次还款日之间产生的利息为 $\dfrac{(n-k+1)m}{n}i$。

所以可得 $a_k = \dfrac{m}{n} + \dfrac{(n-k+1)m}{n}i = \dfrac{m+(mn+m)i}{n} - \dfrac{mi}{n}k$。

因为 m，n，i 为常数，所以显然可以看出 a_k 是一个首项 $a_1 = \dfrac{m+mni}{n}$，公差 $d = -\dfrac{m}{n}i$ 的等差数列。

根据等差数列的求和公式 $S_n = na_1 + \dfrac{n(n-1)d}{2}$ 可以求得 $S_n = \sum_{k=1}^{n} a_k = m(1+\dfrac{n+1}{2}i)$。

根据上文求得的公式，第 k 个还款日需还款数额为 $a_k = \dfrac{m+(mn+m)i}{n} - \dfrac{mi}{n}k$。付清 n 期房贷后总共还款数额为 $S_n = \sum_{k=1}^{n} a_k = m(1+\dfrac{n+1}{2}i)$。

2. 等额本息还款

等额本息还款与等额本金还款虽仅有一字之差，却是两种截然不同的还款方式。等额本息还款即借款人每月按相等的金额偿还贷款本息，其中每月贷款利息按月初剩余贷款本金计算并逐月结清。

假设每个还款日还款x，第k次还款以后，仍欠款b_k，$k=1$，2，3……n。其中，$b_1=m(1+i)-x$，$b_n=0$。

数列$\{b_n\}$的递推公式为$b_{k+1}=b_k(1+i)-x$。经过变形，该式可转化为$b_{k+1}-\dfrac{x}{i}=(1+i)(b_k-\dfrac{x}{i})$。

显然，$\{b_k-\dfrac{x}{i}\}$是公比为$1+i$的等比数列，通项公式为$b_k-\dfrac{x}{i}=(b_1-\dfrac{x}{i})\cdot(1+i)^{k-1}=[m(1+i)-x-\dfrac{x}{i}](1+i)^{k-1}$。

所以$b_n=[m(1+i)-x-\dfrac{x}{i}](1+i)^{n-1}+\dfrac{x}{i}=0$。

解之得$x=\dfrac{mi(1+i)^n}{(1+i)^n-1}$。

所以还款总额$T_n=n_x=\dfrac{nmi(1+i)^n}{(1+i)^n-1}$。

根据上文求得的公式，我们可以得到，等额本息还款每个月的还款数额为$x=\dfrac{mi(1+i)^n}{(1+i)^n-1}$，$n$期后付清房贷总计还款数额为$T_n=n_x=\dfrac{nmi(1+i)^n}{(1+i)^n-1}$。

（四）求解模型

目前，我国贷款的月利率在0.56%左右，通常还房贷的时间是20年，即240个月。假设贷款本金为20万元，根据上文推出的计算还款总额的求和公式，可以得出$S_n=334\,964$元，$T_n=364\,100$元。所以说，等额本息还款方式的还款总额大于等额本金还款方式的还款总额。

还款总额中包括贷款本金和总利息两部分。根据计算，作出扇形图（图2-2-16）。通过对比发现，等额本息贷款总利息在还款金额中所占的比重较大，而贷款本金同为20万元，这就说明等额本息还款方式支付的总利息比较多。

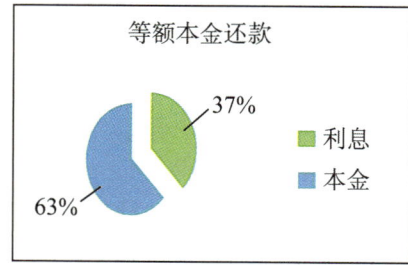
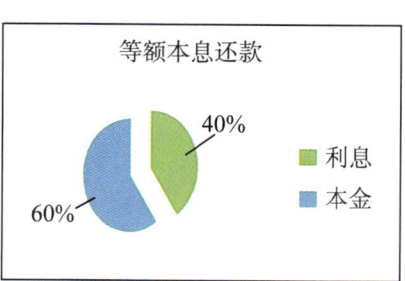

图2-2-16 不同贷款方式的还款比例图

在贷款的月利率保持不变的情况下，根据上文得出的通项公式，我们可以计算出还贷款的240个月中部分月份的还款情况，详细情况见表2-2-5。

表2-2-5　还贷款的240个月中部分月份的还款情况

月份	等额本金还款	等额本息	月利率
1	1 953.333 333 3	1 517.162 922 6	0.56%
10	1 911.333 333 3	1 517.162 922 6	0.56%
20	1 864.666 666 7	1 517.162 922 6	0.56%
30	1 818	1 517.162 922 6	0.56%
40	1 771.333 333 3	1 517.162 922 6	0.56%
50	1 724.666 666 7	1 517.162 922 6	0.56%
60	1 678	1 517.162 922 6	0.56%
70	1 631.333 333 3	1 517.162 922 6	0.56%
80	1 584.666 666 7	1 517.162 922 6	0.56%
90	1 538	1 517.162 922 6	0.56%
100	1 491.333 333 3	1 517.162 922 6	0.56%
110	1 444.666 666 7	1 517.162 922 6	0.56%
120	1 398	1 517.162 922 6	0.56%
130	1 351.333 333 3	1 517.162 922 6	0.56%
140	1 304.666 666 7	1 517.162 922 6	0.56%
150	1 258	1 517.162 922 6	0.56%
160	1 211.333 333 3	1 517.162 922 6	0.56%
170	1 164.666 666 7	1 517.162 922 6	0.56%
180	1 118	1 517.162 922 6	0.56%
190	1 071.333 333 3	1 517.162 922 6	0.56%
200	1 024.666 666 7	1 517.162 922 6	0.56%
210	978	1 517.162 922 6	0.56%
220	931.333 333 33	1 517.162 922 6	0.56%
230	884.666 666 67	1 517.162 922 6	0.56%
240	838	1 517.162 922 6	0.56%

根据上表制作折线图（图2-2-17），更加清晰地展现两种还款方式的对比。

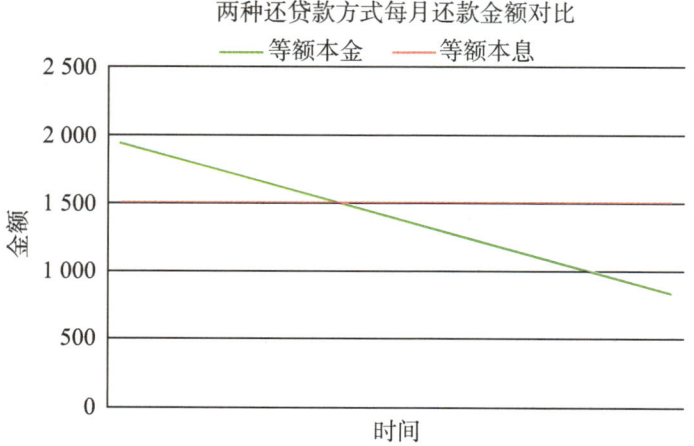

图2-2-17　两种还贷方式的每月还款金额对比图

根据以上分析我们可以得出不同还款方式的特点。

（1）等额本息还款法（图2-2-18）本金逐月递增，利息逐月递减，月还款数不变；相对于等额本金还款法的劣势在于支出利息较多，还款初期利息占每月供款的大部分，随本金逐渐返还，供款中本金比重增加。但该方法每月的还款额固定，贷款家庭可以有计划地控制每月支出，也便于每个家庭根据自己的收入情况，确定还贷能力。

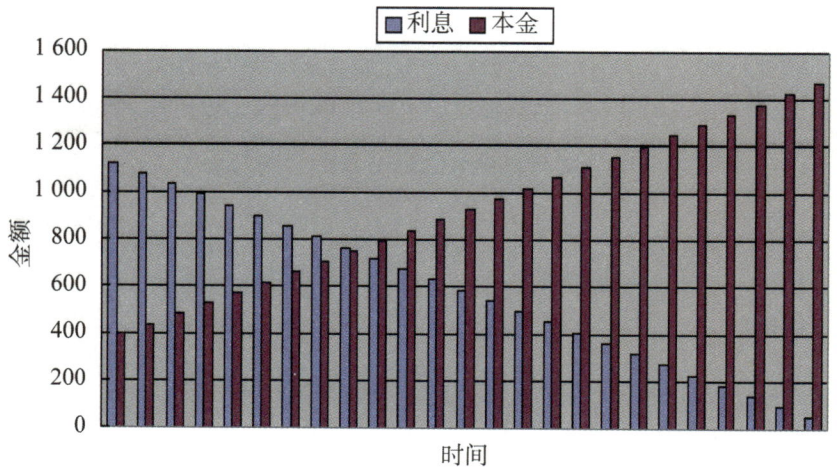

图2-2-18　等额本息还款的每月还款本金与利息对比图

（2）等额本金还款法（图2-2-19）本金保持相同，利息逐月递减，月还款数递减；由于每月的还款本金额固定，而利息越来越少，贷款人起初还款压力较大，但是随时间的推移每月还款数也越来越少。

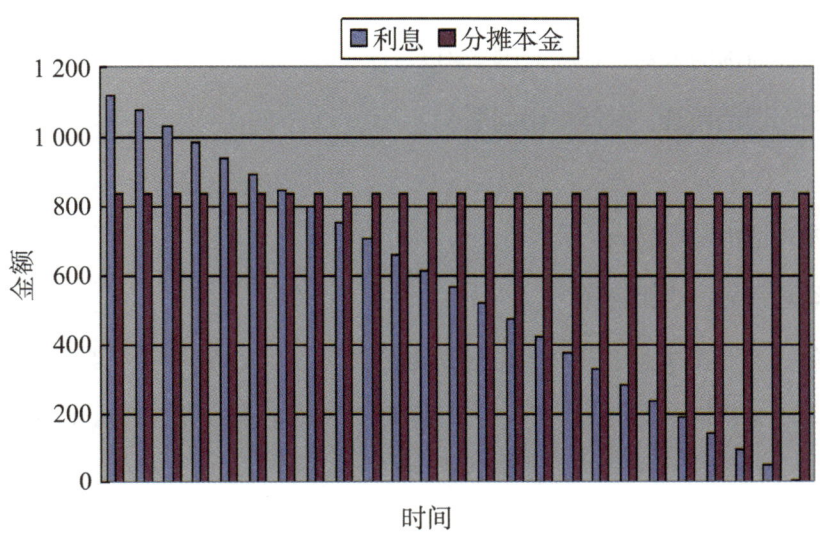

图2-2-19　等额本金还款的每月还款本金与利息对比图

（五）回答问题

根据对比，我们可以了解两种还款方式的优缺点，选择适用人群。

等额本息还款优点是每月还相同的数额，作为贷款人，操作相对简单。每月承担相同的款项也方便安排收支，有利于提前做好理财规划。缺点是由于利息不会随本金数额归还而减少，银行资金占用时间长，还款总利息高于等额本金。

适用人群：收入处于稳定状态的家庭，买房自住的人群，经济条件不允许前期投入过大的人群，如收入和工作机会相对稳定的人群。

等额本金还款优点是每月归还相同本金，月供递减，总体利息负担较轻。缺点是前期支付的本金和利息较多。

适用人群：这种方式很适合目前收入较高，但是已经预计到将来收入会减少的人群。特别是很多中年以上的人群，经过一段时间的打拼，有一定的经济基础，考虑到年纪渐长，收入可能随着退休等其他因素减少，就可以选择这种方式进行还款。

为了让学生一步步成功解决这个问题，教师可将项目式教学的问题设计分成下面几个阶段。

1. 前期准备

教师提前一天将住房贷款的相关资料发给学生并提出问题：①目前有哪些还款方式？②周围的人对于还款有哪些困惑？

2. 给出项目背景，共同提出问题

问题：①不同还款方式每月需还多少钱？②付清房贷后总共还款多少钱？③不同还款方式适用于哪些人？

3. 问题引导，小组合作

问题：①等额本息还款每月需还的本金和利息各为多少？②推导等额本息还款每月需还金额$\{a_n\}$的通项公式。③等额本金还款每月还款后仍欠银行的金额为数列$\{b_n\}$，寻找相邻两项的关系。④推导$\{b_n\}$的通项公式。⑤推导$\{a_n\}$与$\{b_n\}$的前n项和。

4. 结合实情，思维拓展

教师启发学生从通货膨胀、提前还款、家庭收支等方面进行本节课的思维拓展。

最后，我们不要仅满足于项目的完成，还可以就此进行项目发展，紧扣课程标准的考核要求，与新高考接轨，进行如下编题。

（1）居民A为买房选择用等额本金还款的方式贷款40万，10年（120个月）还清，月利率为0.4%。那么，他第一个月需还本金$\frac{40}{120}$万元和利息$40×0.4\%$万元，第二个月需还的本金还是$\frac{40}{120}$万元，但计算利息时需扣除已经还完的本金，所以第二个月需还利息变成了$(40-\frac{40}{120})×0.4\%$万元，之后的每月依次类推。

设a_n（$1\leq n\leq 120$，$n\in\mathbf{N}^*$）为该居民第n个月需还银行的钱，求数列$\{a_n\}$（$1\leq n\leq 120$，$n\in\mathbf{N}^*$）的通项公式。求该居民10年付清房贷后总共还款多少钱。

（2）居民B买房则选择用等额本息还款的方式贷款40万，10年（120个月）还清，月利率为0.4%。假设他每个月的还款金额都是c万元（c为一个常数），那么第一个月还款后，还欠银行$[40×(1+0.4\%)-c]$万元，第二个月还款后则还欠银行$\{[40×$

$(1+0.4\%)-c](1+0.4\%)-c\}$ 万元，之后的每月依次类推，第120个月还款后就不再欠银行钱。设 b_n 为该居民第 n 个月还款后还欠银行的钱，试证明 $\{b_n-\dfrac{c}{0.4\%}\}$ 是等比数列。求出数列 $\{b_n\}$ 的通项公式。求该居民每月需还银行的钱数，即 c 的大小，结果保留两位小数。（提示：$1.004^{120}\approx1.61$，$b_{120}=0$）

（3）通过分析上述两题中居民A、B的还贷情况，请说出你对等额本息还款和等额本金还款的看法，并就现实生活中你所了解到的房贷还款方式进行分析。

最后，给读者的建议是，如果你找到一个自己喜欢但不符合规范的课例，可以考虑重新设计它，对照规范修改补充。

第3节　数学项目式教学的工具支持与活动组织

一　数学项目式教学的数学建模活动

1. 数学项目式教学中数学建模活动开展的必要性与价值

《课标》提出六大核心素养，数学建模属于其中之一。高中数学建模在具体学习内容和课时安排上都较之前有所增多。

高中数学课程根据学生的认知规律和数学学科的特点制订课程和相应标准，以发展学生的数学学科核心素养，培养思维能力和创新意识。这也是未来社会发展需求的一种体现。在现行高中课程标准知识体系下，数学建模活动的开展是重要的也是必须要进行的。

数学建模是什么？数学建模就是运用数学的语言和方法，以实际问题为原型，通过抽象、简化建立数学模型，通过求解数学模型以解决实际问题。数学建模是解决实际问题的数学手段，是从实际到抽象再回归到实际的解决问题的过程，也是一种数学思想方法。

从数学产生的角度讲，数学是从现实生活中产生的学科。从现实中来，自然也要应用回现实中去，而数学建模就是将现实问题数学化，建立模型后再应用回现实中。由此可见，数学建模可以实现数学与现实的双向沟通，数学建模教学活动的进行也就十分有意义了。

从高中生认知能力发展的角度讲，根据皮亚杰的认知阶段理论，高中生的思维方式是由具体思维形式转变为抽象思维形式。换言之，高中阶段是学生有效开展数学建模活动并形成数学建模思想的关键阶段。数学建模就是引导学生用数学语言描述实际现象，进而抽象出数学模型，以此来解决实际问题的过程。这种过程的核心是从具象到抽象再回到具象。依据认知阶段理论，在高中开展数学建模教学活动是可行且有效的。

从《课标》要求的角度讲，高中数学课程很重要的一部分是数学应用，而数学建模就是用数学建构模型进行应用。学生进行数学建模的过程，不仅实现了对数学知识的巩固和再理解，同时也实现了对数学知识的应用，在应用的过程中可以体会数学的应用价值、科学价值和文化价值。因此，开展数学建模教学活动有助于提高学生的数学应用能力，帮助学生适应社会的发展。

从学生发展的角度讲，在现行的以笔试为主要人才筛选方式的大背景下，为实现分数上的取胜，教师在讲授数学时，往往忽略了数学知识的来源，使数学知识与现实生活相脱离。在这种背景下，部分教师重结果轻过程，课堂以填鸭式教学为主。该行为违背了教育初衷，而数学建模活动可以在一定程度上解决这种问题，实现对学生过程性表现的多方位评价。

从高考考查的角度讲，具有实际背景的数学问题越来越多地出现在高考试题中，而具有实际问题背景的高考数学题目的实质就是数学建模。让学生经历分析问题、建立模型、求解模型、解决问题等一系列过程，从而实现考查学生应用能力的目的。

2. 实现项目式教学中数学建模活动的途径

从上述几个方面的叙述可以看到，作为数学项目式教学中很重要的一种活动方式——数学建模，可以有效地解决很多问题。但是高中阶段接受过系统的数学建模教学培训的学生较少，因此在已有的数学建模教学研究基础上，结合实际教学经验，提出以下实现项目式教学中数学建模活动的途径。

（1）充分发掘教材中的数学建模背景

在常规课堂中实现数学建模教学活动的有效融入，将课程标准的要求与数学建模项目式教学有机结合，从而实现有效开设数学建模项目式课程，真正意义上将新课程标准对数学建模的要求落到实处。比如，在学习三角函数的图象与性质这一节，结合生活中存在的周期现象进行数学模型建构，加深对周期函数及其典型代表——三角函数的理解，体验数学建模的过程，体会数学与现实的联系，加深与其他学科的联系。

（2）提高在概念、定理、公式等方面的数学建模意识

在很多数学教师的观念中，高中知识体系下只有像构建函数模型这样的过程才叫作数学建模，其实数学中每一个概念、每一个定理、每一个公式，它的形成、产生与优化都是数学建模。比如，在概念教学过程中，数学教师通过具体的背景引入，引导学生发现问题，在实际问题中抽象出数学问题，然后建立并求解数学模型，最后在解决实际问题的同时，还可以产生解决此类数学问题的通法。这种产生知识的过程就是数学建模。在常规教学的过程中，教师让学生自然感受数学建模的过程，逐渐形成数学建模解决问题的意识以及数学建模的思想，为真正意义上数学建模主题项目式教学的开展奠定良好的知识与意识基础。

（3）注重习题中的数学建模教学和数学建模思想

数学问题的解决过程，是对以往数学知识的应用过程，也是数学建模的进行过程。很多学生在求解问题时，往往存在这样的现象：教师讲解题目的时候，可以听懂，但是自己拿到题目的时候就无从下手了，其很大一部分原因是对知识点掌握不够，即对常规教学中的数学模型理解不够。此时一题多解和变式训练就显得尤为重要，针对同一事物的不同属性建立不同的解题模型和通用模型，使得学生对知识的掌握和对数学建模的理解更上一层楼。

3. 数学建模项目式教学实践的具体步骤

结合课程标准对数学建模过程环节的要求，确定数学建模项目式教学实践的具体步骤如下。

（1）创设情境，提出问题

根据高中阶段学生的认知特点和已有的知识储备，进行不同年级不同学段不同层次的问题情境创设，让学生可以理解问题、愿意参与，并且进行探究性学

习。同时问题情境的创设不能完全脱离课本，最好是在原有课程体系内进行创设。想要实现思维的培养，问题本身的难度应该稍稍高于普通知识点的考查水平，同时为了提高学生的参与热情，可以以热门事件或者周围的事物作为原型，以此进行情境创设。

（2）做出假设，建立模型

在初期的建模活动中，教师结合学生具体情况进行方向引导，让学生有方向、有意识地思考问题，实现具体问题的数学化，然后根据课程需求进行个人思考或小组讨论，归纳出数学问题中包含的知识点，根据数学问题建立初步数学模型，必要时可以借助计算机建立模型。

（3）优化模型，应用模型

初步数学模型建立后，需要根据已有的事实基础进行模型的判断与衡量，将数学模型优化到满足需求为止。解决本次实际问题的同时，学生可进一步将数学模型进行深化与拓展，形成解决一类问题的模型。这个过程实际是将问题进行推广的过程，在推广过程中学生也同步实现了对知识结构的拓展和对已有知识体系的进一步完善。

4. 从教师角度出发的数学建模项目式教学实践策略

在数学建模项目式教学的过程中，学生是主体，而教师是学生学习的引导者。教师应注意教学中的角色转换，放手让学生去创造。教师需要给学生创设好的问题情境，激发学生探究的欲望；根据学生对数学建模知识的了解程度选择恰当的数学问题，也可以针对教材内容编写数学建模题目等。

数学建模对实施教学过程的教师的专业要求比较高，所以教师不仅要钻研数学学科知识，还要关注生活，为学生准备好数学建模素材，同时要对高中数学中遇到的各种类型的数学建模类型题目熟练掌握。

保持良好的师生关系是十分重要的，数学建模项目式教学需要学生积极参与。保证良好的师生关系，学生才会在活动交流过程中更多地表达自己的想法。当然，教师需要及时回应学生的想法，以此激励学生。学生愿意与教师进行交流，教师才能在交流中了解学生，才能了解学生在数学建模项目式教学的过程中对数学知识的掌握程度和对数学建模的应用程度，才能根据学生的实际情况进行符合学生发展的教学设计。

5. 从学生角度出发的数学建模项目式教学实践策略

使学生养成观察身边事物的习惯。在高中阶段，学生往往通过一些应用题目感受数学建模。这些题目源自生活，但是高中生由于忙于学业，缺少观察周围环境的兴趣，在遇到一些实际背景比较强的问题时就无从下手。这些题目中包含的知识是来源于生活的，需要我们对生活有一定的经验，才能够更好地进行数学建模学习活动的探究。

培养学生的团结协作能力。数学建模问题来源于生活实际，实际问题往往是错综复杂的，因此仅凭个人的力量无法给出优质的解答，此时就需要集思广益，发挥团队的作用。在解决数学建模问题时，由于每个人生活的环境和社会经验不一样，会对同一问题给出不同看法，进而小组成员共同制订出解决方案。在这个过程中，学生能够体验到团队协作的重要性。

培养学生的阅读和表达能力。一般数学建模题的题目都是比较长的，很多同学看到长长的一段文字就选择放弃，其实这些文字主要能帮助我们了解问题的实际背景。在读题的过程中需要抓取题目中与建模有关的信息，探究交流的过程中需要学生交流和表述自己的想法，故学生的表达能力也是不可或缺的。

培养学生收集有效信息的能力。在数学建模问题中，学生偶尔会遇到一些没学习过、不熟悉的各科知识，此时需要查找资料进行了解。查找资料的途径多种多样，有书籍、网络、报纸等。面对如此多的信息，如何才能找到对解决问题有效的信息，这也是学生必须要具备的能力。

培养学生综合应用知识的能力。一般实际问题是复杂多变的，涉及的数学知识也是错综复杂的。在数学建模过程中，学生对数学知识进行一定梳理，最终形成自己的数学知识体系。同时数学建模中涉及的知识往往不单单是数学知识，学生偶尔还会遇到其他学科的知识，应在学科知识相融合中，体会知识间的融合性与一体性。

6. 结语

数学建模教学的开展还需要学校、家庭、社会各方面的支持。例如，学校可以给学生提供良好的数学建模条件，邀请专家到学校对数学建模进行指导和培训。很多一线教师，都没有数学建模的实践经验，学校要根据这一情况为数学教师开设有关数学建模的教育课程，改善学校硬件设施等。

由于高考的压力,很多家长对学生的要求往往局限于成绩单上的分数,但是社会对人才的需求是全面的。实现理想的数学建模课程开展模式存在着相当大的困难,教学案例实施的成功与否仍需实践的检验。所以,我们希望教材可以重点刻画和呈现,起到引路的作用,让知识的教授者和学习者重视数学建模项目式教学,并将教学内容更多地付诸课堂、课程的实践。

二、数学项目式教学的数学探究活动

1. 数学项目式教学探究活动开展的意义和价值

探究活动是数学课堂的重要组成部分,是高中数学课堂"数学化"的重要体现。探究活动一方面能够帮助学生加深对所学知识的理解,促进对知识和方法的灵活应用;另一方面是数学思维集中体现的课堂关键环节之一,不仅能让学生经历数学家对知识方法的发现过程,还能渗透数学思想方法,帮助学生建构数学思维,实现对数学学科核心素养的培养。

项目式教学形式下的高中数学课堂十分重视对探究活动的开展。传统的数学课堂虽然也把探究活动摆在重要的位置,但是大多以教师讲授、学生理解为主,没有充分发挥学生探究学习的主动性,实现探究活动的发散性及迁移性。因此,项目式教学把课堂交给学生,让学生成为探究活动的主体,以学生行为推动课堂教学的发展,以此培养学生的探究精神和钻研精神,实现学生的自主发现和自主创造。

2. 数学项目式教学探究活动中的教学思想

(1)结合学情,做好探究活动的前期铺垫

课题的选择是探究活动前期铺垫的重要组成部分,探究活动的项目主题确定和课堂主线设计是教师成功开展数学探究活动的重要环节之一。因此,教师在进行探究活动的教学设计前应当对学生的学情有充分的认识,结合学生的"最近发展区",尽量设计丰富的、多角度的探究活动,以此促进对学生思维能力的培养。

学生是项目式教学中探究活动的主体,因此在探究活动的开展过程中,教师应当为学生的自主探究做铺垫。例如,为了提高学生在课堂中的探究效率,教师在课前应结合教学设计发放项目清单,学生大致掌握项目研究方向,提前查阅文献资料。教师甚至可以进行部分引导，以此提高学生的探究效率。考虑到学生层次以及学生擅长领域不同，教师在项目清单的设计过程中应当进行任务的分层，如将任务设计为必做和选做两部分。

（2）重视问题情境的创设，合理设计不同类型的探究活动

不同类型的课堂适合不同类型的探究活动。针对数学项目式教学的既有课型，如在基于学科知识的小项目式教学中，教师应当结合探究式教学的部分成果，先抛出一个问题，以此为突破口设计不同难度的探究活动，最后实现对抛出问题的回扣。这种数学探究活动根据既有课堂实践成果，以问题串等多种形式推动课堂进展。

项目式教学的亮点集中体现在大项目上，在对探究活动的开发过程中，大项目的探究活动更为多元化。例如，在与解三角形内容相结合的大项目中，教师设计对山脉有关数据的测量，把数学问题和实践活动相结合，建构山脉模型，实现数学问题的生活化，通过实践活动的开展激发学生的研究热情。而在《历史回眸（牟）——"牟合方盖"体积计算》这节课中，教师同样把探究活动延伸到常规课堂之外，在探究活动的前期分别进行"牟合方盖"的介绍、"牟合方盖"的切割实验操作等多个小探究活动，并在后期的探究中设计不同角度的项目研究方向，引导学生发散性解决项目问题。

（3）强调合作学习在探究活动中的关键作用

在学生学习和探究的过程中，个人的探究能力是有限的，但是可以在团队中相互促进、在碰撞中实现成长。因此，在探究活动的开展过程中，项目式教学大多采用小组合作的形式。一方面，可以将学生进行平均分组，不同组别的水平和人数大体相当；另一方面，可以结合探究活动的实际情况对学生进行不平均分组，如在《历史回眸（牟）——"牟合方盖"体积计算》一课的教学中，教师根据不同学生的擅长领域将学生分组设计为文献研究小组、祖暅方法解读小组、与计算机技术相结合的蒙特卡洛法研究小组和与跨学科融合相结合的实体模型转化小组几个层次，以培养学生团队合作能力，促进团队探究水平的提高。

在教师的组织引导下，生生间、师生间共同建立起学习共同体，借助大集体（班集体）和小组织（学习小组）实现思维的碰撞和思维成果的共享。

（4）利用各种资源来支持探究活动

项目式教学以STEAM教学为部分理论依据，在探究活动的设计和开展阶段应当具有开放性。一方面，教师应当鼓励学生综合利用各种途径研究项目主题，充分开发资源获得途径。另一方面，学生在探究活动的解决方案构建中应当能够实现发散性，不应当局限于一种解决方案，而应当思考并设计不同问题的解决方案；问题解决方案的类型也不应当局限在纯数学方法之上，应当挖掘和学习STEAM教学的跨学科融合属性，综合运用所学知识挖掘跨学科性的项目解决方案。

（5）探究活动的最终目的是实现教育目标

探究活动开展过程中，不论是学生的自主探索、协作交流还是教师的引领辅导，学习过程中一切活动都从属于既定的教育目标，顺应项目式教学开展的意义。

3. 数学项目式教学的探究学习活动基本原则

（1）以学生为主体，教师为主导

学生参与的数学探究项目式教学活动要从学生出发，以学生为主体，鼓励学生独立思考、合作探究。教师要敢于放手给学生，让学生在进行数学探究活动的同时，实现数学体系的构建与完善，真正意义上实现学生的自主学习。

（2）探究学习活动应适应学生的实际情况，具备可操作性

高中每个学段学生掌握的知识点和对数学问题的理解是不一样的，所以在设计数学探究活动时，要充分考虑不同学段不同层次学生的需求差异，设计符合实际情况的数学探究教学活动。

4. 数学项目式教学的探究学习活动基本策略

（1）选择合适、有效的数学探究问题和情境

在了解学生学情的基础上，教师应根据探究问题选择一个现实背景。学生在实际情境中进行数学学习，进一步感受数学的真实性和自然性。同样，合理的问题和背景可以激发出学生参与探究活动的热情。

（2）处理好学生自主探究与接受式学习的关系

基本原则中要求以学生为主体，放手给学生进行自主探究。这里要强调和说明的是高中阶段的大部分学生习惯于接受式学习，很少可以完全独立地进行数学探究活动，所以活动设计既要考虑到让学生自主探究，也要做好对学生探究方向的引导。

（3）营造良好的课堂交流氛围

教师应给予学生轻松愉悦的课堂环境进行数学项目式探究活动，在良好的氛围中实现对学生的指导，对学生思考维度和知识运用的了解。不同的学生思考问题的角度和处理问题的方式不尽相同，在交流问题的过程中实现思维的碰撞，极有可能产生1+1>2的效果。

（4）搭建学生交流展示的平台

《课标》指出，在必修课程中，教师应要求学生完成一个课题研究，可以是"数学建模"的课题研究，也可以是"数学探究"的课题研究。在课题研究中，一般要经历选题、开题、做题、结题四个过程，需要撰写研究报告，报告可以采用专题作业、测量报告、算法程序、制作的实物或研究论文等多种形式。

（5）注重学生的自我反思总结过程

在自主探究、合作探究及拓展之后，学生需要进行自我反思，进行知识回顾与思想提炼；教师在学生总结的基础上进行补充与完善，更系统、更深刻地对整个数学探究过程进行概括总结，以达成教学目的。

三 数学项目式教学的数学文化活动

1. 数学文化的研究意义和研究价值

数学文化是指人们通过数学活动（包括数学学习、数学教学）所不知不觉形成的数学思维习惯或与数学有关的行为方式、价值观念等。随着新课程改革的推进，高中数学教育对于数学文化的培养逐步重视起来，无论是教材上对于数学文化类知识和思想方法的渗透，还是高考题中国内外数学文化类问题的设计，都非常直观地体现出了数学文化的地位。当然，数学文化教育中体现出的对高中生数学核心素养培养的意义与价值也是不容忽视的。

培养数学核心素养不仅仅发展学生在数学学科方面的学习能力，同时能潜移默化地塑造学生的数学观，使数学教育更为完善。

为了更好地挖掘高中数学学科教学的数学文化意义，丰富数学中的数学文化活动，真正实现培养与社会接轨的人才的教育目标，我校开展的项目式教学活动非常重视数学文化的渗透。下面结合我校与北京师范大学合作研究的项目式教学课题研究成果，对数学项目式教学的文化活动进行详细分析。

2. 数学项目式教学中数学文化活动建构

梁绍君先生认为数学文化课程具有非常规性、欣赏性、文化性。因此，高中数学阶段的数学教学也应当遵循以上三个特征，即：不能以常规教学为课堂组织开展形式，实施内容应当结合教材而又高于教材；应当具有一定的研究意义与研究价值，给学生带来数学"美"的感受，体现数学文化。需要关注的一点是，我们所研究的数学文化并不应仅仅局限在单一的数学史研究之上，教师除了充分挖掘数学史之外，还应当能够通过与语文学科的跨学科融合提高学生的数学阅读和数学理解能力；通过对古代数学家优秀研究思路的解读，提高学生的数学探究意识，扩展学生的数学研究能力，增强对我国数学文化的认同与理解，培养学生的爱国主义精神；对数学史的研究需要古今对比、国内与国外相融合，如研究国内史除了挖掘现有史实之外还应当关注国外类似问题的发现与研究，对比国内外对于类似问题的不同解决方案并能够抽象提炼出不同解决方案渗透的数学思维品质或数学思想方法。除了现有的解决方案之外，还要鼓励学生结合现代信息技术或与其他学科的跨学科融合对同一问题进行二次探索，或激励学生能够从纯数学的角度换一种切入点尝试新的问题解决方案。

数学项目式教学活动中的数学文化活动不应当仅仅局限在"文化"二字上，而要以"文化"为跳板。挖掘并丰富数学文化背景下的数学课堂，是我们对渗透数学核心素养培养的课堂教学成果之一。

方延明先生认为，数学文化有着三元结构，即数学文化的自在价值、应用价值和工具价值。下面将结合以上三个角度，对项目式教学中数学文化活动的建构进行分析说明。

（1）关于数学文化活动自在价值的探索

①数学文化自在价值的教学内容和教学策略分析

谈数学文化离不开数学史。翻阅数学教材，我们会发现数学家的故事，公式、公理的发现等在每章中的阅读与思考部分都有体现。这是教材设置的数学文化小专题，是数学史教学活动最基本的研究材料。

综合分析高中数学课程标准及教材，其中对数学史内容的设计具有以下几个特点：非结构性，数学史的编排不具有连贯性和完整性；相关性，各小版块之间是分散的，彼此间相互独立；延展性，数学家的故事、公理的发现过程等只是数学文化活动中最浅显的一部分，教师应当充分挖掘数学史的教育意义；辅助性和可读性，课本中呈现的数学史类知识大多以小文章的形式给出，属于辅助类知识，又因为数学史大多以叙述的形式呈现，故具有较强的可读性。

需要注意的是，数学文化活动中，数学文化自在价值的体现不仅限于数学史类知识，在课堂教学中融入对"人"的关怀、与社会生活相结合的数学教学活动也是数学活动中对数学文化的体现。

传统的数学课堂大多采用讲授式，虽然讲授式的课堂教学方式具有节约时间、效率较高等优点，但是经过长期的验证，教师以及社会已经逐步意识到了该教学模式的劣势。因此，改变现有的课堂教学模式，挖掘新的授课方式势在必行。

为了让数学文化在课堂中、在数学项目式教学活动中区别于传统教学，发出它该有的声音，在数学文化活动开展过程中提出以下教学策略：

第一，在日常数学教学中要给学生呈现数学思维的过程，强调数学知识的形成和产生，即在常规课堂中融入数学史。

结合课本数学史材料，展示数学结论的发现过程，让学生看到数学的思维过程。以过程为中心而不是以结论为中心，挖掘数学文化的研究性价值，从而促进学生对数学文化的理解，渗透对学生数学思维品质和数学核心素养的培养。

第二，教学目标体现人文价值。

项目式教学的课堂教学应做到"教师主导，学生主体"。数学文化活动作为项目式教学的一部分，应当在尊重学生课堂主体地位的基础上，体现人文价值。因此，在数学文化活动的教学设计中，课堂的各个环节都应当体现学生的主体地位，发挥学生的主观能动性，积极调动学生的学习热情。教学目标方面应当关注对不同层次学生的培养目标设计，同时注意课堂对学生具体能力或素养的培养目标确定等。

第三，教学设计应彰显文化理念。

在课程设计初稿形成后，思考如何达成教学目标、文化的理念和关怀在教学设计中是否有体现，学生能否通过这种教学获得文化的熏陶。对教学设计特别是教学各个环节的科学性、合理性和可行性等进行反思，并进一步对教学内容进行建构。

第四，让学生进行探究和合作学习。

项目式教学对于学生主体地位的挖掘也体现在探究活动和合作学习上。在数学文化活动的学习过程中，通过给学生提供自主探究和合作学习的机会，发挥学生学习的主动性，培养学生的团队合作能力和问题研究意识，提高学生的学习兴趣。学生完全能够胜任探究活动中对小项目的自主学习和探究，教师应当大胆地把部分课堂实践交由学生完成，从而转变既有教学方式的静态化，让课堂中催生真正的交往和互动。

②数学文化自在价值的具体教学活动分析

项目式教学中数学文化活动的教学需要多元的教学方式。多元化的教学方式不是指对体验、对话、合作、自主等教学方式的生搬硬套，而是从教学理念出发，让学生有更多的时间和空间去思考、选择和实践，如探究型教学、发展型教学。

从开展形式上讲，数学文化活动的教学在课堂内外均可开展，具体应该结合项目式教学开展的课程类型。

数学文化的课外活动形式是多种多样的，下面举例说明。

例一，介绍数学家生平事迹。

结合具体教学内容，教师准备或由学生查阅有关文献，选择介绍相关数学家。通过数学家的故事让学生体会知识或者方法的研究过程，懂得现有的数学成果的来之不易，从而培养学生的精神品质，使学生获得精神力量。

例二，举办数学讲座。

结合具体项目研究主题或者不同学段的学习内容，请数学工作者或本校教师做有关数学文化方面的主题演讲。

例三，举行读书交流沙龙。

根据学习主题，教师可以提供适当的书目或者文献，让学生进行课外的阅读及研究。当然，提供内容可不仅限于数学文化类书籍，相关的文献资料等都可以提供。阅读书籍过后应要求学生对收获内容进行分析整合，可通过阅读小组形式进行经验分享和汇报。

例四，撰写数学论文。

给学生布置一项数学文化研究项目，要求学生自主查阅有关资料。学生可个人独立完成或者小组分工合作进行数学论文撰写，对学生完成的论文进行分享与评比，以此增强学生的问题研究意识和问题解决能力。

例五，开展数学文化节，以不同的主题和活动丰富学生对数学文化的认识。

数学文化节的开展形式和涉及内容应当丰富多样，通过活动的趣味性增强学生对数学文化的理解和兴趣，渗透对数学文化的培养。在项目式教学活动中，数学文化节可以放在项目总结和项目提升阶段，以此展现项目研究成果，体现项目研究价值。

在课堂内开展项目式教学的数学文化活动，教师应当根据教学内容和个人的教学风格进行合理规划和选择。课堂设计可以从以下几个角度入手：

角度一，以数学名题为案例，对数学相关知识进行拓展式的讲解。角度二，用数学家的故事作导入，为学生提供一个数学文化的学习背景。角度三，从数学美出发，挖掘数学的美学价值。角度四，介绍人类历史中的重大数学发现或者数学思想方法，如数的产生与发展、微积分与极限思想等。可以联系古今中外，借助不同时空对同一问题的解决，通过多种角度的对比来拓宽学生的视野，培养学生全方位的认识能力和数学学科的思考弹性。角度五，在教学中穿插数学史、融入对数学现象的分析等。例如，在概率统计模块中，对于分布列中均值和方差的学习可以融入西方博弈学的有关数学史。通过对相关历史故事、历史问题或者历史人物的介绍，丰富学生对学习内容的理解，从而产生更多类似"数学有用"的想法。概率统计模块是高中阶段数学学科与生活问题联系较为紧密的模块之一，与生活实际相结合的数学问题较多。作为数学建模中经常会出现的一部分，可以借此来挖掘数学的文化价值，如用数学思想进行买房策略的选择、分析中奖的概率等，或者以与实际问题相结合的统计图表分析某些社会现象背后的数字规律。这些都是数学文化活动在广义上的数学教学价值所在。

③数学文化自在价值实施的注意事项

学生的数学现实是进行数学文化教学的重要基础。高中阶段学生的数学文化活动应当紧扣学生的数学现实。一方面，内容的设计与选取应当贴合学生学情，符合课标要求或者是高中教学需要，对学生数学核心素养的培养及数学思维品质的形成具有促进作用。另一方面，教师应当积极挖掘生活中的数学文化活动。我校与北京师范大学的项目式教学研究课题部分是在STEAM教学基础之上的，因此在挖掘数学文化活动的过程中应当关注在科技、工具、艺术等方面的跨学科交融。在具体的实际活动中，数学史类活动应当深入挖掘并拓展延伸到高中数学的教学实际，其他活动项目的取材也应当尽量来源于生活。从生活中发现问题，抽象并提炼成恰当的数学文化活动课题进行组织研究，以此实现数学与生活实际相结合的教育目标，真实做到培养与社会需求相接轨人才的目标。

另一方面，去数学化是项目式教学中数学文化活动应谨慎的陷阱。数学化是指以数学为工具去组织现实生活中的问题，而去数学化是指避免用数学的思路方法等组织课堂教学。在项目式教学的数学文化活动建构中，教师容易走入数学课堂去数学化的误区，片面地追求课堂实施的创新，反而让课堂失去了"数学味"。因此，在数学文化活动实施过程中，教师应当抓住数学文化的本质，守住数学学科教学的实质。

（2）数学文化活动中的应用价值探索

数学文化的应用价值主要体现在数学方法论上的研究中。相对于自在价值的研究来说，应用价值的研究深度和广度都有了提升，在具体设计及开展阶段需要教师做好充分的准备，深挖数学文化活动内涵。

数学文化活动中，方法论的渗透主要体现在项目探究过程中。教师应当重视学生的小组探究或独立研究，充分挖掘课堂的研究价值。例如，在《历史回眸（牟）——"牟合方盖"体积计算》一课的教学中，可以通过动手操作、模型建构等多种方式帮助学生认识抽象的"牟合方盖"，鼓励学生根据不同的兴趣爱好或者各自擅长的领域自主分组，分别从文献研究、计算机模型建构、跨学科融合三个方面建构项目解决方案，从而总结了祖暅法、蒙特卡洛法、与实体模型相结合的转化法三类解决方案。每一种方案的建构都离不开学生的智慧，学生在教师的适当指导下进行问题探究，并在课堂交流中不断改进自己的解决方案。这真正实现了对学生数学思维能力的培养目的，激发了学生数学学习的积极性。通过对成果的展示与分享，学生不仅能够在思维碰撞中获得更多的智慧，还能够培养自身的语言表达能力，获得学习数学的成就感。最重要的是通过项目研究成果的分享，每一个小组都至少可以收获两类其他角度的问题解决方案，从而实现对学生在"数学方法论"方面的培养。

①数学文化应用价值的项目开发

项目式教学中数学文化活动基于应用价值的项目开发，一般更适用于大项目的课堂教学。项目主题的选取可以来源于实际生活中的数学问题，数学史类问题或者是与其他学科相融合的跨学科问题。主题来源虽然是多样性的，但是课堂的教育意义或者是课堂主线应当紧扣数学文化，挖掘项目中的文化内涵和人文因素。具体课程开展可以参考以下两个角度。

角度一，从数学与其他学科的交叉点入手，开发跨学科融合的项目。

《历史回眸（牟）——"牟合方盖"体积计算》是以数学史为项目背景，在部分项目解决方案中融入跨学科知识的一节课例。项目式教学的数学文化活动中，教师应当引导学生打破学科限制，鼓励学生综合运用所学知识解决实际问题。即不一定非要用纯数学的方法解决问题，可以有一部分学生研究纯数学的方法，有一部分擅长计算机信息技术的学生去研究如何通过数学软件建构"牟合方盖"模型，继而进行体积计算研究，有一部分擅长物理、化学学科的学生去思考如何借助实体模型进行等体积转化。当然，适用于跨学科融合的实际课例不仅限于此，这里只给出了一种课例举例。在实际课堂教学中，即使是同一个主题，如"牟合方盖"的教学，也可以从不同的角度进行设计。

角度二，发现学生身边的数学问题，开发生动的数学项目资源。

概率与统计、利率与利息、运筹与优化、广告中的数据与可靠性、电视与图像压缩等项目的开发，都是数学与生活融合的优秀项目资源。以问题为中心，发现问题和解决问题。把数学融入生活，帮助学生学会用数学解决与实际生活有关的问题，从而让数学的项目更加具有人文价值。

②渗透数学思想方法教学，实现数学文化活动的应用价值

数学思想是人们在学习和研究中对数学知识、数学理论和数学现实形成的本质认识。在高中阶段，函数与方程、数形结合、类比、归纳与猜想、构造、分类讨论、转化与化归等数学思想方法，都是要求学生必须掌握的。如何在项目式教学的数学文化活动中融入数学思想方法呢？下面将从三个角度分析。

角度一，数学思想方法是融入教材的数学基础知识之中的，每一个模块根据知识自身的特点，蕴含了不同的数学思想方法。作为教师，要帮助学生认真分析教材，从数学知识中逐步抽象概括出数学思想方法，并在教学中落实下去。这是基于学科必备知识的微项目式数学文化活动中对于数学思想方法的渗透途径。角度二，结合一些名人对数学方法的评价，介绍数学思想方法。角度三，通过数学

发展史上某类问题的探究过程或解决方法建构,分析其中渗透的数学思想方法。

(3) 数学文化活动中的工具价值探索

项目式教学中数学文化活动的工具价值主要体现在数学模型的建构之中。但是在分析数学模型之前,我们应当先解读一下数学文化活动中的数学语言能力培养方法。

①数学语言

数学语言是指表述数学名词、术语、定义、定理、公式、法则、思想方法等的语言,其表现形式有文字语言、符号语言、图形语言。数学思想方法和思维过程只有借助数学语言才能呈现出来。只有熟悉数学语言,才能够挖掘数学文化中所渗透的方法、思想、精神、观念,才能更好地实现对数学以及数学文化的理解。数学文化中以隐性的方式反映的内容是需要借助数学语言通过课外阅读去理解和体悟的。课外阅读是学生实现自主学习数学文化的重要平台。只有学好数学语言,才能够让学生更好地体悟阅读中体现的数学文化本质和理念。

教师在项目式教学的数学语言教学中应当注意以下几个问题:第一,教师的教学语言要充分体现数学语言的特点。第二,要从学生的实际出发,加强数学语言的练习。第三,在教学中,教师要指导学生认真研读数学教材,学习使用数学语言,并养成用规范的数学语言陈述数学命题的习惯。

②数学文化工具价值的项目设计分析

数学文化活动中对于工具价值即模型建构的体现与其应用价值中与实际生活相结合的项目开发是互相促进协同发展的。例如,结合生活实际,让学生去调查各类上网费用、电费、水费、煤气费和出租车车费等的情况,借此建立各类模型,解决各类问题。

项目式教学的数学文化活动中数学模型的建构大多结合具体生活实例。在开展此类教学活动中,教师应当关注对学生数学抽象和数学建模核心素养的培养。例如,在项目解决方案的探究阶段和总结阶段,教师应当引导学生从实际问题解决方案中抽象出数学思维方法,并以此为基础建构一种问题解决模型,从而实现对课堂数学化的提炼与升华。

除了对模型建构过程的挖掘,在数学文化活动中还应当渗透对数学之美的指导。教师应当引导学生领略其中的数学之美,如借助数学模型图形的对称,运算性质或公式的对称，几何模型的对称等，渗透数学中的对称之美。数学之美是STEAM教学中"艺术"的分支，教师应当积极将其融入项目式教学的数学文化活动建构之中，让美陶冶学生的情操，让美激发学生的追求，让美萌动学生的创新意识。

3. 在项目式教学中数学文化活动的实施

在数学文化活动实施的这一过程中，教师和学生应当相互作用、相互影响，不断完善彼此、共同进步。最后，给出项目式教学中数学文化活动实施的几点建议。

（1）要遵循建构主义学习理论。例如，在课堂上体现概念、思想方法的自主建构过程，让学生去尝试、探索、总结、沉淀，内化成知识结构。

（2）要符合行为主义学习理论。教师应注意通过行为与环境刺激之间的关系来了解学生的学习情况，进而更好地应用于教学。

（3）让学生体会数学思维过程，促使学生思考问题。例如，数学史类教学中，应该尽量还原数学文化类知识内容的本来面目，带领学生经历数学家们所经历的思考过程和发现过程。

第4节　数学项目式教学的过程评价与目标达成

一　数学项目式教学目标评价

教育部在《课标》的实施建议中，明确提出教师应准确把握课程目标、课程内容和学业质量的要求，合理设计教学目标，并通过相应的教学实施，使学生在掌握知识技能的同时，培养数学学科核心素养。《课标》中的相关阐述如下。

（一）教学评价

教学评价是按照科学的标准，以教学目标为依据，运用一切有效的技术手段，对教学过程及结果进行测评并给予价值判断的过程。教学评价包括教学目标、教学过程、教学方法、课程、教师的授课质量、学生的学习情况及智能品德发展等各个方面。

1. 什么是教学目标评价？

目标评价是以教学目标为基础，制订科学客观的标准，运用一切有效的技术手段，对教学活动的过程及其结果进行有效评估，所以说教学目标是目标评价的标尺，目标评价则为教学目标的调整提供反馈。

2. 评价教学目标的标准有哪些？

目标的行为主体必须是学生而不是教师。

目标设计与编写要用可测可察的外显行为来界定，行为动词必须是可测量、可评价、具体而鲜明的。

教学目标的陈述要反映学习类型，不同的学习类型应通过不同的能力动词来陈述，如了解、理解、识别、生成、应用等。

目标设计与编写要全面考虑教学效果，除了顾及认知领域目标，同时还要顾及技能和情感态度价值观领域目标。

教学目标要指向全体学生，是所有学生都要达到的一般要求。

3. 教学目标评价的功能有哪些？

第一：导向功能

教学评价有利于各级各类学校端正教学指导思想和把握正确办学方向。教育方针与课程计划规定的学校培养目标，课程标准规定的教学目的、任务、内容都是教学评价的基本依据，它们是通过教师的教授和学生的学习的具体活动来实现的。在评价过程中，把师生活动分解成若干部分，并制订出评价标准，根据这些标准判定师生活动是否偏离了正确的教学轨道，是否偏离了教育方针和教学目标，是否全面完成各科课程标准规定的目标和任务，以保证教学始终沿着正确的方向发展。

第二：鉴别和选择功能

教学目标评价可以了解教师教学的效果和水平以及教学中反映出的优点、缺点、矛盾和问题，来对教师进行考察和鉴别。教学评价能对学生在知识掌握和能力发展上的程度作出区分，从而分出等级，为学生选择课程、定向未来职业提供依据，为选拔、分配和使用人才提供参考，同时也是向家长、社会和有关部门报告与阐释学生学习状况的依据。

第三：反馈功能

教学目标评价能使教师和学生知道教学过程的结果，及时提供反馈信息。只有通过反馈信息来调节行为，才有可能达到一定的目标。教师通过评价的反馈信息，能及时地调节自己的教学工作，了解自己的教学方法和教学过程组织中的不足，诊断出学生在学习上存在的问题与困难；可使教师明确教学目标的实现程度，明确教学活动中所采取的形式和方法是否有利于促进教学目标的实现，从而为改进教学提供依据。学生通过反馈信息，能加深对自己当前学习状况的了解，确定适合自己的学习目标，从而调整自己的学习，此外还能起到激发学生学习动力的作用。研究表明，经常对学生进行记录成绩的测验，并加以适当的评定，可以有效地激发并调动学生的学习兴趣，提升课堂学习效果。

第四：强化功能

教学目标评价可以调动教师教学工作的积极性，激起学生学习的内部动因，维持教学过程中师生适度的紧张状态，使教师和学生把注意力集中在教学任务的重要部分。实验证明，适时地、客观地对教师教学工作作出评价，可使教师明确教学中取得的成就和需要努力的方向，可促使教师进一步研究教学内容、教学方法，以提高自己的教学水平。对于学生来说，学习成绩的测验和教师的表扬鼓励等，可以提高学习的积极性和提升学习效果。同时，评价能促进学生获得的外部经验，学会独立地评价自己的学习结果，即自我评价，自我评价有助于学生成绩的提高。

（二）项目目标评价

数学项目式教学的种类包括大项目、小项目和微项目。不同种类的项目各有侧重点，但它们共同显著的特点是"以项目为主线、教师为引导、学生为主体"。这是一种学生主动参与、自主协作、探索创新的新型教学模式。在教学评价中，教师要关注数学学科核心素养中各要素的不同特征及要求，更要关注数学学科核心素养的综合性与整体性。鉴于此，建议从以下几个方面进行项目目标评价。

1. 教学目标制订要突出数学学科核心素养

教师在制订教学目标时要充分关注数学学科核心素养，深入理解数学学科核心素养的内涵、价值、表现、水平及其相互联系，结合特定的教学任务，关注数学学科核心素养目标在教学中的可实现性，注意数学学科核心素养与具体教学内容的关联，研究其融入教学内容和教学过程的具体方式及载体，在此基础上确定教学目标。

学生数学学科核心素养的达成不是一蹴而就的，而是阶段性、连续性、整合性的。教师应理解不同数学学科核心素养水平的具体要求，不仅关注每一节课的教学目标，更要关注主题、单元的教学目标，明晰这些目标对实现数学学科核心素养发展的贡献。在确定教学目标时，要把握好学生数学学科核心素养发展的各阶段目标之间的关系，合理设计各类课程的教学目标。

2. 在学习数学和应用数学的过程中，学生要发展数学抽象、逻辑推理、数学建模、直观想象、数学运算、数据分析等数学学科核心素养，量化见表2-4-1。

表2-4-1　数学核心素养量化表

类型	名称	分值
"四基"的评价	基本知识	
	基本技能	
	基本思想	
	基本活动经验	
"四能"的评价	发现问题的能力	
	提出问题的能力	
	分析问题的能力	
	解决问题的能力	

续表

类型	名称	分值
六大核心素养	数学抽象	
	逻辑推理	
	数学建模	
	直观想象	
	数学运算	
	数据分析	
情感、态度、价值观		

（三）项目目标中教师教学的评价

在项目的具体实践中，教师引导学生如何在实践中发现新知识，掌握新内容。所以教师在制订教学目标时要充分备课，抓住教学要素，帮助学生独立研究。主要包括以下方面：数学内容分析、课程标准分析、学情分析、教材分析、重难点分析以及教学方式分析。具体分析内容见表2-4-2。

表2-4-2　数学项目式教学备课具体分析内容

要素	内容
项目式教学内容分析	1. 本主题内容的数学本质、数学文化以及所渗透的数学思想等。 2. 本主题内容在本学段数学课程中的地位。 3. 本主题内容在整个中小学数学课程中的地位和作用。 4. 本主题内容与本学段、前后学段及大学其他知识之间的联系。 5. 本主题内容在数学整体中的地位。
《课标》分析	1. 课程标准中对本主题内容的要求。 2. 课程标准中对本主题内不同内容要求的关联。
学情分析	1. 学生学习新知识的预备状态。 2. 学生对即将要学习的内容是否有所了解。 3. 学生学习新知识的情感态度。 4. 学生的学习方法、习惯以及风格。
教材分析	1. 比较不同版本教材的对本主题内容在概念引入、情境创设、例题习题的编排方式等方面的异同，分析各自的特点。 2. 根据学情选择适当的内容及其处理方式。

续表

要素	内容
重难点分析	1. 主题整体教学重难点。 2. 具体课时重难点。
教学方式分析	从主题整体角度出发，选择合适的教学方式。

有了以上的分析，在教学设计时注意以下几个环节。

1. 情境创设和问题设计要有利于发展数学学科核心素养

《课标》指出，教学情境和数学问题是多样的、多层次的，数学学科核心素养在学生与情境、问题的有效互动中得到提升；在教学活动中，应结合教学任务及其蕴含的数学学科核心素养设计合适的情境与问题，引导学生用数学的眼光观察现象、发现问题，使用恰当的数学语言描述问题，用数学的思想、方法解决问题；在问题解决的过程中，理解数学内容的本质，使进学生数学学科核心素养的形成和发展。教师应不断学习、探索、研究和实践来提升自身的数学素养，了解数学知识之间、数学与生活、数学与其他学科的联系，总结出符合学生认知的规律，有助于提升学生数学学科核心素养的优秀案例。

2. 整体把握项目式教学内容，促进数学学科核心素养连续性和阶段性发展

数学学科核心素养的发展具有连续性和阶段性。教师要以数学学科核心素养为导向，在项目式教学中抓住项目与几何、代数、概率与统计、数学建模活动与数学探究活动等内容的关系，明晰数学学科核心素养在项目式教学活动中表现出的连续性和阶段性，引导学生从整体上把握项目，形成和发展数学学科核心素养。

教师应整体设计、分步实施数学建模活动与数学探究活动，引导学生经历"选题、开题、做题、结题"的活动过程，积累发现和提出问题、分析和解决问题的经验，养成独立思考与合作交流的习惯。教师应有意识地结合相应的项目内容，将数学文化渗透在项目中，引导学生了解数学的发展历程，感悟数学的价值，提升学生的科学精神、应用意识和人文素养，有利于激发学生的数学学习兴趣，开阔学生视野，提升数学学科核心素养。

3. 既要重视教，更要重视学，让学生学会学习

教师要把项目式教学的重心放在教会学生如何学习上，引导学生阅读自学、独立思考、动手实践、自主探索、合作交流等。教师要根据不同的内容和学习任务采用多种教学方式，如上网查找材料，小组合作完成测量或实验并完成实验报告，小组展示实验成果等，提升学生完成作业的自主性、有效性。

教师要加强学习方法指导，帮助学生养成良好的数学学习习惯，让学生敢于质疑、善于思考，理解概念、把握本质，数形结合、明晰算理，厘清知识的来龙去脉，建立知识之间的关联。教师还可以根据自身教学经验和学生学习的个性特点，引导学生总结出一些具有针对性的学习方式，因材施教。

4. 重视信息技术的运用，实现信息技术与数学课程的深度融合

在项目式教学中，信息技术是学生学习和教师教学的重要辅助手段，为师生交流、同学间交流、人机交流搭建了平台，为学习和教学提供了丰富的资源。因此，教师应重视信息技术的运用，优化课堂教学，转变教学与学习方式。例如，利用计算机展示函数图象、几何图形运动变化过程；利用计算机探究算法，进行较大规模的计算，从数据库中获得数据，绘制合适的统计图表；利用计算机的随机模拟结果，为学生理解概念创设背景，为学生探索规律启发思路，为学生解决问题提供方案。

5. 针对项目式教学设计评价量表

表2-4-3　项目式教学设计评价量表

教学过程与方法的设计	分值
教学过程与方法的设计	
创设情境	
学法指导	
探索与创新教学方式	
数学文化	
核心素养的渗透	
立德树人	
信息技术与数学课程的整合	

6. 针对项目式教学设计学生学习情况评价表

请同学对该课程进行评价，填写课程评价表单。每项条目最高分为4分，最低分为0分，请根据实际情况打分。

1. 姓名：_____

2. 你是该课程的_____。
   □学习者　　　　　　□设计者

3. 学习活动目的明确，课程目标清晰，易于理解。
   □0分　　□1分　　□2分　　□3分　　□4分

4. 项目每一环节的时间安排具体。
   □0分　　□1分　　□2分　　□3分　　□4分

5. 教师贯穿整个项目的不同形式的教学方法和策略，适合学习者不同的学习风格，且教学方法和策略有效。
   □0分　　□1分　　□2分　　□3分　　□4分

6. 具有同学之间交流合作的活动或者其他机会。
   □0分　　□1分　　□2分　　□3分　　□4分

7. 具有促进学生和教师之间交流合作的活动或者其他机会。
   □0分　　□1分　　□2分　　□3分　　□4分

8. 具有小组合作学习形式，且小组任务具有明确、合理、可实现的目标，明确小组最终的成果。
   □0分　　□1分　　□2分　　□3分　　□4分

9. 各小组具有明确的结组规则，且每个人具有明确的分工。
   □0分　　□1分　　□2分　　□3分　　□4分

10. 项目的评价有多种方法，如小测试、讨论、论文等。
    □0分　　□1分　　□2分　　□3分　　□4分

11. 项目评价的目标应与课程目标相一致。
    □0分　　□1分　　□2分　　□3分　　□4分

12. 项目的评价和评价结果能得到清晰的反馈。
    □0分　　□1分　　□2分　　□3分　　□4分

13. 具有明确具体可操作的技术支持，如Moodle平台辅导材料，技术辅导人员的电话、邮件等。

　　□0分　　　□1分　　　□2分　　　□3分　　　□4分

14. 教师辅导及时，且辅导具有明确的计划和安排。

　　□0分　　　□1分　　　□2分　　　□3分　　　□4分

15. 具有支持性的学习资源，该学习资源清晰可获得，且有利于学习者学习目标的实现。

　　□0分　　　□1分　　　□2分　　　□3分　　　□4分

16. 课程平台具有一致性的设计风格。

　　□0分　　　□1分　　　□2分　　　□3分　　　□4分

17. 文字的字形、大小、颜色易于阅读，图片、音频、视频清晰。

　　□0分　　　□1分　　　□2分　　　□3分　　　□4分

（四）项目目标中学生学习目标的评价

兴趣能够增强学生学好数学的自信心，增强自主学习的能力，培养学生敢于质疑、善于思考、严谨求实的科学精神，不断提高学生的实践能力，提升学生的创新意识。

1. 重视过程评价

日常评价不仅要关注学生当前的数学学科核心素养水平，更要关注学生成长和发展的过程；不仅要关注学生的学习结果，更要关注学生在学习过程中的发展和变化。学生的知识掌握、数学理解、学习自信、独立思考等是随着学习过程而变化和发展的，只有通过观察学生的学习行为和思维过程，才能发现学生思维活动的特征及教学中的问题，及时调整学与教的行为，改进学生的学习方法和思维习惯。此外，教师还要注意记录、保留和分析学生在不同时期的学习表现和学业成就，跟踪学生的学习进程，通过过程评价使学生感受成长的快乐，激发其数学学习的积极性。

2. 关注学生的学习态度

在日常评价中应把学生的学习态度作为教学评价的重要目标。在对学生学习态度的评价中，应关注主动学习、认真思考、善于交流、集中精力、坚毅执着、严谨求实等方面。在项目式教学过程中，教师要关注每一个学生的学习态度，对于特殊的学生给予重点关注，可以记录学生学习态度的变化与成长过程，从中分析问题，寻求解决问题的办法。形成良好的学习态度需要对学生提出合适的要求，更需要教师的引导与鼓励、同学的帮助与支持，需要数学教师及其他学科教师的协同努力，还需要良好学习氛围的激励与熏陶。

3. 评价方式的多元化

教学评价的主体应多元化，评价形式应多样化。除了教师是评价者之外，同学、家长甚至学生本人都可以作为评价者。这是为了从不同角度获取学生发展过程中的信息，特别是日常生活中关键能力、思维品质和学习态度的信息，最终给出公正客观的评价，可以有针对性地、有效地指导学生进一步发展。在多元评价的过程中，要重视教师与学生之间、教师与家长之间、学生与学生之间的沟通交流，努力营造良好的学习氛围。另外，除了传统的书面测验外，还可以采用课堂观察、口头测验、开放式活动中的表现、课内外作业等多种评价形式，全面反映学生数学学科核心素养的达成状况，具体评价方式见表2-4-4和表2-4-5。

表2-4-4　组内互评表

组员姓名	承担的项目	完成的质量	突出的发现	按时完成任务	听取组员意见	总分

表2-4-5　自我评价

标准	分值（5分　4分　3分　2分　1分）
承担的项目	
完成的质量	
突出的发现	
按时完成任务	
听取组员意见	

4. 评价结果的呈现与利用

评价结果的呈现和利用应有利于增强学生学习数学的自信心，提高学生学习数学的兴趣，使学生养成良好的学习习惯，促进学生的全面发展。评价的结果应该反映学生的个性特征和学习中的优势与不足，为改进教学的行为和方式、改进学习的行为和方法提供参考。要尽量避免简单地依据评价结果对学生进行区分。教师要充分利用信息技术，收集、整理、分析有关反映学生学习过程和结果的数据，从而了解自己教学的成绩和问题，反思教学过程中影响学生能力发展和素养提高的原因，寻求改进教学的对策。

数学项目式目标的制订是多元的、方式多样、重视过程的评价，既有学生在该项目实践过程中理解和把握课程要求的知识和技能、体验创新的艰辛与乐趣，又有培养学生分析问题和解决问题的思想和方法，使学习过程成为一个人人参与的创造实践活动，注重的不是最终的结果，而是完成项目的过程。在这个过程中还需要多个学生合作，多学科的知识汇总，通过项目的完成，训练学生在实际工作中协调、合作的能力。

二 项目式下的核心素养评价

以下是结合《课标》对项目式教学的解读。

数学教育作为教育的组成部分，在发展和完善人的教育活动、形成人认识世界的态度和思想方法、推动社会进步和发展的进程中起着重要的作用。在现代社会中，数学教育又是终身教育的重要方面，它是公民进一步深造的基础，是终身发展的需要。数学教育在学校教育中占有特殊的地位，它使学生掌握数学的基础知识、基本技能、基本思想，使学生表达清晰、思考有条理，使学生具有实事求是的态度、锲而不舍的精神，使学生学会用数学的思考方式解决问题、认识世界。

2015年教育部印发的《关于全面深化课程改革 落实立德树人根本任务的意见》，首次在国家文件中将"核心素养"放置在深化课程改革的核心地位。正如有学者指出的那样，"核心素养的习得与养成必须具有整体性、综合性和系统性""所有的核心素养本质上都是个体的内在品质或特征"。

当前核心素养已成为许多国家教育改革的支柱性理念，对研制课程标准、开发教材与课程资源起着重要的推动作用。

据欧盟统计资料显示，欧盟核心素养提出后，对3/4以上成员国的课程改革产生了直接影响，这些国家都实施了针对核心素养的教育政策和行动计划。欧盟将信息素养、创业能力和公民素养等跨学科核心素养整合到小学和中学的多门课程中。

跨学科素养的课程形态趋向于多样化，可以以独立学科的形式存在，也可以作为更广泛的课程或学习领域的一部分，还可以贯穿于整个课程体系，由全体任课教师负责。

考查核心素养时，最直接的教学评价是作业和考试。教师设计考试试题时，既要遵循教育部课程标准，准确反映数学学科对学生知识和技能的要求，又要立足维度、梯度和相关度进行最优化设计，注重对学生素养的考查。

所谓的维度，指要考查的知识技能；梯度指考查的试题要有阶梯性，对于不同解答能给出相应的具有阶梯性的合理评价；相关度指同一试题里面，考查的知识点要做到交汇，可以是章节内的知识点的交汇处，也可以是学科内的知识点的交汇处。

学生的数学学习活动不应只限于接受、记忆、模仿和练习，高中数学课程还应倡导自主探索、动手实践、合作交流、阅读自学等学习数学的方式。这些方式有助于发挥学生学习的主动性，使学生的学习过程成为在教师引导下的"再创造"过程。同时，高中数学课程设立"数学探究""数学建模"等学习活动，为学生形成积极主动的、多样的学习方式进一步创造有利的条件，以激发学生的数学学习兴趣，鼓励学生在学习过程中，养成独立思考、积极探索的习惯。高中数学课程应力求通过各种不同形式的自主学习、探究活动，让学生体验数学发现和创造的历程，增强学生的创新意识。

总而言之，教师进行教学设计的时候，既要有微观的小目标，让学生掌握所学知识，又要在传授知识的时候，以培养学生数学学科核心素养为大目标。

《课标》对数学课程目标提出了具体要求。

高中数学课程的总目标是：使学生在九年义务教育数学课程的基础上，进一步提高作为未来公民所必要的数学素养，以满足个人发展与社会进步的需要。具体目标如下。

1. 获得必要的数学基础知识和基本技能，理解基本的数学概念、数学结论的本质，了解概念、结论等产生的背景、应用，体会其中所蕴含的数学思想和方法，以及它们在后续学习中的作用。通过不同形式的自主学习、探究活动，体验数学发现和创造的历程。

2. 提高空间想象、抽象概括、推理论证、运算求解、数据处理等基本能力。

3. 提高数学地提出、分析和解决问题（包括简单的实际问题）的能力，数学表达和交流的能力，发展独立获取数学知识的能力。

4. 发展数学应用意识和创新意识，力求对现实世界中蕴涵的一些数学模式进行思考和作出判断。

5. 提高学习数学的兴趣，树立学好数学的信心，形成锲而不舍的钻研精神和科学态度。

6. 具有一定的数学视野，逐步认识数学的科学价值、应用价值和文化价值，形成批判性的思维习惯，崇尚数学的理性精神，体会数学的美学意义，从而进一步树立辩证唯物主义和历史唯物主义世界观。

我校开设的项目式学习正是基于课程标准中课程目标的要求，为发展学生的核心素养，培养学生的社会价值观而开设的一门课程。

对于课程的开设，教学目标，教学素养和教学的表现评价也应进行相应地跟进。

《课标》对数学学习的评价作了详细的建议。

数学学习评价，既要重视学生知识、技能的掌握和能力的提高，又要重视其情感、态度和价值观的变化；既要重视学生学习水平的甄别，又要重视其学习过程中主观能动性的发挥；既要重视定量的认识，又要重视定性的分析；既要重视教育者对学生的评价，又要重视学生的自评、互评。总之，应将评价贯穿数学学习的全过程，既要发挥评价的甄别与选拔功能，还要突出评价的激励与发展功能。

数学教学的评价应有利于营造良好的育人环境，有利于数学教与学活动过程的调控，有利于学生和教师的共同成长。

1. 重视对学生数学学习过程的评价

相对于结果，过程更能反映每个学生的发展变化，体现出学生成长的历程。因此，数学学习的评价既要重视结果，也要重视过程。对学生数学学习过程的评价，包括学生参与数学活动的兴趣和态度、数学学习的自信、独立思考的习惯、合作交流的意识、数学认知的发展水平等方面。

2. 正确评价学生的数学基础知识和基本技能

学生对基础知识和基本技能的理解与掌握是数学教学的基本要求，也是评价学生学习的基本内容。评价要注重对数学本质的理解和思想方法的把握，避免片面强调机械记忆、模仿以及复杂技巧。

3. 重视对学生能力的评价

学生能力的获得与提高是其自主学习、实现可持续发展的关键，评价对此应有正确导向。能力是通过知识的掌握和运用水平体现出来的，因此对于能力的评价应贯穿学生数学知识的建构过程与问题的解决过程。

4. 实施促进学生发展的多元化评价

促进学生发展的多元化评价的含义是多方面的，包括评价主体多元化、方式多元化、内容多元化和目标多元化等，应根据评价的目的和内容进行选择。

通过数学学习过程的评价，应努力引导学生正确认识数学的价值，产生积极的数学学习态度、动机和兴趣。独立思考是数学学习的基本特点之一，评价中应关注学生是否肯于思考、善于思考、坚持思考并不断地改进思考的方法与过程。学习过程的评价，应关注学生是否积极主动地参与数学学习活动、是否愿意和能够与同伴交流数学学习的体会、与他人合作探究数学问题。学生学好数学的自信心、勤奋、刻苦以及克服困难的毅力等良好的意志品质，也是数学学习过程评价。

教师在设计项目时，首先整体思考核心素养、真实情境和课程内容之间的关系，分析不同课程单元的学习目标和学习任务，明确不同课程单元核心素养的具体内涵，建立素养目标与单元学习的匹配关系。

其次，结合课程内容，设计既能够贴近学生经验，又能够承载育人价值的整合性的真实情境。以此为依托，教师引导学生不断生成问题、任务或项目，自主解决任务，经历问题解决过程；从如何将学生学习过程外显化的角度，思考如何设计问题、活动形式、资料记录方式等；在任务形式上要重视整合的、开放性任务，强调不确定性的（跨）学科探究主题和社会实践活动的开展，让学生经历有现实价值的真实问题解决过程和社会活动，提供学生充分展示的空间。

第三，渗透在整个学习或教学过程始终，通过多种方法，包括课堂提问、正式或非正式观察、对话、团队任务、探究项目、档案袋、发展量表、自我反思等，收集学生在不同任务、活动、场合、时间下各种形式的资料或证据。

第四，设计与学习、教学过程相一致的拓展活动、作业。与指向学科知识点练习和巩固的传统作业不同，促进学生素养发展的作业要有开放性，需要尽量采用真实的实践性或探究性任务；要充分利用现代信息技术或数字化手段创设新颖的任务类型和评价形式，如基于VR（虚拟现实）的计算机模拟任务、虚拟实验室、游戏化测评等。学校可以考虑采取多种任务形式，包括实验、调查、观察等，以便收集多样化、多方面的信息和证据。

第五，教师要根据学生多方面的表现，结合学业质量标准和当前课程内容，对学生核心素养的发展状况进行即时判断，根据评价结果随时改进教学，调整指导方案；教师要相信每个学生都能够提高，并让这种观念成为师生共识；要帮助学生学会自我评价，了解和认清他们想要达到的学习水平，需要改进的地方，以及具体的改进方案和方式，并在此基础上提供个性化指导和学习资源。只有让学生成为学习的主人，才能真正实现促进学生核心素养发展的日常评价。

如何把高中数学核心素养的评价融合到我们的项目设计中去，并能通过评价促进教学、促进学生的发展？对此，我们首先应明确数学核心素养的内容及其相应的表征。

数学核心素养包括数学抽象、逻辑推理、数学建模、数学运算、直观想象、数据分析。其中，数学抽象反映了数学的本质，是构成数学理性思维的基础，贯穿数学发展应用的全过程；逻辑推理则是构建数学体系、得出结论的重要方式，保证了数学的严谨性；数学建模则将数学和外部世界有机地联系起来，是实现学以致用的基本手段；数学运算是演绎推理并得出结果的形式，有利于发展学生的数学思维，培养其科学严谨的精神；直观想象则是进行逻辑推理、数学论证的基础，对培养学生的创新思维大有裨益；数据分析是应用数学知识的重要方法，这一能力尤为重要。

学生数学核心素养的养成主要源于课堂教学，这就需要教师及时更新观念，结合教学及学生实际，培养并提升学生的数学学科核心素养。

如何理解、探索和实践核心素养评价？一是要将这一议题和任务放置在深化课程改革的大环境中，二是要深刻理解和把握核心素养"内生性""内在性"的基本特征。评价作为一种权力，就内生性来说，不应该是自上而下统治性的；就内在性来说，不应该是从外向里介入性的。否则，对核心素养来说，评价就是异化的、异己的，也就无所谓是"核心素养"的"评价"。

对于数学核心素养可从四个方面进行划分：情境与问题、知识与技能、思维与表达、交流与反思。而每一个方面又可以分为三个水平等级：知道/了解/模仿，理解/独立操作，掌握/应用/迁移。

三种水平相应的描述大致分类见表2-4-6。

表2-4-6　三种目标领域下的水平分类描述

目标领域	水平	行为动词
知识与技能	知道/了解/模仿	了解，体会，知道，识别，感知，认识，初步了解，初步体会，初步学会，初步理解
	理解/独立操作	描述，说明，表达，表述，表示，刻画，解释，推测，想象，理解，归纳，总结，抽象，提取，比较，对比，判定，判断，会求，能，运用，初步应用，初步讨论
	掌握/应用/迁移	掌握，导出，分析，推导，证明，研究，讨论，选择，决策，解决问题
过程与方法	经历/模仿	经历，观察，感知，体验，操作，查阅，借助，模仿，收集，回顾，复习，参与，尝试
	发现/探索	设计，梳理，整理，分析，发现，交流，研究，探索，探究，探求，解决，寻求
情感、态度与价值观	反应/认同	感受，认识，了解，初步体会，体会
	领悟/内化	获得，提高，增强，形成，养成，树立，发挥，发展

在每种核心素养下应达到三种水平等级，见表2-4-7：

表2-4-7 数学核心素养下的三种水平等级

	知识理解	知识迁移	知识创新
数学抽象	理解基本概念、命题、规则,在情境中抽象出简单的数学问题	在情境中抽象出比较复杂的数学问题	在情境中抽象出新概念、命题、方法,提出有一定价值的猜想
逻辑推理	掌握推理的基本规则和方法,进行简单推理	需用多种规则推理,验证结论,发现简单数学结论	能证伪和证实猜想,解决一些复杂的推理问题
数学建模	掌握常规的数学模型和数学建模的基本方法	在情境中建立比较简单的数学模型	用多种知识和方法对比较复杂的问题建立数学模型
数学运算	理解基本的运算规则与方法,能作简单运算	能解决需要多个规则综合运算问题	设计运算程序、解决复杂问题
直观想象	理解基本图形的性质,能解决简单的图形问题	利用图形探索数学问题,能解决多种图形组合问题	构建数学问题的直观模型,能用图形变式探究问题
数据处理	掌握基本的数据处理工具和方法解决简单问题	用常规方法分析情境中的数据	选用恰当方法构建统计模型并进行数据处理

对于项目式教学的组织者——教师第一要务就是选择课题,指定学习目标,在目标中应关注核心素养的落成以及学生预期应达到的目标。

在项目式实施中,教师经常会采用数学探究、数学建模、数学文化渗透等方式,而这些模式是贯穿于整个高中数学课程,渗透在每个模块或专题中。特别地,《课标》提到:高中阶段至少各应安排一次较为完整的数学探究、数学建模活动。对我校来说高中阶段每个教师每学期至少安排一次较为完整的项目式教学,每个学生三年中至少参加一次的项目式学习。

对于数学探究、数学建模、数学文化,《课标》中也有详细的描述。

数学探究即数学探究性课题学习,是指学生围绕某个数学问题,自主探究、学习的过程。这个过程包括:观察分析数学事实,提出有意义的数学问题,猜测、探求适当的数学结论或规律,给出解释或证明。数学探究是高中数学课程中引入的一种新的学习方式,有助于学生初步了解数学概念和结论产生的过程,初步理解直观和严谨的关系,初步尝试数学研究的过程,体验创造的激情、建立严谨的科学态度和不怕困难的科学精神；有助于培养学生勇于质疑和善于反思的习惯，培养学生发现、提出、解决数学问题的能力；有助于发展学生的创新意识和实践能力。

数学建模是数学学习的一种新的方式，它为学生提供了自主学习的空间，有助于学生体验数学在解决实际问题中的价值和作用，体验数学与日常生活和其他学科的联系，体验综合运用知识和方法解决实际问题的过程，增强应用意识；有助于激发学生学习数学的兴趣，发展学生的创新意识和实践能力。通过数学建模，学生将了解和经历解决实际问题的全过程，体验数学与日常生活及其他学科的联系，感受数学的实用价值，增强应用意识，提高实践能力。

数学是人类文化的重要组成部分。数学是人类社会进步的产物，也是推动社会发展的动力。通过在高中阶段数学文化的学习，学生将初步了解数学科学与人类社会发展之间的相互作用，体会数学的科学价值、应用价值、人文价值，开阔视野，寻求数学进步的历史轨迹，激发对于数学创新原动力的认识，受到优秀文化的熏陶，领会数学的美学价值，从而提高自身的文化素养和创新意识。

在项目教学实施过程中，教师应当努力做到以下几个方面。

1. 教师应努力成为数学探究课题的创造者，有比较开阔的数学视野，了解与中学数学知识有关的扩展知识和内在的数学思想，认真思考其中的一些问题，加深对数学的理解，提高数学能力，为指导学生进行数学探究做好充分的准备，并积累指导学生进行数学探究的资源。

2. 教师要成为学生进行数学探究的组织者、指导者、合作者。教师应该为学生提供较为丰富的数学探究课题的案例和背景材料；引导和帮助而不是代替学生发现和提出探究课题，特别应该鼓励和帮助学生独立地发现和提出问题；组织和鼓励学生组成课题组合作解决问题；指导和帮助学生养成查阅相关的参考书籍和资料、在计算机网络上查找和引证资料的习惯。教师一方面应该鼓励学生独立思考，帮助学生建立克服困难的毅力和勇气；另一方面应该指导学生在独立思考的基础上用各种方式寻求帮助。在学生需要的时候，教师应该成为学生平等的合作者，教师要有勇气和学生一起进行探究。

3. 教师应该根据学生的差异，进行有针对性的指导。在鼓励学生创新的同时，允许一部分学生可以在模仿的基础上发挥自己的想象力和创造力。

在评价方式上,可以考虑以下几种模式。

1. 以表格式梳理核心目标达成情况,对照教师本身对核心素养的设置进行评价,见表2-4-8。

表2-4-8 核心素养目标达成情况评价表

水平	核心素养的四个方面	数学抽象	逻辑推理	数学建模	直观想象	数学运算	数据分析
水平一	情境与问题						
	知识与技能						
	思维与表达						
	交流与反思						
水平二	情境与问题						
	知识与技能						
	思维与表达						
	交流与反思						
水平三	情境与问题						
	知识与技能						
	思维与表达						
	交流与反思						

操作方式:通过对照各个方面的行为描述,让学生自我统计达成情况,教师针对统计情况结合初始制订目标,进行下一步的教学改进和对学生的进一步指导。

2. 以课题报告或课题论文的方式评价。

课题报告包括课题名称、问题背景、对事实的观察分析、对结果的猜测、对结果的论证、合作情形、对探究结果的体会或评论、引证的文献资料等方面。

通过项目式的学习,学生对自己研究的成果或感受通过课题报告或课题论文形式完成,在评价上应该达到优秀等级。对于不能完成者,教师应根据学生的具体情况给出相应评价等级。

3. 以小组报告、答辩等方式交流探究成果,通过师生之间和学生之间的讨论来评价。

探究学习的成绩，评价主要是正面鼓励学生的探索精神，肯定学生的创造性劳动，同时也指出其存在的问题和不足。教师或参与的评价学生应该给报告者或小组写出评语，数学探究报告及评语可以记入学生成长记录，作为反映学生数学学习过程的资料和推荐依据。

4. 量化式评价方式。

项目结束，教师给出本项目相应题目考查学生的参与度，合作程度以及知识的掌握程度和知识迁移能力。

通过题目的解答，可以填写表格，见表2-4-9。

表2-4-9　量化式评价表

水平	数学抽象			逻辑推理			数学运算			直观想象			…
	理解	创新	迁移	理解	创新	迁移	理解	创新	迁移	理解	创新	迁移	
题目1													
题目2													
…													
次数合计													
总评													

此种模式也相当于问卷调查法，也可是试题考查式。通过考查学生的填写数据或答题质量，教师给出评价等级。

在对于核心素养的评价过程中，要由对知识技能的单维评价，到对问题解决、思维品质、情感态度等的多维评价。评价过程要有动态发展性，对核心素养的发展阶段性、可迁移性、动态生成性、增值性等随时进行评价，而不是项目式一结束评价随之结束。在评价过程中可以多种方式并用，但要确定各类评测方法的比重。

核心素养的评价，要避免把注意力集中在易于识别、表述和测量的简单学习成果上。

为了做出更好的适合教师本人和学生发展的评价，教师应设计与学习成果相匹配的评价题目或评价方式。

应该说，使学生具备核心素养和关键能力，是教育工作者的极致追求。从教师制订项目目标到项目结果的最终落成，素养的评价功不可没。

当然项目素养评价的手段不仅如此，教师还可以考虑各种利于推进项目、便于学生素养形成的评价模式。这就更需要教师进行各种尝试和创造，教育创新的幸福和乐趣，也正缘于此。

三 项目式教学的表现性评价

新课程改革的倡导使学生的学习方式发生转变，而学习方式的转变意味着教学观、评价观的转变。评价不仅关系到学生的发展，也关系到教师自身的发展和专业水平的提高。

1. 表现性评价的概念

"表现性评价"一词最早并不是运用在教育领域的，而是应用在心理学领域和企业管理领域。在工厂里，表现性评价是指对工人工作表现的抽样检查，也就是主管人员观察并评价受雇者在完成一项特殊工作任务时的表现。直到20世纪90年代初学术界对表现性评价才做出科学的界定。它兴起于20世纪90年代的美国。当时传统的标准化评价和纸笔测验致使学生养成了死记硬背、不爱思考的习惯。为了改变这种状况，使学生能顺应时代的发展，具有解决问题和实际操作能力，美国教育界构建了一种新的学生评价方法——表现性评价。

2. 表现性评价的内涵

表现性评价，是通过学生完成具有一定真实性的任务来表现学业成就的评价，通过调查和分析现阶段高中教学课堂现状，根据自己的教学实践，对数学学习开展表现性评价的研究，归纳总结。表现性评价的任务是具有一定情境的，表现任务的核心是真实生活中的实例和应用，以真实情景为背景，在学生完成任务的过程中，考查学生各方面的表现。表现性评价是有利于学生各种能力的发展和表现的，为学生提供开放、融洽、富于挑战的氛围，表现性评价则是自主、合作、探究学习方式的必然选择。表现性评价结果取决于教育教学工作者预先设定的评价标准与学生的表现，灵活性较强，评价的目的不仅是给学生划分等级，而是通过观察学生在解决问题中的具体表现，知识掌握情况等对学生进行全方位的了解，以便因材施教。这一评价方式更体现了教育家杜威提出的"做中学"的理念。

表现性评价可以分为两种：一种是限制性的表现性评价，一种是开放式的表现性评价。

限制性的表现性评价对评价的任务、目标有非常明确的要求，而且对被评价者的行动做了一定的限制。

开放式的表现性评价是一种对被评价者完成评价人物的材料、方法、结果不做限制要求的评价方法。例如，针对如何测量本校钟楼的高度做一次方案设计，就是一次开放式的表现性评价。

（1）中小学表现性评价的现状

新课程改革针对传统课程评价中过分关注知识获取，忽视学生能力培养等的局限和不足，提出了"建立促进学生发展的评价体系"——表现性评价。部分中小学主要以向名校输送优秀人才的多少来积累社会声誉，主要以学生成绩的好坏来评奖评优，成绩更是众多家长评判孩子的指标。在这种大潮流下纸笔的评价更受教育工作者的青睐。表现性评价作为促进学生发展评价方法在教育教学工作活动中运用的较少，即使有部分教育教学过程中运用了表现性评价，也很难取得期望的效果。

部分家长对表现性评价并不是很认同，他们认为成绩优秀是孩子成功路上的第一要义，只有成绩好了才能有成才的机会，否则一切免谈。家长的想法阻碍了教师在教学活动中运用表现性评价方法，如果无法获得家长的支持，教师在评价改革中的动力必然受损。

（2）表现性评价的意义

理论意义：表现性评价体现了新课程改革的核心理念：为了每一个学生的发展。新的课程标准要求课程目标在双基教育的基础上，增加综合实践活动、研究性学习等内容。传统的纸笔测验已经不能胜任全面评价学生学习和发展状况的角色，表现性评价为全面落实课程标准提供了一种可行的评价方法。

表现性评价具有目标导向性、整体性、实践性、过程性、开放性、层次性等优点，在教育教学实践中取得较好的效果，对学生的观察能力、口头语言的表达能力、与人的交流合作能力、运用数学知识解决有意义的现实问题能力，也都可以通过真实情景中的表现性任务得到最好的评价。表现性评价的优势：有助于真正检验学生的数学思维水平及动手解决数学问题的能力，特别是有助于培养学生解决实际问题的能力；有助于激发学生学习的激情与动机，任务类型的多样性也可以帮助学生对以后的学业规划，为以后生活做好铺垫，为学生创造一种积极向上的学习氛围，增加学生对数学的兴趣；有助于考查学生综合能力，培养学生的整体数学素质，表现性评价考察学生的运用、抽象、具体化、分析、综合和评价方面是极为明显的；有助于优化课堂教学，使学生的潜能得到更好的开发，新课改教学过程中教师不单单是凭借学生回答的结果去评价学生，而是让学生在放松的情况下能够使思维更加活跃，潜能被更好地激发出来，使学生更有激情，课堂效果显现得更好。

实践意义：作为一直在高中数学教学的一线教师，我们深刻地感受到传统纸笔的评价方式存在很多的弊端，对学生知识掌握的真实情况和能力的进一步发展都极为不利，与新课改和素质教育理念可以说已经是格格不入的，迫切需要得到改革，于是找到一个更合理的符合新课程和素质教育理念的课堂评价方式——表现性评价。

（3）表现性评价的特点

①评价时要求学生演示、创造、制作或动手做某事；

②要求激发学生高水准的思维能力和解题技能；

③使用有用的教学活动作为评价任务；

④唤起真实情境的运用；

⑤人工评分、人工评判而不是机器评分；

⑥要求教师在教学和评价中担任新的角色。

（4）表现性评价的形式

调查与实验：学生通过项目背景，确立项目式学习的目标，通过调查研究具体的问题，收集实验的数据。它也是一种按要求作出的能力表现，学生从中计划、实施及解释经验研究的结果。它可以评价学生是否运用了适当的探究技能和方法，还可以评价学生是否形成了适当的观念框架，对所调查现象是否形成一种理论性的、基于学课知识的解释。为评价这些能力，教师应要求学生在开始收集数据前作出估计与预测，而后收集、分析数据，展示分析的结果。

个体与小组合作项目：精心编制项目，通过学生自身及小组合作交流，应用和整合广泛的知识和能力，完成项目式教学。个体项目是一种持续时间较长的学生活动，最终产出如下产品：模型，有一定功能的物体，实质性的报告或收集物。精心编制的研究项目，要求学生应用和整合广泛的知识和能力。小组合作项目是作为评价技术的群体项目，主要目的是评价学生的合作性及适当的方式一起完成任务，它的学习目标取决于学科内容及所评价的学生的水平。

展示：它是一种按照要求作出的能力表现，学生借此展示自己能够使用知识与技能完成一件定义良好的复杂任务。构成展示的任务通常是定义良好的，而且学生和评价者通常也知道完成演示的正确或最佳的方式。

（5）表现性评价的具体实施步骤

①确定目标

确定正确的目标，按照提前预设的任务检测学生的能力，这是完成表现性评价的前提。表现性评价要求学生生成些什么，而不是选择一个答案。它有两个必要的组成部分：一是要求学生执行的表现任务或练习，二是用以判断结果和表现的评价标准。

②确定评价的内容

表现性评价主要用于检测学生获取知识时的认知过程、问题解决时的应用及表达能力。

评价的内容应遵循以下原则：评价的内容应与教学目标一致，应关注复杂的学习结果。对于学生而言，任务应能让学生清楚理解，在时间限制、设备和资料等方面，应具有可行性，应与被测评的学生身心发展水平相适应，需要在完成其他类似问题时也可推广的实际表现。

③确定设计的任务

结构性表现检测：多用于数学中的开放题、创新题、应用题等。非纸笔表现，如必修二中有关立体几何的模型、动手操作等。这类表现性任务在数学学习中应用比较多。

模拟表现检测：用于检测数学中情境的真实性和形象性。教学中可以利用多媒体演示图形的翻转、折叠，图形的形成、移动的过程，如选修中的圆锥曲线，必修中的函数、立体几何中都可以得到体现。

实验或调查：如在讲解统计、排列组合、三角函数等知识中都可以应用。这种形式具有多样性，通过实地调研、实验演示、网上查阅都可以。

口头表述：如在排列组合、逻辑问题、经典谬论的辩解、课堂问题的回答中都经常使用。这种表现形式能很好地反映和培养学生的语言表达能力、逻辑思维能力和概括总结能力，同时也能够得到学生对知识的掌握情况。

项目式展示：可以通过个人展示和小组合作形式完成表现形式。这种类型的任务在高中数学中应用也较多，如数学建模中常用。

教师对所涉及的任务有一个大致轮廓，编制表现性任务及任务的指导语。根据主题、目的或学科内容的不同，表现性任务及其任务导语也可用多种形式。

④表现性评价的注意点

根据学生的特点，制订符合学生的任务。不同年级、不同学校的学生的认知能力、学习能力、实践水平都不尽相同。教师根据自己所带的班级的实际情况制订符合学生的任务，如高一学生对数学知识的掌握不够全面，所以多考查一些计算能力的问题；针对高二学生就不能只考查生活中的计算、测量等问题，而是要多提高学生的逻辑思维能力。

表现性评价具有耗时性，高中生面临高考，教师在设计任务时应尽量避免长时性任务。如果任务过重，耗时较长，则不合适，容易导致矛盾的出现，学生在完成任务的过程中也体现不出来自己的真实水平。

教师交流制订评价任务，在制订标准时集备组进行交流，交流后对评价标准进行完善，达到最终的完善。

在实施表现性评价之前让学生了解这一评价体系，否则学生的表现可能不是他们最真实的水平，不能体现他们真正的能力。现在学生对于表现性评价的认识不深，清楚认识后效果更好。

（6）表现性评价的优点与缺点

缺点：

①高质量的表现任务与评分办法难以编制；

②表现性评价的实施比较困难；

③难以评价学生在其他表现性任务上的迁移能力；

④不能评价所有类型的学习目标。

优点：

①有助于阐明学习目标；

②可以评价学生"做"的能力；

③注重知识技能的整合和综合运用；

④与教学活动有密切联系。

表现性评价是当前课程改革中一种比较理想的评价方式，但我们应该了解当前表现性评价过程中所出现的问题并提出及改进措施与建议，因此在应用中我们应尽可能地提高相关人员的素养和能力，提供更好的评价氛围，解决评价过程中出现的问题，使评价真正发挥效用，促进学生的全面发展和素质提升。

3. 实施表现性评价案例

正余弦定理应用

【活动背景】

为能让学生切身体验数学在生活中的重要性、普遍性，也为了更有说服力，本教学设计以学生拍摄测量视频为背景，由此设计问题，应用正余弦定理解决有关高度问题，以便能达到在实际问题中熟练应用的效果。学生在学习时要注意的是在某种实际问题下哪些条件可以测量，哪些不能，测量时有哪些方案，并分析它们的可行性和精确性。收集、处理与分析数据的能力已经成为信息时代每一个公民基本素养的一部分。

【活动目的】

使学生掌握正弦定理、余弦定理在实际问题中的应用；探究测量高度问题的方案和实际意义；体会如何通过项目式教学，学会从实际生活中测量高度问题，并转化为数学问题，从而从数学视角重新认识和解决问题，学会积极主动思考问题，制订方案，学生分工合作解决问题，从而体现数学学科核心素养。

【建议使用时间】高一年级第二学期

【表现性任务】

你知道哪些测量高度的方法？

任务一：

搜集古代测量高度的方法（传统文化）。

学生展示：

问题1：古代人是如何测量埃及金字塔的高度？

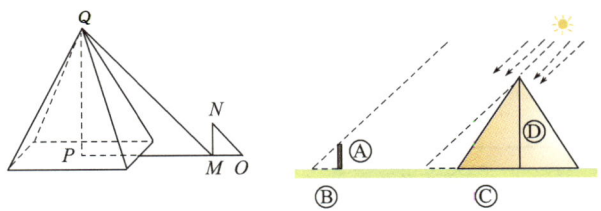

图2-4-1　太阳光线照射金字塔形成影子

问题2：古代人如何测量海岛的高度？

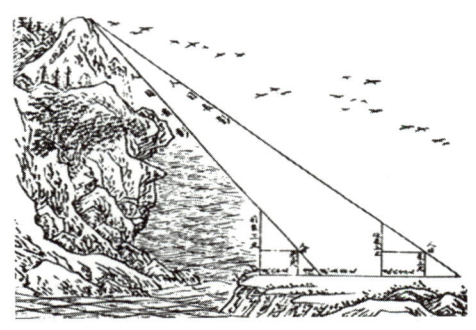

图2-4-2　海岛高度测量示意图

总结：古代人测量物体高度主要是利用"在同一时刻物高与影长的比例"的原理解决，即相似三角形的知识。

任务二：

小组合作：将测量数据处理与分析、制订测量方案、制作统计表。

针对小组的合作，每个人发表观点形成方案，并安排一人进行展示，其他小组提出问题。

展示测量山高的方案，如图2-4-3，2-4-4，2-4-5所示。

表现性评价指导见表2-4-10，评价记录表见表2-4-11。

方案一

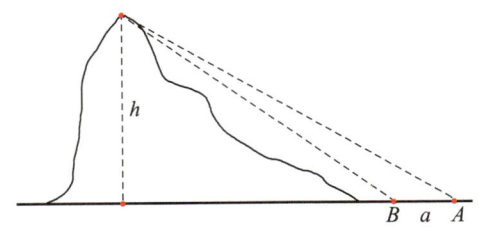

图2-4-3　测量山高的方案图

方案二

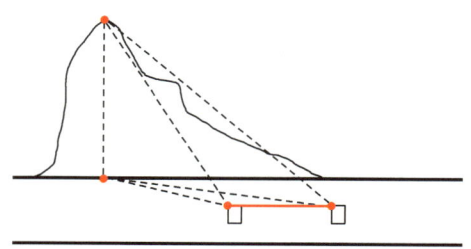

图2-4-4　测量山高的方案图

方案三

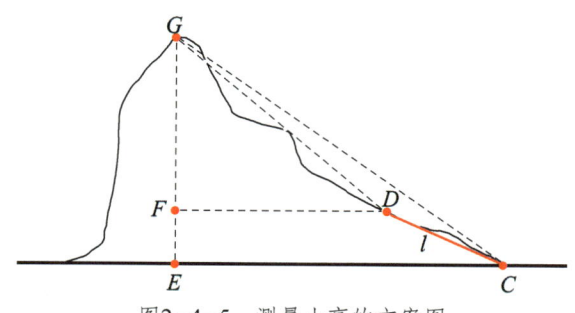

图2-4-5　测量山高的方案图

表2-4-10　表现性评价指导

A级水平	B级水平	C级水平	D级水平
积极主动参与整个活动过程，自觉克服困难，有成功的体验。活动步骤明确，测量方法正确、简便，效率高，合作精神强，能对数据和测量方案作出合理的解释。	大部分时间积极主动，能在别人的帮助下克服困难，有成功体验，活动步骤基本明确，测量方法正确有效，多数时间能较好合作，能对数据和测量方案作出较合理的解释。	主动性欠缺，但能按照要求进行数据测量，有时能在别人的帮助下克服困难，活动步骤较清晰，测量方法有不当之处，能与人合作，能对测量的数据和方案进行自己的解释。	对活动无兴趣，采取应付的态度，随意编造数据，活动步骤不清楚，测量数据错误较多，欠缺合作精神，对测量的数据和方案难以作出自己的解释。

表2-4-11　评价记录表

	自评	小组评
表现（语言阐述）		
等级水平		
寄语与期望		

【活动程序】

学生利用课余时间独立上网搜索关于测量高度的相关问题，以小组为单位进行实地测量，并记录数据。

利用课堂40分钟时间，学生小组合作，将每个组员的数据进行处理和分析。

根据数据进行方案设计，对方案进行修改和优化，并进行展示。

学生自我评价，组内成员互相评价，并将评价记录在表中。

课堂的最后5分钟，教师进行评价与活动的总结。

【教学反思】

教师根据教学计划和分析学生特征给学生一个研究性学习的主题，帮助学生拟订好课题，并指导学生顺利进入研究性学习，从而让学生真正成为学习的主人，自主、有效地完成学习任务。教师起到指导者、促进者的作用。

学生在这次的研究性学习后，学习积极性增强，热情高涨。学生对数学产生了较为浓厚的兴趣，学习数学的积极性也有了较大的提高，不再认为数学除了考试之外就一无是处。本次实践给学生带来了全新的学习兴趣和感受。在这个过程中，学生遇到了许多困难，但他们都能逐渐克服，转变了对学习和生活缺少独立思考的一些观念。

第 3 章　数学项目式教学实践

第 1 节　数学项目式教学操作流程

项目式教学是以项目驱动性问题为出发点，以学生为项目执行主体，在教师的整体把握和指导下，将学生的学习置于有意义的问题情境里，使学生通过分析真实问题、完成项目任务来建构项目承载的学科知识和学科方法，提高学生解决问题的综合能力的教学方式。实施数学项目式教学主要分为项目式教学设计和实施两个阶段。

一　数学项目式教学的设计

1. 数学项目式教学的设计依据

数学项目式教学的设计是以《课标》为依据，以国家课程整合为手段，以学生的认知水平为基础，以提高学生从数学角度发现和提出问题、分析和解决问题的能力为目的，以落实数学学科核心素养为终极目标。数学项目式教学的设计依据如图3-1-1所示。

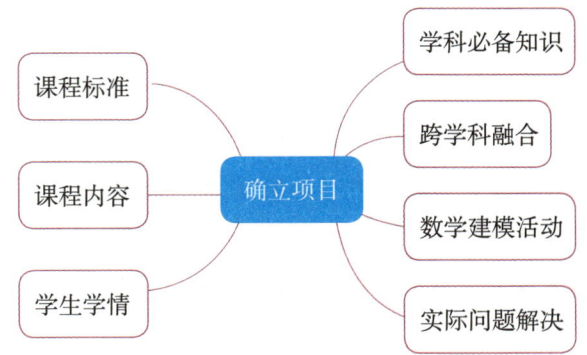

图3-1-1 数学项目式教学设计的依据

2. 数学项目式教学的设计流程

项目式教学的设计是实施项目式教学的前期准备。项目式教学的设计流程主要为分析教材内容、确立项目主题；依据项目主题、汇集项目资源；项目问题拆解、搭建教学支架；设计项目任务、重视展示环节；对照素养要求、设计评价方案，如图3-1-2所示。

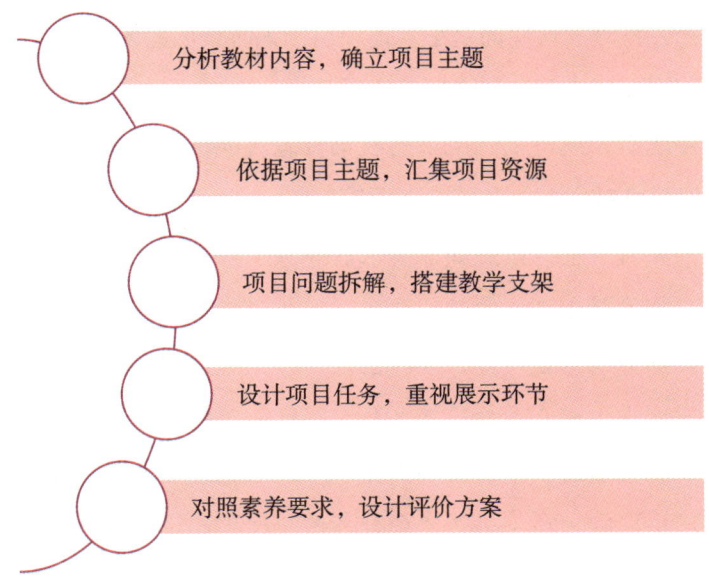

图3-1-2 数学项目式教学的设计流程

第一步：分析教学内容，确立项目主题

项目式教学是实施学科教学的一种有效方式和途径，项目主题是项目式教学所承载的知识、能力、方法和经验等各方面的目标。因此，必须依据《课标》及相关要求，结合学生知识结构等因素对教学内容进行深入分析，提炼出项目主题。项目主题是实行项目式教学的起点，在这一过程中需要做好以下几个方面的工作。

教学内容分析。从教学内容入手，厘清主干内容和知识体系。以学科基本概念和原理为中心，选取聚焦学科概念、体现学科核心素养和关键能力的教学主题进行深入研究。事实上，并非全部数学教学内容均适合采用项目式教学方式开展，对于一些学业质量水平要求较低，或者内容过于抽象，无法找到实际素材的内容，不建议采用项目式教学，如集合部分的教学。

学生基础及发展要求分析。对照《课标》，分析出相关内容对学生素养发展和能力提升的功能价值与教学要求。根据学生的认知规律，诊断出学生的已知点、障碍点和发展点等。

对学科内容进行整合。内容整合旨在打破学科内部章节与章节之间的界限，体现出学科的系统性，如许多数学教学内容之间普遍存在关联。不仅如此，部分数学内容与其他学科存在着密切联系，应当对涉及某些相关学科的知识进行深度融合，如向量和物理中的力。因此，在整合学科内部知识的同时，也要对学科间的知识进行整合，打破学科间的壁垒，体现出知识背景的跨学科性。

第二步：依据项目主题，汇集项目资源

确定项目主题后，就可以围绕主题收集资源。项目资源是开展项目式教学的内容载体，主要包含教学素材和情境问题等。

根据确定的项目主题，按照如下要求选择教学素材：一是涵盖《课标》中规定的课程内容，如《基于高度问题的解决——正余弦定理应用》案例中的正余弦定理是解三角形部分的重要定理，同时也是高考中考查的热点问题。二是承载学科思想方法，发展学生核心素养，如《基于圆锥截口曲线形状的项目式教学》中所体现出的直观想象是数学学科核心素养之一。三是建立学科主要活动类型的经验图式，如《历史回眸（牟）——"牟合方盖"体积计算》中学生动手操作的实验活动。四是解决生活实际问题，如《基于教育储蓄兴衰的项目式教学》中的教育储蓄这一现实问题。

依据选取的教学素材，设计学生感兴趣、具有挑战性和可操作性的情境问题和任务，可根据具体内容设计成跨学科的大项目、学科内的小项目或微项目。项目式教学的情境问题主要有两个来源：一是课程学习中的问题，二是生活实践中的现实问题。但是，这两类问题往往不能作为项目式教学的情境问题直接使用。数学学科的特点决定了学科问题往往是抽象的，与现实生活有较大的距离，如课本中的部分例题、练习不体现现实情境，其作用仅限于对学科教学内容进行巩固。即便是有部分应用题，也是经过了处理和加工，往往题目情境十分简单，与现实生活相去甚远，而现实问题往往较为复杂，不适合直接作为教学内容。因此，就要求教师进行挑选和加工，根据学生的认知水平和能力，改造出既能突出学科教学内容又能兼具现实情境的问题。这项工作可以从两个方面进行：一是从学科教学内容出发，寻求其在实际生活中的应用实例，如《"苏大强"买房记——数列在实际生活中的应用》和《三角函数模型在潮汐现象中的应用》；二是从现实生活问题入手，针对社会热点问题等提炼出其中蕴含的学科学习内容和思想方法，如《交通枢纽接驳布局》的设计。情境问题的选择和确定往往不是一蹴而就的，需要教师做教学中的有心人，不断地进行思考和积累。同时，教研组要加强讨论，将情境问题进行整理汇总，并对原有的情境问题进行完善和提升。

第三步：项目问题拆解，搭建教学支架

实行项目式教学必须要对项目问题进行拆解，同时设计好教学环节，以此引导学生完成项目任务和活动。这部分主要体现在分解项目驱动任务和搭建学习支架两方面。

一个好的项目应该设计若干驱动问题，当学生思路游移偏离的时候，这些问题会帮助学生重新回到问题主线上来；当学生苦于找不到分析入手点时，这些驱动问题会帮助学生进一步辨别问题，引发学生深入思考。这就是进行问题拆解的意义所在，具体分为以下两步。

（1）针对每一个项目，围绕某一真实事物或真实事件，可先设计制作思维导图。根据思维导图，基于能力要素的高级思维内涵及素养要求进行有效设问、追问，形成一系列情境化的、富有挑战性的、有意义的驱动问题。

（2）将驱动问题按一定的逻辑顺序逐一呈现，制订出本项目的问题驱动任务单。任务单既是学生主动学习的任务支撑，也是项目实施的具体要求和路线图。

这一系列驱动性问题可由教师准备，也可以由教师和学生在开展项目教学时共同研讨确定。

此外，教师要在学生解决问题或完成任务的过程中，设计有助于学生有意义参与问题解决并获得技能的各类支持系统。例如，在解决抽象问题时提供认识及制作模型、史料及科学研究步骤、设备及实验方法，提示问题解决的线索等，这些都是项目实施的有效支撑。

第四步：设计项目任务，重视展示环节

为使学生进行有意义的学习，教师必须使他们参与一系列有意义的学习活动。项目式教学将原先的课堂教学时间和空间进行了拓展延伸，教学场所不再仅限于教室，教学时间也不再是课上的40分钟。因此，项目式教学活动设计已不再是传统的教案设计，更像一个活动方案的设计。在每个项目的活动设计中要充分体现"自主学习""合作交流""展示探究"三个环节，要和新教育模式下的课堂教学流程、环节相匹配，完整地体现学习过程。

针对活动方案中真实情境下的驱动问题，项目设计既要明确教学环节，还需明确师生的具体任务及职责，确定师生之间、生生之间的角色和任务分工。例如，活动小组为完成学习任务并解决某一核心问题，要完整地、整体地研读学习内容，设计出项目解决方案等。活动中教师要指导学生经历事情的完整过程，在活动中感悟项目式教学的意义和价值。

此外，对活动的形式及成果呈现方式也要进行设计。活动形式包括实验、访谈、调查、设计及制作模型、编排情景剧、辩论和收集资料等，可以利用各种校内外资源包括当地社区、科研院所、人文地理环境、交通、民政、史志办、企业等开展活动。通过开展系列活动，制作形成实验报告、访谈纪要、模型、舞台剧，甚至是对某一民生问题的建议等成果形式。

学生的展示环节是教学环节的核心，是体现学生深度学习和深度思考的重要活动内容。小组成员在互助学习、合作交流的基础上形成整体的展示思路、展示内容、展示方式，从而达到对人文底蕴、科学精神的进一步培养与升华。因此，对展示环节的设计要特别引起教师的重视，要坚持"不设计，不展示"的态度，避免展示环节组织涣散、草草收场的情况出现。

第五步：对照素养要求，设计评价方案

评价方案主要是对项目式教学成果的评价，可分为项目成果评价、项目任务实施评价等。项目成果评价的目的在于明确项目成果对项目任务目标的达成度，项目任务实施评价的目的在于明确项目实施中的问题与收获。工作原则如下。

（1）师生共同参与评价方案的制订。评价方案的制订不应成为教师的个人行为，而是需要师生共同完成的。这样，一方面学生只有对项目式教学评价的标准做到了解，在后期实施过程中才能够按照标准开展学习；另一方面，学生作为制订评价方案的参与者，会对评价方案有更多的认同感。

（2）过程评价与结果评价相结合。教师既要对项目研究过程进行点评，又要对项目任务的最终结果进行终结性评价。

（3）小组自评与小组间互评相结合。既要通过在小组项目实施过程中获得的感悟明确小组对项目研究的自我评价，又要通过小组间的交流活动，听取其他小组对该小组项目研究过程中出现的问题及实施意见的点评。

（4）引导性评价与量化性评价相结合。教师要在指导小组项目研究的过程中对小组项目进行方向引导性的评价，同时发挥学生主体作用，制订可操作性的量化评价表，在小组成果展示时形成最终的评价结果。

项目式教学的设计过程不是一蹴而就的，往往要组织多次教研活动，进行数次讨论、反复修改而成。因此，一个项目的形成实际上体现的是一个团队的集体智慧，同时也是教师成长的见证。

二 数学项目式教学的实施

学生在参与项目式教学的过程中，主要进行自主学习、探究学习、合作学习等。下面以完整的大项目式教学实施过程为例进行介绍，其中主要包括项目式教学活动开始前的组织工作以及前期指导、规范分组、合作探究、成果汇报、评价反思五个环节。

第一步：前期指导

前期指导是在项目式教学前必须完成的任务，由教师承担。该阶段主要是帮助学生了解项目式教学的学习理念、学习目标、学习形式和评价方式等，帮助学生明确他们要做什么，为什么要这么做，了解解决相关问题需要哪些技能，怎样获得相关资料。特别是对于第一次参与学习的学生，前期指导就显得更重要了，对于有过项目式学习经历的学生，前期指导主要介绍本次学习的计划和流程。

第二步：规范分组

实行项目式教学的一个重要方面就是合作学习，这就要对学生进行分组。一般情况下，学习小组由6~8人组成，这样有利于每个小组成员都参与到小组活动中，而且便于交流和组织管理。如果每组成员人数过多则会影响教学效果，所以最多也不要超过12人。

学习小组的确定可由学生自行组成，也可由教师指定安排。有时候学生会非常在意性别，往往相同性别的学生会在同一小组。另外，学生一般喜欢和彼此熟悉的同学一组。这些组合方式会对小组活动和讨论气氛产生一定的影响，教师要注意进行干预、适当调整。相关研究显示，由于每个人的成长和生活经历不同，组内成员差异大的话更有利于他们之间交流经验，获得更多的有效信息。

分组完成后，指导教师还需进行小组规范。小组成员要推选出组长，组长也可由小组成员轮流担任，组长要对小组成员进行组内分工，安排具体任务。指导教师还要对分组后的学生进行指导，指导内容包括基本的纪律要求、相关的沟通技巧等。

第三步：合作探究

形成小组并进行规范后，小组成员要协商对项目问题的理解。这一步很重要，因为小组中的每个人对于问题的理解最初会有不同，从而会产生不同的处理观点。这个界定任务的过程是协作问题解决的关键一步，为使整个小组工作更有效，小组成员就应该对项目目标和任务等达成一致意见。

一旦对问题达成一致意见，小组可以采用头脑风暴的方式集体谈论，想出多种可能的解决方案。在这一过程中，教师应该鼓励并指导小组产生多种方案，然后让小组结合学习素材，对方案进行评估和取舍，同时看看是否还可以改进。

小组参与项目式教学时，往往并不能一步到位而是不断经过试行方案、收集素材、寻求帮助、评价完善这样一个循环过程。在方案实行的过程中，对于信息、资源和专业技能、专业指导都有持续的需求。另外小组需要对资源、素材进行恰当的定位。在活动中，学生获得信息的渠道很多，如查阅资料等，也可通过与老师交流等方式进行。尽管看起来这一过程并不复杂，但是在实际操作过程中，由于信息太多，如何有效甄别、处理、转化并及时利用收集到的数据和信息对学生来说需要进行有效指导。教师可以帮助学生判断信息的价值、准确性和可利用性。每次新的信息和资源被吸收进当前的方案时，就会出现新的更合理的问题解决方案。经过多轮的反复，小组的方案就会趋于成熟。在这个过程中，教师要对整个学习过程进行评价反馈，一个有效的方式是每周或每两周要求各组开展自评活动并向老师提交可信的汇报。同时，由于每个小组都在从事各自独立工作，因而需要进行小组间的交流，组际间的协作和反馈是新观点或对项目的新理解的催化剂。

第四步：成果汇报

成果汇报这个环节就是进行展示的重要方式。经过一系列反复学习，各小组将形成他们最终的问题解决方案和成果。要在小组互助学习、合作交流的基础上形成整体的展示思路、展示内容，然后进入展示环节，展示活动往往在课堂上进行。各小组可以利用不同的形式汇报各自的结论以及获得该结论的过程，如数据分析、图表、报告、模型，也可以是制作的艺术作品等。项目式教学不只是让学生解决问题，也要让他们掌握问题背后的知识与技能，所以汇报也要突出过程性，不能仅限于展示最终的结果，要特别强调学生就某一成果或某一任务进行整体性展示，避免教学过程中的碎片化展示或师生间的问答式教学。

第五步：评价反思

根据前期制订的评价方案，对学生个人表现、小组团队合作、学习成果等进行评价。要把终结性评价和过程性评价相结合，兼顾定性定量，适当对取得优异成绩者进行表扬和鼓励。同时，还要组织学生反思自己在知识、技能、小组合作、学习策略等方面的收获，这有利于高阶思维技能的发展。

以上是大项目式教学的具体实施环节，如果按照实施时间进行划分，可以分为实施前（第一步、第二步）、实施中（第三步、第四步）、实施后（第五步）。如果按照课内、课外进行划分，那么前三步主要在课外进行，第四步、第五步一般安排在课堂内完成。另外，小、微项目式教学活动，可将第三到五步安排为课堂教学内容。

比较于其他教学方式，项目式教学更加注重教师作为指导者、辅助者的作用，因此在实施过程中要处理好教师角色和学生角色问题。

教师是带领学习小组成功达到教学目标的关键，因此教师必须承担起相应的职责，并对整个教学过程进行有效监督评价，使学生能够如期达到满意的教学目的。这些职责要求教师能够掌握进行教学所要求的能力和技巧，如合理地进行分组、推进教学的进度、促进小组进行有效活动、评价学生及小组的学习进展、指导学生运用学习资源和管理等技能。在项目式教学中，教师不仅是提供学习方法的专业指导者，更是一位协调者。教师要负责指导学生从项目问题中确定研究方向，寻求正确有效的方法和措施，以适当的深度和广度在一定范围内开展学习活动。教师不是学习的旁观者，而是学习的参与者和指导者。学生更喜欢人性化的教师。

与传统教学方式相比，在项目式教学中学生无疑承担了更多的责任。因此，学生需要清楚以下一些问题：该项目的问题是什么，对这个问题的理解如何（能否理解项目的情境，能否解释项目设计的核心概念和思想方法，评估自身对该问题的解决可能提供的贡献等）。学习中要与小组成员分享信息和知识，并接受和肯定别人的贡献，能够确定学习内容和顺序，掌握和跟进小组的学习进程，积极提问和推动学习进程，还要重视课堂集体讨论之外的个人学习和思考。

第2节　基于数学学科必备知识的微项目式教学

案例1　基于数学学科内容的概念课项目式教学案例分析
——变化率与导数

一　项目开发实施渊源

我校开发数学项目式教学课程分四大类，分别是基于学科必备知识的微项目式教学，基于数学探究活动的小项目式教学，基于数学建模活动的小项目式教学，基于跨学科融合的大项目式教学。每类教学之间既有相同特点也有不同之处，本节课是基于学科必备知识的微项目式教学，也是数学项目式教学中开展的主要课程。针对数学学科的基础性、抽象性、推理性、系统性与完备性的学科特点，数学的概念、原理等核心知识的学习主要采取微项目式教学。数学微项目式教学主要是在一堂课中以项目形式开展数学核心知识的有效学习。在高中数学新课教学过程中，微项目式教学已经形成常态化，也是高中数学课堂教学研究的基础。鉴于此，现以本节课为案例与大家一起探讨，这节课也是青岛市教科院项目式教学研讨交流活动中的一节公开课。

采取微项目式教学的原因：一是鉴于数学核心知识严谨、抽象、生涩的特点，完全借助于"问题式学习"方式学习，会使知识碎片化、不系统；二是鉴于传统"灌输式"授课只起到传授知识的作用，学生仅停留在记忆层面；三是为了使学生理解、掌握、会用抽象的数学知识，进而提高学生解决问题的能力。

采取微项目式教学的价值：一是让学生在体验知识的形成过程中理解知识，在参与活动中掌握知识，在解决问题中应用知识，进而落实数学学科核心素养，提高学生关键能力；二是采取问题解决、合作交流等课堂组织形式，使学生在获取数学知识与解决问题的同时，锻炼与培养资料信息获取、语言表达思想、团队合作交流等未来社会实践的能力。

二 项目开发实施背景

【数学文化背景】

微积分是高等数学中研究函数的微分、积分以及有关概念和应用的数学分支，它是数学的一个基础学科，主要内容包括极限、微分学、积分学及其应用。微分学包括求导数的运算，是一套关于变化率的理论，它使得函数、速度、加速度和曲线的斜率等均可用一套通用的符号进行讨论；积分学包括求积分的运算，为定义和计算面积、体积等提供一套通用的方法。17世纪以来，微积分的概念和技巧不断扩展并被广泛应用于解决天文学、物理学中的各种实际问题，取得了巨大的成就。但直到19世纪以前，在微积分的发展过程中，其数学分析的严密性问题一直没有得到解决。18世纪中，包括牛顿和莱布尼兹在内的许多大数学家都觉察到这一问题并做了努力，但都没有成功地解决。

整个18世纪，微积分的基础是混乱的，许多英国数学家也许是由于仍然为古希腊的几何所束缚，因而怀疑微积分的全部工作。这个问题一直到19世纪下半叶才由法国数学家柯西完整地解决，柯西极限存在准则为微积分注入了严密性，这就是极限理论的创立。极限理论的创立使得微积分从此建立在一个严密的分析基础之上，它也为20世纪数学的发展奠定了基础。微积分在人类发展进程中的推进作用，正如恩格斯所说："在一切理论成就中，未必再有什么像17世纪下半叶微积分的发明那样被看作人类精神的最高胜利了！"

【学科教材背景】

"变化率与导数"是人教A版选修2-2的内容，如图3-2-1所示。高中教材没有安排极限的讲解，直接以平均变化率到瞬时变化率给出导数的几何意义和概念，因此如何处理教材，改变生硬的传授和记忆进行导数概念的教学，是思考这节微项目教学课程的线索。为使这一重要而难度较大的概念课教学获得最多的学科价值，提高学生的数学学科核心素养，项目组对"微项目式教学"进行严谨的研讨与打磨，制订实施措施，过程如图3-2-2所示。

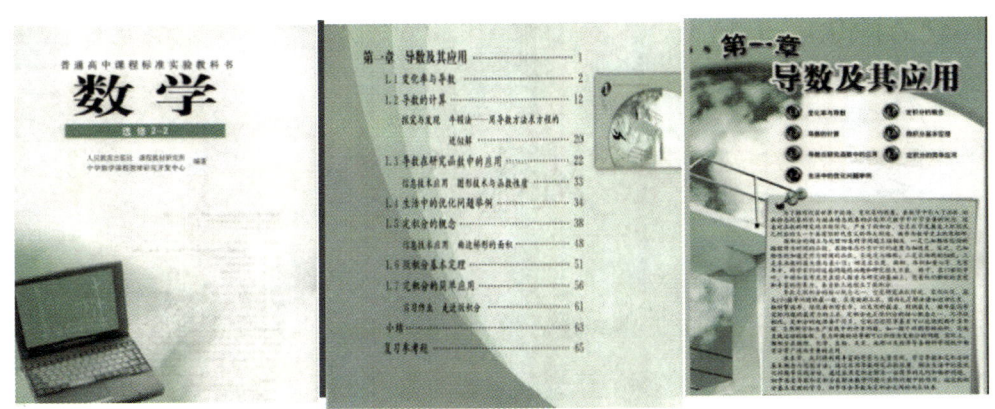

图3-2-1 教材截面

【研讨和实施过程背景】

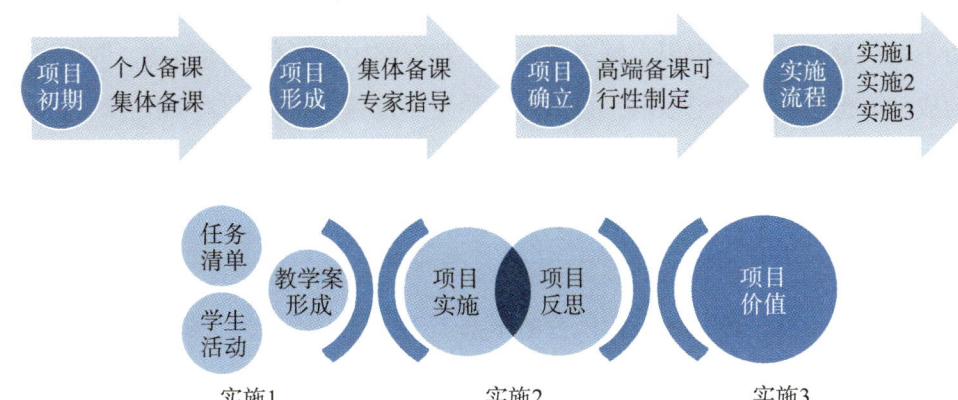

图3-2-2 研讨与实施过程图

1. 制订项目目标

为实现基于学科必备知识的微项目式教学，在制订项目目标时需遵循以下三个依据。

依据一：项目要解决"为谁培养人、培养什么人"这个根本性的问题，以"立德树人"为统领，将"核心价值"放在首位，要求学生具有社会主义核心价值观、辩证唯物主义的世界观和为人民服务的人生观。

依据二：数学是培养理性思维的重要学科，有助于学生树立科学精神与科学态度，促进智力发展，提升思维能力、实践能力和创新意识。

依据三：关键能力是指学习者在面对与学科相关的生活实践或学习探索问题情境时，有效地认识问题、分析问题、解决问题所必须具备的能力，是支撑高水平人才终身发展和适应时代要求的能力，是发展学科核心素养、培育核心价值所必须具备的能力基础，由知识获取能力群、实践操作能力群、思维认知能力群构成。

根据上述依据，制订以下项目目标。

（1）由教材背景中两个实际问题出发，设立任务单，引导学生立项，建立数学模型，开启微积分的学习内容，培养学生获取知识、认识问题、分析问题、解决问题的能力。

（2）借助生活实例体会平均变化率与瞬时变化率，抽象概括数学概念，理解导数的思想及内涵，通过数学实验落实数学抽象、逻辑推理、直观想象、数学建模的核心素养。

（3）通过探究问题，渗透极限、类比、数形结合的数学思想，让学生学会根据学科背景解决实际问题、用已知探求未知、掌握从特殊到一般的学习方法，并且树立科学精神与科学态度，促进智力发展，提升逻辑思维能力、实践能力和创新意识。

（4）通过亲身体验和团队合作，培养主动获取知识和探究新知的学习方式以及终生学习的能力。

（5）通过对数学文化背景、数学史的搜集与讲解，树立学生社会主义核心价值观、辩证唯物主义的世界观和为人民服务的人生观。

2. 开发项目资源

本项目借助物理概念中的平均变化率、瞬时变化率和数学函数中的单调性等高中基础学科知识，借助几何画板、Excel等现代数学软件精确模拟，让学生体验、认识极限的概念，从而使高中数学微积分的学习得以落地。数学文化资源的利用、问题解决的教学策略实施等是项目式教学的亮点。根据数学学科的特点，数学的试题情境可分为课程学习情境、探索创新情境、生活实践情境三类，数学课程学习情境包括数学概念建构、数学原理习得、数学运算学习和数学推理学习等问题情境，关注已有知识的基础和准备程度；数学探索创新情境包括推演数学命题、数学探究、数据分析、数学实验等问题情境，关注与未来学习的关联和数学学科内部的更深入的探索；生活实践情境需要学生将问题情境与学科知识、方法建立联系，应用学科工具解决问题，关注与其他学科和社会实践的关联，是考查学生数学应用素养、理性思维素养和数学文化素养的重要载体。从数学解决问题的终极目的入手，创立三种问题情境，开发此项目情境资源，如图3-2-3所示。

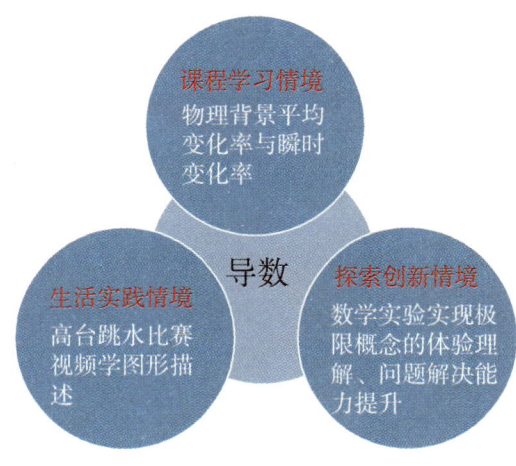

图3-2-3 项目情境资源

3. 项目设计过程

本项目的设计过程主要分为背景研讨阶段和项目整体设计过程，项目组与专家组研讨指导共同打造项目。

第一部分：背景研讨阶段

（1）项目背景方案设计探究一

在导数内容学习初期，教师以"立德树人"为统领，将"核心价值"放在首位，发挥学科育人的作用，以学科文化为情境导入，以《科普中国》里《最佳降速曲线》为课题引入，以此突破学生对曲线的认识，加深并提升学生对导数的感知和探究欲望。由于最佳降速曲线的原理用到大学知识较多，与引入变化率及导数的概念有一定的距离，对主题突出不是很有效，故舍之。

（2）项目背景方案设计探究二

第二次选择背景时，首先以"学科育人"为切入点，选择跳水冠军田亮的比赛视频为课题引入，提取运动曲线抛物线，研究变化率，以问题解决的课堂策略推进项目研究，比较合理清楚，同时具有爱国育人作用。但是过于简单，以欢快的基调开始，对于学生提出问题和解决问题的作用没有完全设计在内，故继续探究。

（3）项目背景方案设计探究三

融"学科育人""关键能力培养""立德树人"为一体，由学生小组合作，搜集微积分数学史，课上分享成果，以教材实际问题为项目背景，以任务单形式引导学生课前解决熟悉的问题，建立数学函数模型，解决熟悉物理概念性问题，课上分享成果。这样的背景设计符合数学学科特点，将育人理念融入其中，锻炼和培养了学生各方面的能力，并通过项目立项和合作探究提升其社会能力及数学关键能力，故采纳。

第二部分：项目整体设计

项目式教学的整体设计方案由项目组集备研讨确立初步方案，再由专家团队指导审核，项目组研讨改进，高端备课确立实施方案，并在教学实践中研究与改进。设计实施层面的课程能够更好地体现课程目标，提升学生的核心素养，锻炼学生关键能力。项目整体设计的具体思路如图3-2-4所示。

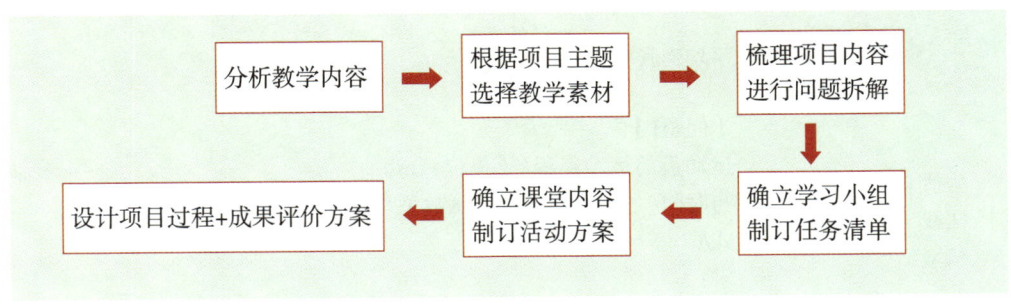

图3-2-4 项目整体设计的具体思路

四 项目实施

数学学科基础知识的学习,重在学科知识的建构。在建构学科理论知识的基础上,采取微项目式教学,通过完成项目体会知识的形成过程,体验知识的发展历程,落实学科核心素养和关键能力。

1. 课前任务单

表3-2-1　课前任务单

学习情境	内容	教师活动	学生活动	设计意图
课程学习情境	气球的膨胀率：大家可能都有过吹气球的回忆。在吹气球的过程中可以发现,随着气球内空气容量的增加,气球的半径增加越来越慢。从数学角度如何描述这种现象呢？	【问题1】一个半径为r（单位：dm）的球的体积公式？ 【问题2】如何将$r(V)$表示成体积V的函数关系式？ 【问题3】当球中空气从0 L增加至1 L时,气球的平均膨胀率是多少？ 【问题4】当球中空气从1 L增加到2 L时,平均膨胀率是？ 【问题5】推广到一般情形,当球中空气从V_1 L增加到V_2 L时,气球的平均膨胀率是多少？ 注： $r(1)-r(0)\approx 0.62$（dm） $r(2)-r(1)\approx 0.16$（dm） 平均膨胀率=$\dfrac{\text{半径的增量}}{\text{体积的增量}}$	【小组合作】 1. 用数学方法解决实际问题的一般步骤是_____。 2. 建立的数学模型的函数表达式是_____。 3. 应用的膨胀率运算公式为_____。 4. 解决的实际问题是_____。	1. 建构数学概念。 2. 习得数学原理。 3. 形成与发展数学运算、逻辑推理及数学建模等核心素养。
生活实践情境		【问题1】运动员的运动路程h（单位：m）与时间t（单位：s）存在函数关系式$h(t)=6.5t$。 求： ①$t\in[1,2]$的平均速度；		

续表

课前任务单				
学习情境	内容	教师活动	学生活动	设计意图
	平均速度与瞬时速度：求运动中的平均速度与瞬时速度，已知运动员的运动路程h（单位：m）与时间t（单位：s）存在函数关系。	②$t=2$的瞬时速度。 【问题2】 运动员的运动路程h（单位：m）、时间t（单位：s）满足函数关系式$h(t)=-4.9t^2+6.5t$。 求： ①$t\in[1,2]$的平均速度； ②$t=2$的瞬时速度。 【问题3】 人们发现，在高台跳水运动中，运动员相对于水面的高度h（单位：m）与起跳后的时间t（单位：s）满足函数关系式$h(t)=-4.9t^2+6.5t+10$。 求： ①$t\in[1.9,2]$的平均速度； ②$t\in[2,2.1]$的平均速度； ③$t\in[0,\frac{65}{49}]$的平均速度； ④$t=2$的瞬时速度。	【小组合作】 1. 运动员的运动路程$h(t)$，在$t\in[t_1,t_2]$时平均速度怎样表示？ 2. 匀速运动、匀变速运动的瞬时速度物理公式有哪些？ 3. 有变速运动的瞬时速度运算公式吗？	
探索创新情境	数学文化：微积分的数学发展史。	【任务1】 微积分的创立与发展。 【任务2】 微积分在数学学科上的发展与应用。 【任务3】 微积分在科学领域的发展与应用。	【小组合作】 1. 预习课本初步了解单元学习内容，整体规划学科学习方法； 2. 文献法搜集资料，了解微积分发展史，对微积分内容有整体概念； 3. 小组分工合作完成资料查询，搜集、整理、制作视频或PPT； 4. 课堂中进行成果展示，进行师生、生生互评，相互学习，取长补短。	1. 增强学生数学应用意识。 2. 培养科学精神和理性思维态度。 3. 渗透数学文化，感受数学人文价值。

2. 课堂实施方案

实施课程整体设计,包含教材内容与处理、学生活动、学习过程性评价和成果评价,见表3-2-2。

表3-2-2　课堂实施方案评价表

学习环节	学习方式	学习内容	学习评价
环节一：课前任务单处理	【合作学习】小组会诊课前任务单内容,组内研究,组间交流,小组展示。 【自主学习】交流诊断展示后,独立思考整理,提炼数学概念——平均变化率。	【课程学习情境】【学生展示】 1. 本题建立的数学模型的函数表达式是＿＿＿＿＿＿。 2. 本题应用的膨胀率运算公式为＿＿＿＿＿＿。 3. 本题解释的实际问题是＿＿＿＿＿＿。 用数学方法解决实际问题的基本流程： 建立数学模型➡解决数学问题➡解释实际问题 【生活实践情境】【学生展示】 1. 运动员的运动路程$h(t)$,用平均速度怎样表示？ 2. 匀速运动、匀变速运动的瞬时速度物理公式有哪些？ 3. 变速运动的瞬时速度有运算公式吗？ 【小组展示】相关数学史简介	【学习方式】符合认知规律,有效感知知识形成过程,掌握学科知识,提升学习能力,合作能力。 【学习成果】体验参与数学概念的形成。 1. 平均速度的概念； 2. 平均变化率的概念。 【素养评价】落实数学建模、数学抽象、数学运算、逻辑推理核心素养。 【育人评价】数学文化、数学发展史、数学家等数学资源帮助学生建立的数学科研精神与科研意识,严谨的思维与做事的作风。

续表

学习环节	学习方式	学习内容	学习评价
环节二：学科知识学习与提炼	【合作学习】【探究学习】由引例提出问题，交流解决、分享。 【自主学习】数学需要独立思考与完善，合作交流前独立思考，交流分享后提炼知识。 【拓展知识学习】小组探索计算机与数学的学科融合，做出Excel表，进行数据处理，体验极限的思想，理解导数概念的形成。	【引例】视频给出跳水比赛，根据我国运动员获得冠军的刹那提出问题。 高台跳水： 人们发现，在高台跳水运动中，运动员相对于水面的高度h（单位：m）与起跳后的时间t（单位：s）满足函数关系$h(t)=-4.9t^2+6.5t+10$。 环节一：求运动员在$t=2$的瞬时速度。 问题一：$t\in[1.9,2]$，$t\in[2,2.1]$，哪个更接近$t=2$时的速度？ 问题二：求$0\sim2$ s的平均速度 思考：如何求运动员$t=2$时的瞬时速度？	【学习方式评价】合作学习加强沟通合作等社会能力的培养；探究学习提高思维能力与应变能力、提出问题解决问题的能力；自主学习加强逻辑思维与认知能力的培养。 【关键能力评价】学习能力、沟通能力，以及提出问题、解决问题、应用知识的能力。 【素养评价】数学建模、数学抽象、直观想象、数学运算、逻辑推理、数据分析的发展。 【育人评价】学科育人，根植爱国主义教育，立德树人。 【学习成果】体验参与数学概念的形成。 1. 瞬时速度。 2. 瞬时变化率。
环节三：形成学科知识，并运用知识解决问题	【自主学习】学科知识架构提升学习能力，解决问题，使学生领略数学真谛。 【合作学习】独立完成，小组会诊，代表展示分享。	【深化概念】回扣实践背景，解决问题。 引例中求$h'(\frac{1}{2})$与$h'(2)$，比较并说明它们的意义。 【引例】高台跳水 人们发现，在高台跳水运动中，运动员相对于水面的高度h（单位：m）与起跳后的时间t（单位：s）满足函数关系$h(t)=-4.9t^2+6.5t+10$。	【成果评价】 1. 知识形成 项目成果：瞬时变化率即导数的概念。 一般地，函数$y=f(x)$在$x=x_0$处的瞬时变化率是

续表

学习环节	学习方式	学习内容	学习评价
		【成果运用】解决问题 【例题】将原油精炼为汽油、柴油、塑胶等各种不同的产品，需要对原油进行冷却和加热，如果在 x h时，原油的温度（单位：℃）为 $$f(x)=x^2-7x+15$$ $$(0\leqslant x\leqslant 8)。$$ 计算第2 h时和第6 h时原油温度的瞬时变化率，并说明它们的意义。	$\lim\limits_{\Delta x\to 0}\dfrac{\Delta y}{\Delta x}=$ $\lim\limits_{\Delta x\to 0}\dfrac{f(x_0+\Delta x)-f(x_0)}{\Delta x}$， 称其为函数$y=f(x)$在$x=x_0$处的导数，记作$f'(x_0)$或$y'|_{x=x_0}$，即 $f'(x_0)=\lim\limits_{\Delta x\to 0}\dfrac{\Delta y}{\Delta x}=$ $\lim\limits_{\Delta x\to 0}\dfrac{f(x_0+\Delta x)-f(x_0)}{\Delta x}$。 注：瞬时变化率与导数是同一概念的两个名称。 2. 知识运用 回扣生活实践情境，提出问题、解决问题，真正达到培养关键能力的作用，落实核心素养。
环节四： 归纳提升，成果小结	【自主学习】 【合作学习】	【项目成果小结】 ● 一个符号：$\lim\limits_{\Delta x\to 0}$ ● 两个定义：1. 平均变化率 2. 瞬时变化率（导数） ● 三个步骤：1. Δy 2. $\dfrac{\Delta y}{\Delta x}$ 3. $f'(x_0)=\lim\limits_{\Delta x\to 0}\dfrac{\Delta y}{\Delta x}$ ● 四个思想方法： 1. 极限思想 2. 类比推理 3. 数形结合 4. 由特殊到一般	

五 项目反思

教师：通过本项目的实施，我对数学微项目式教学所起的作用有了更进一步的认识。数学微项目式教学让教师在吃透课程标准的前提下，围绕学科核心知识，在课程学习、生活实践、探索创新情境下探寻项目背景，在对知识的把握、问题的设置和解决上建构学生的知识体验学习，为培养学生的数学学科六大核心素养和关键能力开展课堂教学。

学生：我通过参与本项目，从认知问题的角度在知识形成的过程中体验了知识的发生发展，进而学习知识，运用知识解决问题。在整个过程中，我体会最明显的是数学是有用的、多用的、好用的。

六 专家评价

微项目式教学遵循学生认知规律，在学科育人功能的前提下围绕数学学科的特点开展教学活动。从项目的背景和可行性出发，设立生活实践背景，以问题解决为策略，使学生建构数学概念、习得数学原理、落实数学运算能力、发展逻辑推理能力，既培养了学生的数学应用意识，也发展了学生的数学学科核心素养。微项目式教学是数学项目式教学开发的一种较为成功的课堂教学方式。

（执教人：孙云霞）

案例2　探秘杨辉三角、再寻数字规律
——基于二项式系数性质的再探究

一 项目开发背景

杨辉三角是高中数学教材中数学文化材料之一，也是我国古代数学卓越的研究成果，它科学地揭示了二项展开式的二项式系数的构成规律，更具有许多奇妙的性质。杨辉三角是不可多得的集思想性、科学性、知识性、趣味性于一体的珍贵的历史材料，探寻杨辉三角中的数字规律可以使学生在学习数学专业知识的同时，提升人文科学和数理方面的修养。为了充分发挥杨辉三角的育人功能，本人开发了杨辉三角项目式教学研究。

二 项目设计

1. 项目目标

【知识目标】

（1）通过查阅资料了解杨辉三角的数学文化，知道我国的发现时间远早于欧洲，借此对学生进行爱国主义教育，激发学生的民族自豪感；

（2）能从"数"和"形"的角度分别探究杨辉三角中所蕴含的规律；

（3）能利用二项式定理和组合数的性质证明结论。

【素养目标】

（1）能够运用数学的眼光在杨辉三角中找到合适的探究方向，发现并提出数学问题，用数学的语言予以表达，小组合作探究证明结论；

（2）通过探究杨辉三角中所蕴含的规律提升数学抽象、逻辑推理和数学运算核心素养。

2. 项目探究重难点

重点：从"数"和"形"的角度探究杨辉三角的性质。

难点：证明杨辉三角的性质。

三 项目资源

本项目来自人教A版选修2-3中"计数原理"后的"探究与发现"，从不同的角度探究杨辉三角中的数字规律，有利于巩固二项式系数性质的学习，并对进一步认识组合数，进行组合数的计算和变形有重要的作用。以杨辉三角为载体，通过猜想、归纳二项式系数的性质并证明，使学生养成探究、构建新知的学习习惯，提高数学抽象、数学运算和逻辑推理核心素养。

1. 项目设计流程

表3-2-3　项目设计流程

第一周	学生5人一组，分成8组，各小组领取项目任务单，老师布置探究任务，指导学生查阅资料。

续表

第二周	各小组确定探究问题，汇报探究结论。老师判断各小组结论的正确性，对探究问题的高度和深度给予引导。
第三周	各小组对探究的结论进行严格的证明。
第四周	各小组课堂展示项目成果并进行优秀成果的评选。

2. 项目任务清单

表3-2-4 《探秘杨辉三角、再寻数字规律》项目任务清单

《探秘杨辉三角、再寻数字规律》项目任务清单

（1）探究杨辉三角中各横行的数字平方的和有哪些规律？

```
              杨辉三角
                 1
               1   1
             1   2   1
           1   3   3   1
         1   4   6   4   1
       1   5  10  10   5   1
     1   6  15  20  15   6   1
     ..........................
```

（2）杨辉三角的各斜行的数字构成了一些数列，研究这些数列的性质，并求各斜行的数列的和。

（3）从形上探究杨辉三角的数字分布的规律，如奇数、偶数的分布特点。

（4）探究杨辉三角的其他性质。

四 项目实施

表3-2-5 《探秘杨辉三角、再寻数字规律》项目教学实施

教学过程	教学内容	设计意图
项目引入	**1. 播放《加油向前冲》的视频，抢答数学猜谜游戏** 数学在我国古代的发展源远流长，成就辉煌，请根据以下线索抢答出一种中文惯用的数学名词。 线索1：这是一个在我国和欧洲都较早被发现的数学规律。 线索2：它最早由我国宋代数学家提出，牛顿也曾对它进行过研究。 线索3：该规律与二项式展开系数有关，也与排列组合有关。 线索4：该规律与三角形有关。 **2. 小组展示杨辉三角的发展史** 杨辉三角又称贾宪三角，贾宪约在公元1050年首先使用"贾宪三角"进行高次开方运算。杨辉在公元1261年所著的《详解九章算法》一书中，辑录了贾宪三角形数表，解释二项式和的乘方规律，并称之为"开方作法本源"图。 在欧洲，帕斯卡是在1654年发现这一规律的，比杨辉要迟393年，比贾宪迟600年，故杨辉三角也叫作帕斯卡三角形。杨辉三角在数学研究领域发挥了巨大作用，其在初等数学中主要应用于一些粗略的分析、估计以及证明恒等式等。 华罗庚在《从杨辉三角谈起》一书中分析杨辉三角的基本性质，讨论二项式定理、开方和多种级数，以精确估计一个无穷级数的和的值为例，告诉读者一种近似计算的方法。杨辉三角是我国古代数学的杰出研究成果之一，它把二项式系数图形化，把组合数内在的一些代数性质直观地从图形中体现出来，是一种离散型的数与形的优美结合。	新课标提倡体现数学的文化价值。在教学中将历史知识引入课堂，既可以让学生了解数学文化，激发学生的学习兴趣，同时又可以培养学生的民族自豪感。播放《加油向前冲》的视频设置悬念，激发学生的求知欲。
项目成果展示	项目背景 杨辉 　　　　　　　　1 　　　　　　　1　1 　　　　　　1　2　1 　　　　　1　3　3　1 　　　　1　4　6　4　1 　　　1　5　10　10　5　1 　　1　6　15　20　15　6　1 　1　7　21　35　35　21　7　1 1　8　28　56　70　56　28　8　1 1　9　36　84　126　126　84　36　9　1	

续表

教学过程	教学内容	设计意图
项目成果展示	"横看成岭侧成峰，远近高低各不同"，各小组展示从杨辉三角中探究到的结论，并加以严格证明。 **项目探究成果一** 杨辉三角中第n行的数字平方和等于$C_{2(n-1)}^{n-1}$（如$1^2+4^2+6^2+4^2+1^2=70=C_{2(5-1)}^{5-1}=C_8^4$），即$(C_{n-1}^0)^2+(C_{n-1}^1)^2+(C_{n-1}^2)^2+\cdots+(C_{n-1}^{n-1})^2=C_{2(n-1)}^{n-1}$（$n\in N^*$）。 证明： $(1+x)^{2(n-1)}=(1+x)^{(n-1)}(1+x)^{(n-1)}$。 在左右两端的展开式中，其中$x^{n-1}$项的系数相等。 $C_{2(n-1)}^{n-1}=C_{n-1}^0 C_{n-1}^{n-1}+C_{n-1}^1 C_{n-1}^{n-2}+C_{n-1}^2 C_{n-1}^{n-3}+\cdots+C_{n-1}^{n-1} C_{n-1}^0$。 因为$C_{n-1}^m=C_{n-1}^{n-1-m}$， 所以$(C_{n-1}^0)^2+(C_{n-1}^1)^2+(C_{n-1}^2)^2+\cdots+(C_{n-1}^{n-1})^2$ $=C_{2(n-1)}^{n-1}$（$n\in N^*$）。 **项目探究成果二** 杨辉三角中第1斜行是常数列1，1，1，…，第2斜行1，2，3，4，…是以1为首项、1为公差的等差出列，第3斜行1，3，6，10，…为2阶等差数列（其一阶差分数列是等差数列），	因为发现杨辉三角中的全部数字规律有一定的难度，所以在任务清单中给出问题引导，学生通过思维碰撞，擦出智慧的火花，发展学生的创造性思维，共同完成知识的建构，让学生体会发现和探索的成就感。在"探秘数字规律—利用数学语言表述性质—证明结论"的过程中始终坚持让学生主动参与，亲身实践。在学生合作、师生互动中，学生真正成为知识的发现者和研究者。在这样的课堂中，学生不仅对本节课的知识结构有一个清晰的认识，而且对所用到的数学方法也得以领会。多媒体辅助教学的应用，也可节省时间，增大信息量，增强直观形象性。

教学过程	教学内容	设计意图
项目成果展示	第4斜行1，4，10，20，…为三阶等差数列（其二阶差分数列是等差数列），从第4斜行开始各斜行均为高阶等差数列，第$r+1$斜行数列的前n项和为C_n^{r+1}（$n\in N^*$，$r\in N^*$），即$C_r^r+C_{r+1}^r+C_{r+2}^r+\cdots+C_{n-1}^r=C_n^{r+1}$（$n\in N^*$，$r\in N^*$）。 证明： $1=C_r^r=C_{r+1}^{r+1}$ $C_r^r+C_{r+1}^r+C_{r+2}^r+\cdots+C_{n-1}^r$ $=C_{r+1}^{r+1}+C_{r+1}^r+C_{r+2}^r+\cdots+C_{n-1}^r$ $=C_{r+2}^{r+1}+C_{r+2}^r+\cdots+C_{n-1}^r$ $=C_{r+3}^{r+1}+\cdots+C_{n-1}^r$ … $=C_{n-1}^{r+1}+C_{n-1}^r$ $=C_n^{r+1}$（$n\in N^*$，$r\in N^*$）。 **项目探究成果三** <pre> 1
1   1
1   2   1
1   3   3   1
1   4   6   4   1
1   5 10 10   5   1
1   6 15 20 15   6   1
1   7 21 35 35 21   7   1
1   8 28 56 70 56 28   8   1
1   9 36 84 126 126 84 36   9   1
1 10 45 120 210 252 210 120 45 10   1
1 11 55 165 330 462 462 330 165 55 11   1
1 12 66 220 495 792 924 792 495 220 66 12 1</pre>	

教学过程	教学内容	设计意图
| 项目成果展示 | 杨辉三角中，第 $2^n$（$n\in \mathbb{N}^*$）横行所有各项都是奇数。<br><br>证明：第 $2^n$ 行各项为 $C_{2^n-1}^k$（$k=0, 1, 2, \cdots, 2^n-1$）。<br><br>（1）当 $k=0$，1时，$C_{2^n-1}^k=1$，$2^n-1$ 均为奇数；<br><br>（2）假设当 $k=m-1$（$m\geq 2$）时命题正确，即 $C_{2^n-1}^{m-1}$ 为奇数，则若 $m$ 为奇数，$C_{2^n-1}^m=\dfrac{2^n-m}{m}C_{2^n-1}^{m-1}$。 ①<br><br>由①知 $C_{2^n-1}^m=\dfrac{奇数}{奇数}\times 奇数$。假设 $C_{2^n-1}^m$ 是偶数，则有偶数$=\dfrac{奇数}{奇数}\times 奇数$，即有偶数$\times$奇数$=$奇数$\times$奇数，矛盾，故 $C_{2^n-1}^m$ 必为奇数；若 $m$ 为偶数，可设 $m=2^p m_1$，其中 $m_1$ 为正奇数，$p\in \mathbb{N}$，$p<n$。①可化为 $C_{2^n-1}^m=\dfrac{2^{n-p}-m_1}{m_1}C_{2^n-1}^{m-1}$，同理可证 $C_{2^n-1}^m$ 仍为奇数。因而当 $k=m$ 时，命题也正确。由（1）（2）可知第 $2^n$ 行所有各项都是奇数。<br><br>**项目探究成果四**<br><br>在有16横行的杨辉三角中，把偶数"聚集区"（"0"代表偶数，"1"代表奇数，可称为杨辉三角的0-1三角）看作是"倒等边三角形"，只有一个偶数的"聚集区"，也可看作是一个边长为1的"倒等边三角形"，把这些"倒等边三角形"从杨辉三角中"挖去"，剩余部分就是有趣的西尔平斯基衬垫，西尔平斯基衬垫是由波兰数学家西尔平斯基于1915年发现的，故而得名，使用Gbasic语言编程运行结果如下：<br><br>```
                1
               1 1
              1 0 1
             1 1 1 1
            1 0 0 0 1
           1 1 0 0 1 1
          1 0 1 0 1 0 1
         1 1 1 1 1 1 1 1
        1 0 0 0 0 0 0 0 1
       1 1 0 0 0 0 0 0 1 1
      1 0 1 0 0 0 0 0 1 0 1
     1 1 1 1 0 0 0 0 1 1 1 1
    1 0 0 0 1 0 0 0 1 0 0 0 1
   1 1 0 0 1 1 0 0 1 1 0 0 1 1
  1 0 1 0 1 0 1 0 1 0 1 0 1 0 1
 1 1 1 1 1 1 1 1 1 1 1 1 1 1 1 1
``` | |
```

续表

教学过程	教学内容	设计意图
项目成果展示	**项目探究成果五** 杨辉三角的其他规律： $a_1 = 1 \cdots\cdots 1$ $a_2 = 1 \cdots\cdots 1 \quad 1$ $a_3 = 2 \cdots\cdots 1 \quad 2 \quad 1$ $a_4 = 3 \cdots\cdots 1 \quad 3 \quad 3 \quad 1$ $a_5 = 5 \cdots\cdots 1 \quad 4 \quad 6 \quad 4 \quad 1$ $a_6 = 8 \cdots\cdots 1 \quad 5 \quad 10 \quad 10 \quad 5 \quad 1$ $a_7 = 13 \cdots\cdots 1 \quad 6 \quad 15 \quad 20 \quad 15 \quad 6 \quad 1$ $\cdots\cdots\cdots\cdots\cdots\cdots\cdots\cdots\cdots\cdots\cdots\cdots\cdots$ 英国的《SMP英国中学数学教科书》中，把帕斯卡三角（即杨辉三角）改写成如上图的形式，并将每一条斜线上的数字分别相加，得到数列1，1，3，5，8，13，21，…，此数列是著名的斐波那契数列。意大利数学家斐波那契在著作《计算之书》中，提出了"生小兔问题"，受到了人们的广泛关注。从这个十分简明的递推关系出发，竟引出了一个充满奇趣的数列，它不仅与几何图形、黄金分割、杨辉三角等数学知识，植物生长等自然现象有着非常微妙的联系，还在优选法、计算机科学等领域有着广泛的应用。 **项目探究成果六** 把每一行各项从左至右分别乘以 m^0，m^1，…，m^r，…（$m \in C$，$m \neq -1$），再把它们加起来所得到的和数列是公比为 $(1+m)$ 的等比数列。 证明：第 n 行各项为 C_{n-1}^0，C_{n-1}^1，C_{n-1}^2，…，C_{n-1}^{n-1}，由题设新数列的通项为 $a_n = C_{n-1}^0 + C_{n-1}^1 m + C_{n-1}^2 m^2 + \cdots + C_{n-1}^{n-1} m^{n-1} = (1+m)^{n-1}$，故有 $a_n \div a_{n-1} = (1+m)$，得证。	展示斐波那契数列的趣味性，再次感受杨辉三角中的数形之美。

续表

教学过程	教学内容	设计意图
评选优秀成果	通过民主评议，同学们一致认为项目成果二、三、四是依靠自己的聪明才智，并做了很多具有开拓性的工作获得的，因而无可争议地被评为突出优秀成果。项目成果一和五虽然不是学生自己的研究成果，但是多数同学认为这两个成果也来之不易，并且还有很强的趣味性。因此，项目成果一和五也被评为优秀成果。	
学以致用实战演练	杨辉三角与"纵横路线图" "纵横路线图"是数学中的一类有趣的问题：如图是某城市的部分街道图，纵横各有五条路，如果从A处走到B处（只能由北到南，由西向东），那么有多少种不同的走法？	通过纵横路线图问题，体会杨辉三角在实际问题中的应用。
作业	1. 查找资料，并阅读华罗庚的《从杨辉三角说起》，看看杨辉三角中还有哪些我们没发现的秘密。 2. 类比杨辉三角的探究过程，探究莱布尼茨三角形的性质。	针对杨辉三角开展的思维探究和逻辑拓展活动，也是本堂探究课的升华。

五 项目评价

（一）德育价值

1. 培养爱国主义思想

杨辉三角是数学史上的重大发现，是我国数学家对数学发展的重要贡献之一。通过向学生介绍杨辉三角的来龙去脉，展示了我国灿烂的文化和古代数学发展的成就，显示中华民族的勤劳和智慧。这是一次生动的爱国主义思想教育，极大地激发了学生为建设社会主义现代化强国而刻苦学习的热情。

2. 培养献身科学精神

通过介绍杨辉三角并查阅大量的资料，学生获得了许多科学知识，从而激发了学生对科学的极大兴趣，使学生萌发和树立爱科学、学科学、用科学、献身科学的思想。通过这项研究，有利于磨炼学生的意志，培养学生一丝不苟的科学态度、坚忍不拔的毅力和刻苦钻研的精神。

3. 树立团队合作意识

和平与发展是当今世界的主流，而和平与发展需要合作，没有合作就没有和平，更没有发展。学生自愿以研究小组为单位进行研究，组员之间既有分工又有合作，研究成果是集体智慧的结晶。通过引导学生广泛交流，主动寻求合作，互相帮助共同进步，使学生充分体会到了团结协作的快乐和重要性。

（二）智育价值

1. 开发智力培养能力

这是一个研究性学习的过程，具有高度的开放性，需要学生自己提出问题，并想方设法解决问题。有了研究的方向，学生首先对杨辉三角进行观察、分析，通过感性认识进行归纳、抽象、概括并提出问题，培养学生思维的灵活性和广阔性。对所提出的问题进行计算、演绎、推理、分析和判断并得出结论，然后加以论证或否定，培养学生思维的深刻性和批判性。在这个过程中，学生的思维能力、运算能力、空间想象能力都得到了锻炼和提高，有利于提高分析问题和解决问题的能力，起到开发智力、培养能力的作用。

2. 培养数学应用能力

使学生进一步学习所必需的数学知识，培养学生数学应用的意识和能力，是中学数学的教学目的之一。通过对杨辉三角的研究，不仅使学生所学的知识得以巩固和加强，还使学生感到自己的所学有了"用武之地"，提高了学生学习数学的兴趣以及数学应用的意识和能力。特别地，有一组同学使用Gbasic语言编程，打印出了杨辉三角、杨辉三角的0-1三角和西尔平斯基衬垫，这一"开拓性"的工作，使学生受到了巨大的鼓舞。

3. 培养科学研究能力

现代教育需要培养创新型人才，而培养学生科学研究的意识和能力是培养创新精神的重要方面。现代社会的发展需要人才知识结构的不断更新。因此，学习将伴随人们终身，而学校教育肩负着培养学生终身学习能力的重任，使学生掌握与现代社会发展相适应的学习方法。指导学生对杨辉三角的研究，使学生了解了科学研究和研究性学习的过程和方法，为进一步培养和提高学生的自学能力、科学研究能力奠定了基础。

（三）美育价值

杨辉三角中的数字都关于中轴线对称，边长为 2^n 的杨辉三角的 0-1 三角、西尔平斯基衬垫也具有上述性质。这些性质体现了杨辉三角的"形"的结构特点，而"形"决定于杨辉三角的"数"的构成，是杨辉三角本质的反映，体现了"数"与"形"的结合。

杨辉三角与组合数、数列、数学归纳法紧密地联系在一起，体现了数学的和谐美；杨辉三角与著名的斐波那契数列、有趣的西尔平斯基衬垫联系在一起，体现了数学的奇异美；杨辉三角是对一些数学规律的高度抽象和概括，而西尔平斯基衬垫又是对杨辉三角的抽象的结果，体现了数学的抽象美和简洁美。

数学既是"真"的科学，又是"美"的科学，是真与美的结合体。引导学生并给他们创造机会去发现数学之美，体会数学之美，感受数学之美，激发他们勇敢地追求美，主动地创造美，从而陶冶学生的情操，培养学生刻苦钻研、勇于创新的精神，是本次研究活动的又一收获。

六 教学反思

本节课是知识拓展类选修课程"数学欣赏"中的一课，是对教材中阅读与思考、探究与发现这两个栏目中的阅读材料的二次挖掘。探究与发现是为了改变学生单纯地接受教师传授知识的现象，实行以学生的自主探究、合作交流为主的研究活动，意在培养学生的创新精神、实践能力。

作为一节探究课，最大的问题是学生探究时间与课堂时间的矛盾。在课堂上，若给学生足够多的探究时间，学生可以讨论整整一节课；若限制学生的探究时间，由于杨辉三角的内容相对庞大，根本探究不出什么内容，又失去了探究的意义。因此，探究课各环节的时间安排就显得尤为重要。

本节课当中，本人将自主探究放在课外，让学生在课前查找相关内容资料，并在课堂上以小组为单位整合、展示探究成果，既保证了探究的时间与效果，又保证了课堂的时间。现在课堂教学模式的变革迫在眉睫，要以深化课程改革为契机，从知识拓展类选修课的课堂开始，让学生真正成为课堂的主人。

（执教人：杨淑英）

案例3 圆锥曲线光学性质在生活中的应用

一、项目背景

1. 教学内容分析

本项目来源于数学人教A版选修2-1"圆锥曲线与方程"章后的一段阅读与思考材料，重点介绍了椭圆、双曲线、抛物线的光学性质以及它们在生活生产中的广泛应用。它是圆锥曲线知识的进一步拓展，是数学知识与物理知识的综合，也是数学知识在实际生活中应用的典型案例。由于三种曲线的性质可以进行适当的类比，在教学中可突出其中一种曲线进行深入研究。本课重点探讨椭圆的光学性质及其应用，通过类比了解其他曲线的光学性质及其应用。

2. 学情分析

学生已学完解析几何全部课本知识，对用解析法解决解析几何问题的思想与方法已基本掌握。另外，学生已学习过导数知识，因此能用导数工具求解切线斜率，同时了解光的反射知识。信息时代的学生知识面比较广，能熟练利用书籍、电脑搜索各方面的知识。

二 项目目标

1. 了解三类圆锥曲线的光学性质，并能对椭圆的光学性质进行数学证明；

2. 了解圆锥曲线光学性质在生活中的应用，感受数学与生活之间的密切联系；

3. 通过小组合作探究，掌握主动获取知识和探究新知的学习方式以及终身学习的能力；

4. 通过问题探究，养成数学抽象、逻辑推理等学科核心素养；

5. 通过跨学科知识的学习，提高创新思维意识，养成认真严谨的科学态度。

三 项目实施

1. 项目预备环节

教师布置项目任务：

（1）请制作模型探究圆锥曲线的光学性质；

（2）试用数学的方法证明椭圆的光学性质；

（3）通过网络搜索整理圆锥曲线光学性质在生活中的应用。

针对以上三个问题，进行文献搜集与论证，利用课下时间制作说明课件或视频。

小组成员分工协作（课下完成）：鼓励学生以小组（不超过6人）为单位完成任务，支持自由组队。每个小组都需要完成至少两个任务。小组领取任务工作单，见表3-2-6，填写后汇报给老师。

表3-2-6　项目任务清单

项目任务工作单			
任务名称		时间	
组长		组员	
任务分工			

续表

项目任务工作单	
实施中遇到的问题与处理	
项目心得	

2. 项目课堂展示环节

（1）项目导入

教师通过展示《加油向未来》视频片段引导学生得出抛物线光学性质。

图3-2-5 视频截图

（2）项目展演讨论

表3-2-7　项目展演讨论

教学环节	教师活动	学生活动	设计意图
任务1 学生通过模型展示椭圆和双曲线的光学性质。	选取三个小组，每个小组派代表讲述自身针对任务1的调研结果。有意引导直至将三种光学性质都展示结束。	三组学生代表轮流上台展示，并概括圆锥曲线的三种光学性质。	学生从亲身动手实验的过程中得到结论，记忆更持久，能够大大激发学习的热情与动力。
任务2 学生通过文献整理来掌握证明椭圆光学性质的方法。	提出问题：以椭圆为例，对于任意椭圆这个光学性质是否都成立。请同学们展示所搜集到的证明方法。针对每个小组报告的方法进行点评，最终总结方法特点，并点出几何法与代数法的关系。	三组学生展示出不同证明方法：希尔伯特证法、经典证法、解析证法。	从数学的角度证明椭圆的光学性质，利用几何和代数的方法，多角度体会数学问题的解决方法，并渗透数学史与数学文化，感受数学的发展与变化，提高学生对数学学习的兴趣与爱好。
任务3 学生通过网络搜集整理圆锥曲线光学性质在生活中的应用。	针对最后一个任务要求还没有进行展演的小组展示应用案例的调研成果。最终点出应用过程中的主要特性即聚焦特性。	学生利用课件展示出各种应用案例，如太阳灶、探照灯、远光灯、射电望远镜等。	学生通过信息化手段和技术搜索生活应用案例，可以强化学习内容的记忆，以STEAM学习方式感受数学在实际生活的作用。

学生活动照片：

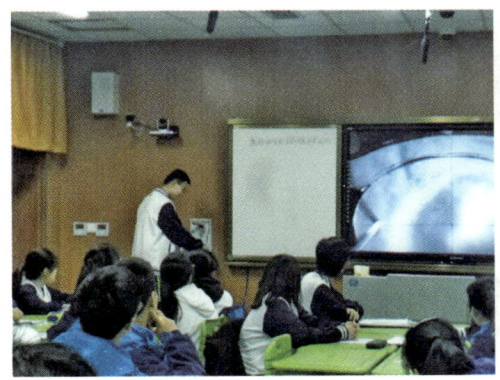

图3-2-6　学生活动照片

（3）项目回顾延伸

结合教学目标突出项目收获，让学生既明确本次项目的数学知识点，同时又能理解数学原理在实际生活中的应用。引入以下若干问题，鼓励学生继续思考并探索。

问题1：你能将圆锥曲线的光学性质进行组合，尝试设计一些作品吗？

问题2：能否根据本次项目式教学撰写关于圆锥曲线光学性质的数学小论文？

四 项目课程总结

1. 圆锥曲线的光学性质

（1）椭圆的光学性质：从椭圆一个焦点发出的光，经过椭圆反射后，反射光线都汇聚到椭圆的另一个焦点上（图3-2-7）；

（2）双曲线的光学性质：从双曲线一个焦点发出的光，经过双曲线反射后，反射光线的反向延长线都汇聚到双曲线的另一个焦点上（图3-2-8）；

（3）抛物线的光学性质：从抛物线的焦点发出的光，经过抛物线反射后，反射光线都平行于抛物线的轴（图3-2-9）。

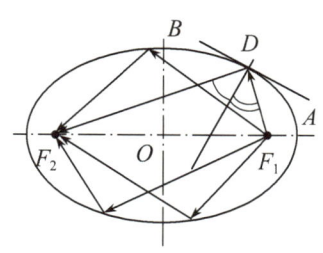
图3-2-7　椭圆的光学性质示意图

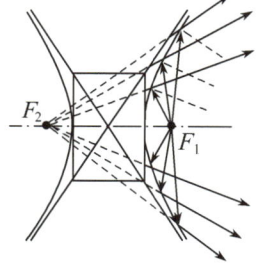
图3-2-8　双曲线的光学性质示意图

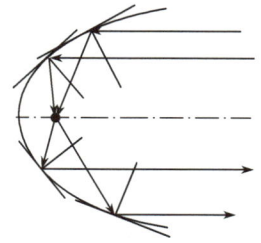
图3-2-9　抛物线的光学性质示意图

2. 椭圆光学性质的证明

要证明椭圆的光学性质，首先必须将这样一个光学实际问题转化为数学问题，再进行解释论证。

椭圆光学性质的数学表述：如图3-2-10，椭圆C的方程为$\dfrac{x^2}{a^2}+\dfrac{y^2}{b^2}=1$，$F_1$，

F_2 分别是其左、右焦点，l 是过椭圆上一点 $P(x_0, y_0)$ 的切线，l' 为垂直于 l 且过点 P 的椭圆的法线，交 x 轴于 D，设 $\angle F_2PD=\alpha$，$\angle F_1PD=\beta$，求证：$\alpha=\beta$。

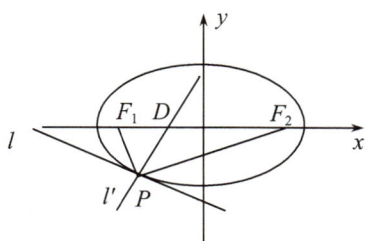

图 3-2-10　椭圆与直线相切示意图

此处学生提供了三种证明方法，证明过程如下。

（1）经典证法

如图 3-2-11 所示，过点 A，B 分别作垂直于长轴 AB 的直线与切线交于点 C，D，并延长 AB 交切线于点 K，连接 DG，DF，CG，CF，并设 DF 交 CG 于点 H，再连接 EH。由《圆锥曲线论》第三章命题 45、47（由命题 45 得 $\angle DGC=\angle DFC=\dfrac{\pi}{2}$，命题 47 得 $EH\perp DC$）知，$\angle DEH=\angle DGH=\dfrac{\pi}{2}$，则 D，E，H，G 四点共圆，因而有 $\angle DHG=\angle DEG$。同理可得，C，E，H，F 四点共圆，进而有 $\angle CEF=\angle CHF$。因为 $\angle DHG=\angle CHF$，所以 $\angle DEG=\angle CEF$，得证。

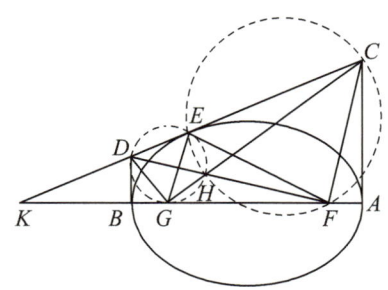

图 3-2-11　椭圆与直线的位置关系

（2）直观证法

作点 F_3，使点 F_3 与 F_2 关于切线 l 对称，连接 F_1F_3，交椭圆 C 于点 P'，下面只需证明点 P 与 P' 重合即可。

一方面，点 P 是切线 l 与椭圆 C 的唯一交点，则 $|PF_1|+|PF_2|=2a$，是 l 上

的点到两焦点距离之和的最小值（这是因为l上的其他点均在椭圆外）。另一方面，在直线l上任取另一点P''，因为$|P'F_1|+|P'F_2|=|P'F_1|+|P'F_3|=|F_1F_3|<|P''F_1|+|P''F_2|$，故$P'$也是直线$AB$上到两焦点的距离这和最小的唯一点，从而$P$与$P'$重合，即$\alpha=\beta$而得证。

（3）解析证法

预备定理：若点$P(x_0, y_0)$是椭圆$\dfrac{x^2}{a^2}+\dfrac{y^2}{b^2}=1$上任一点，则椭圆过该点的切线方程为：$\dfrac{x_0 x}{a^2}+\dfrac{y_0 y}{b^2}=1$。

证明：由$\dfrac{y^2}{b^2}=1-\dfrac{x^2}{a^2} \Rightarrow y^2=b^2\left(1-\dfrac{x^2}{a^2}\right)$。 ①

当$x\neq \pm a$时，过点P的切线斜率k一定存在，且$k=y'|_{x=x_0}$。

对①式求导得$2yy'=-\dfrac{2b^2}{a^2}x$，所以$k=y'|_{x=x_0}=\dfrac{-b^2 x_0}{a^2 y_0}$。

所以切线方程为$y-y_0=-\dfrac{b^2 x_0}{a^2 y_0}(x-x_0)$。 ②

因为点$P(x_0, y_0)$在椭圆$\dfrac{x^2}{a^2}+\dfrac{y^2}{b^2}=1$上，故$\dfrac{x_0^2}{a^2}+\dfrac{y_0^2}{b^2}=1$。

将其代入②得$\dfrac{x_0 x}{a^2}+\dfrac{y_0 y}{b^2}=1$。 ③

当$x=\pm a$时，$y_0=0$切线方程为$x=\pm a$，也满足③式，故$\dfrac{x_0 x}{a^2}+\dfrac{y_0 y}{b^2}=1$是椭圆过点$P(x_0, y_0)$的切线方程。

下面是对椭圆光学性质的解析法证明。

切线l的斜率$k=y'|_{x=x_0}=\dfrac{-b^2 x_0}{a^2 y_0}$，而$PF_1$的斜率$k_1=\dfrac{y_0}{x_0+c}$，$PF_2$的斜率$k_2=\dfrac{y_0}{x_0-c}$，故$l$到$PF_1$所成的角$\alpha'$满足：$\tan\alpha'=\dfrac{k_1-k}{1+kk_1}=\dfrac{\dfrac{y_0}{x_0+c}+\dfrac{b^2 x_0}{a^2 y_0}}{1-\dfrac{b^2 x_0 y_0}{(x_0+c)a^2 y_0}}$

$=\dfrac{a^2 y_0^2+b^2 x_0^2+b^2 c x_0}{(a^2-b^2)x_0 y_0+a^2 c y_0}$。因为$P(x_0, y_0)$在椭圆上$C:\dfrac{x^2}{a^2}+\dfrac{y^2}{b^2}=1$上，所以$\tan\alpha'=\dfrac{b^2}{cy_0}$。同理，$PF_2$到$l$所成的角$\beta'$满足$\tan\beta=\dfrac{k-k_2}{1+kk_2}=\dfrac{b^2}{cy_0}$，所以$\tan\alpha'$

$=\tan \beta'$。而 α', $\beta' \in (0, \frac{\pi}{2})$，所以 $\alpha'=\beta'$。

椭圆光学性质的证明方法：

1. 经典证法　　　　2. 直观证法　　　　3. 解析证法

  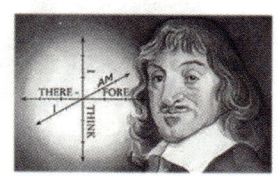

经典证法源于古希腊亚历山大时期数学三杰之一的阿波罗尼奥斯的《圆锥曲线论》。

直观证法源于20世纪数学大家、形式主义奠基人希尔伯特的《直观几何》。

解析证法得益于数学家笛卡儿，他将坐标系引入几何，利用代数方法解决几何问题。

3. 圆锥曲线光学性质在生活中的应用

（1）椭圆的这种光学特性，常被用来设计一些照明设备或聚热装置。例如，在 F_1 处放置一个热源，那么红外线也能聚焦于 F_2 处，对 F_2 处的物体加热。电影放映机的反光镜也是这个原理。

（2）双曲线这种反向虚聚焦性质，在天文望远镜的设计等方面，也能找到实际应用。我国首先制造成功的"双曲线电瓶新闻灯"，就是利用了双曲线的这个性质。原来使用的新闻灯个头比较大，外号叫"大头灯"。这种灯必须要放在比较近的距离才能照清楚，灯光刺眼。我国制造的双曲线电瓶新闻灯个头比较小，电瓶带在打灯人的身上，可以离得比较远，光线又显得比较柔和。

（3）抛物线这种聚焦特性，成为聚能装置或定向发射装置的最佳选择。例如，探照灯、汽车大灯等反射镜面的纵剖线是抛物线，把光源置于它的焦点处，经镜面反射后能成为平行光束，使照射距离加大，并可通过转动抛物线的对称轴方向，控制照射方向。卫星通信像碗一样接收或发射天线，也是以抛物线绕对称轴旋转得到的。把接收器置于其焦点，抛物线的对称轴跟踪对准卫星，这样可以把卫星发射的微弱电磁波讯号射线，最大限度地集中到接收器上，保证接收效果；反之，把发射装置安装在焦点，使对称轴跟踪对准卫星，则可以使发射的电磁波讯号射线能平行地到达卫星的接收装置，同样保证接收效果。最常见的太阳能热水器就是以抛物线镜面聚集太阳光加热焦点处的贮水器的。

图3-2-12　圆锥曲线光学性质在生活中的应用

圆锥曲线的光学性质是奇妙的，奇妙的背后蕴含着奇妙的数学关系。我们只有善于观察，勤于钻研，及时总结，才能闪现更多的灵感，才能在奇妙的数学世界中畅游。

五　项目课程反思

1. 学生感受分享

邴龙亭：上了一堂关于圆锥曲线光学性质及其应用的数学课，让我受益匪浅，老师首先用科学综艺引进教学内容，我和同学们开始一起思考是什么让所有落到有弧度模型上的小球汇到铃铛的位置，后来老师引导我们展开对这个弧形是哪一个图形的一部分的思考。经过我们的讨论和老师的引导，我们发现了这其中的道理。在课堂上，我们开展了一堂精彩绝伦的数学课。一些小组在课堂上进行了展示，将他们所想的用实验做了出来，有的很简单，有的比较复杂，但都很好的帮助我们理解这堂课的内容。随后，老师又用他的方法帮我们深刻地理解了这一堂课的内容。这堂课因为老师和我们一起合作完成，我们之间进行了很多交流，所以这堂课我们不仅学到了知识，也学到了很多人与人之间相处的方式。通过小组合作这种方式，我们更好地理解了学习的内容。我觉得项目式教学不仅让我们学到了知识，也能提高我们动手操作的能力，使我们对学习产生了更大的兴趣。

杜佳雪：通过这次的项目式教学，我收获了许多。以前的学习就只是学习知识点，通过这节课的学习我觉得我是在用知识结局现实生活中的问题而不是为了应对考试。结合现实情景，我对学习的知识有了更深刻的了解，比起死记硬背更容易理解，也明白了怎样运用知识解决现实生活中的问题。

2. 教师授课反思

本次项目式教学展示前期做了很多工作，从选题到搜集资料，再到学生展示、整理、汇总，我进行点评综合等，各个环节都进行了打磨与研究，利用小组分工合作展示的方式，增强学生的团队合作能力，做的都是对生活有用的技能。当然过程中也存在一些不足，比如说对教学过程中如何将小组的成果转化为班里全部同学的成果，是教师应该思考和去做的任务。每个小组都给出了不错的方案，教师应及时评价和指导，并引导每一位学生融入其中，掌握每一种思想和每一个方法。

六 项目评价

针对以上评价问题，笔者设计了学生学习评价量表，引导学生完整且高效地完成本节的学习任务。

表3-2-8 学生学习评价量表

评价项目	评价内容	评价标准				自评	互评	师评
		优（5分）	良（4分）	中（3分）	差（2分）			
学习态度	1. 学习目标明确，重视学习过程的反思，积极优化学习方法。 2. 逐步形成浓厚的数学学习兴趣。 3. 保质保量按时完成作业。	积极，热情，主动。	积极热情但欠主动。	态度一般。	较差。			

续表

评价项目	评价内容	评价标准				自评	互评	师评
		优（5分）	良（4分）	中（3分）	差（2分）			
	4. 重视自主探索、自主学习，拓宽视野。							
学习方式	1. 学生个体的自主学习能力强，会倾听、思考、表达和质疑。 2. 学生普遍有浓厚的学习兴趣，在学习过程中参与度高。 3. 学生之间能采取合作学习的方式，并在合作中分工明确地进行有序和有效的探究。 4. 学生在学习中能自主反思，发挥求异、求新的创新精神，积极地提出问题和讨论问题。	自主学习能力强，会倾听、思考、表达和质疑。	自主学习能力较强，会倾听、思考、表达。	自主学习能力一般，会倾听。	自主学习能力较差，不会思考。			
参与程度	1. 认真参加数学学习活动，积极思考，善于发现问题，勇于解决问题。 2. 逐步提高数学表达与交流能力。 3. 积极参加数学探究、数学建模活动，加强数学文化的学习。 4. 积极参加数学实践活动等。	积极思考，善于发现问题，勇于解决问题，表达能力强。	积极思考，善于发现问题，勇于解决问题。	能发现问题，解决问题能力一般。	参与意识不够积极主动。			

续表

评价项目	评价内容	评价标准				自评	互评	师评
		优（5分）	良（4分）	中（3分）	差（2分）			
合作意识	1. 积极参加数学合作学习，勇于接受任务、敢于承担责任。 2. 加强小组合作，取长补短，共同提高。 3. 乐于助人，积极帮助学习有困难的同学。 4. 公平、公正地进行自评和互评，评价过程认真、负责、有诚信。	合作意识强，组织能力好，与别人互相提高，有学习效果。	能与他人合作，并积极帮助有困难的学习。	有合作意识，但总结能力不强。	不能很好地与他人合作学习。			
探究活动	1. 积极尝试、体验数学研究的过程。 2. 逐步形成严谨的科学态度，不怕困难的科学精神。 3. 勇于质疑，善于反思，有创新意识。 4. 善于观察分析数学事实，提出有意义的数学问题，猜测、探求适当的数学结论和规律，给出解释和证明，撰写探究活动报告。	①对事物的性质、规律及该事物与他事物内在联系达到较深刻的理解。	②（同左①）理解较浅。	③（同左①）理解模糊。	④（同左①）未理解。			
数学核心素养	1. 认真观察数学与日常生活和其他学科的联系。 2. 积极体验数学在解决实际问题中的价值和作用。 3. 自觉养成应用数学知识解决实际问题的意识，增强综合应用能力。	能很灵活运用知识解决问题。	较灵活运用知识解决问题。	应用知识技能一般。	解决实际能力较差。			

续表

评价项目	评价内容	评价标准				自评	互评	师评
		优（5分）	良（4分）	中（3分）	差（2分）			
综合评价	小组评价等级		任课教师评价等级					

备注： A. 优秀　　B. 良好　　C. 一般　　D. 有待改进

七　项目结语

　　从本节课的具体实践中，项目式教学带给我们的体验在于教师的作用不再是一部百科全书或一个供学生利用的资料库，而成为一名向导和顾问。教师帮助学生在独立研究的道路上迅速前进，引导学生如何在实践中发现新知识，掌握新内容。学生作为学习的主体，通过独立完成项目把理论与实践有机地结合起来，不仅提高了理论水平和实操技能，而且又在教师有目的的引导下，培养了合作、解决问题等综合能力。同时，教师在观察学生、帮助学生的过程中，开阔了视野，提高了专业水平。可以说，项目式教学是师生共同完成项目、共同取得进步的教学方法。在高中数学课堂教学中，项目式教学有其独特的优势，值得教育者进一步去探索与研究。

（执教人：周梦鸽）

第3节 基于数学探究活动的小项目式教学

案例1 基于高度问题的解决——正余弦定理应用

摘要：项目式教学是一种以学生为中心，注重学习过程的教学方式。主要方法是在老师的指导下，将一个相对独立的项目交由学生处理，由学生自主进行信息的收集、方案的制订、项目实施及最终评价。学生通过进行该项目，了解并把握整个过程及每一个环节中的基本要求。项目式教学最显著的特点是以项目为主线、教师为引导、学生为主体。日常生活中，我们经常将实际问题抽象成数学问题，通过构建平面或立体图形来解决问题。正弦定理、余弦定理在实际生活中有着广泛的应用，如测量距离、高度、角度等等。在运用正弦定理、余弦定理解决实际问题时，我们常根据题意，将实际问题抽象成三角问题，通过解三角形，得出所求的解，从而解决实际问题。整个过程中，学生学习处理实际问题的方法，找出最关键的数量关系，将相关的量及数字、符号表示出来，体会数学建模的过程。

关键词：项目式教学；实际问题抽象转化；数据处理能力；数学建模

一 项目课程背景

1. 教材内容分析

本课内容来源于人教A版数学必修5 "解三角形"中的应用举例。内容涉及正余弦定理，是初中解直角三角形内容的直接延伸，也是三角函数一般知识的具体运用，是解可转化为三角形计算问题的其他数学问题及生产、生活实际问题的重要工具。教学中，利用应用举例来培养学生数学建模能力和数据处理能力。为了能让学生切身体验数学在生活中的重要性、普遍性，同时为了更有说服力，本教学设计以学生拍摄测量视频为背景，应用正余弦定理解决有关高度问题，以便学生在实际问题中能够熟练应用。学生在学习时要注意在某种实际问题下哪些条件可以测量，哪些不能，测量时有哪些方案，并分析其可行性和精确性。这样使教学过程成为学生主动获取知识、发展能力、体验数学的过程。

2. 基本学情分析

学生已经学习了高中数学中三角函数、平面向量、三角恒等变换以及正弦定理、余弦定理的内容，对三角形中的边角关系有了初步的认识，通过数学知识储备能解决一些简单的边角关系问题。同时高中生已经具有了必要的生活经验。因此，可以通过生活中的例子引入"如何用正弦定理、余弦定理解决实际问题"，以此激发学生探究的兴趣，让学生自然而然地接受一些处理实际问题的方法。这样有助于培养学生发现问题、探索问题、解决问题的能力，养成良好的思考习惯。

3. 教学目标设定

（1）运用正余弦定理解决"边角边""边边边""边边角"的三角形问题；

（2）掌握正弦定理、余弦定理在实际问题中的应用，能对设计的方案进行科学论证与评价；

（3）探究测量高度问题的方案和实际意义；

（4）利用项目式教学的流程及其作用，了解正余弦定理在生活中的应用，感受数学与生活之间的密切联系，同时用学到的数学原理尝试进行创新设计，实现对学生批判性思维的培养。

4. 教学重点、难点

重点：运用正弦定理、余弦定理解三角形，将实际问题转化成数学问题。

难点：从实际问题中抽象出一个或几个三角形，然后逐个解三角形，得到实际问题的解。

二 项目课程实施

1. 项目导入与实施（10分钟）

课前准备：准备测量工具测距仪、全站仪及支架，实地测量和毛公山相关的角度、距离等数据。组成学习小组，进行讨论问题、收集信息、尝试计算等活动。

知识预备：请分别写出正余弦定理的内容，并思考正余弦定理可解决哪几类三角形问题。

（1）导入方式

通过展示学生录制的视频，引出本节课的任务——测量高度，从而引导学生思考如何制订方案，以及在生活中有哪些应用。

（2）项目任务目标

①搜集古代测量高度的方法，归纳测量的理论依据；

②制订测量毛公山的方案，能进行科学论证和评价；

③应用所学内容对学校钟楼和艺术楼的高度进行测量。

针对以上三个问题，进行文献搜集与论证，利用课下时间测量毛公山，制作课件或视频。

（3）分组实施

鼓励学生以小组（不超过6人）为单位完成任务，支持自由组队。每个小组都需要至少完成两个任务。小组领取任务工作单（表3-3-1），填写后汇报给教师。

表3-3-1 项目任务工作单

项目任务工作单				
任务名称			时间	
组长		组员		
任务分工				
实施中遇到的问题与处理方法				
项目心得				

2. 项目教学过程展演讨论（35分钟）

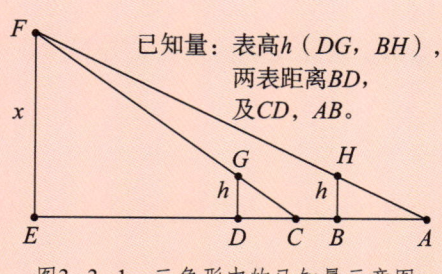

图3-3-1 三角形中的已知量示意图

步骤1：

由 $\triangle AEF \backsim \triangle ABH$，$\triangle CEF \backsim \triangle CDG$ 可知 $\dfrac{AE}{x}=\dfrac{AB}{h}$，$\dfrac{CE}{x}=\dfrac{CD}{h}$，

即 $AE=\dfrac{AB \cdot x}{h}$，$CE=\dfrac{CD \cdot x}{h}$。

步骤2：

$BD=BE-DE=(AE-AB)-(CE-CD)$。

步骤3：

由 $BD=(AE-AB)-(CE-CD)$，$AE=\dfrac{AB \cdot x}{h}$，$CE=\dfrac{CD \cdot x}{h}$，可得

$x=\dfrac{BD \cdot h}{AB-CD}+h$。

（1）项目背景

正余弦定理在实际生活中有很多应用，如测量学校钟楼的高度，因此我们对"利用正余弦定理解决测量问题"进行研究。通过视频展开本节课的探究，以生活中各种名山的视频和图片来创设教学情境，这样既能引起学生学习数学的兴趣，又能让学生感受数学之美，同时还能让学生知道数学在实际生活中的重要应用。

（2）项目提出

学生读材料：古代测金字塔的高度，从中西方两方面进行介绍。《海岛算经》第十卷《重差》中介绍：今有望海岛，立两表，齐高三丈，前后相去千步，

令后表与前表参相直。从前表却行一百二十三步,人目着地取望岛峰,与表末参合。从后表却行一百二十七步,人目着地取望岛峰,亦与表末参合。问岛高及去表各几何。

教师:通过刚才的讲解,我们了解到古人测量物体的高度主要是利用"在同一时刻物高与影长的比例"的原理解决,即相似三角形的知识。同时我们也感受到了古人的智慧。

教师:请同学们看这张图片,图片上的山是我们学校附近的毛公山,如果还用古人的方法,是否可以测量山高?

学生:不能。

教师:对,山上树木多,不好量取高度,所以显然不行。这样便给我们提出了新的问题,如何测量这个山的高度?

(3)寻找展示方案并建立数学模型

教师:为了解决这个问题,我将班级同学分成了三个小组,就这一问题分别进行探究,同时给出他们的方案。请第一小组同学展示方案。

学生:上黑板讲解,展示三次测量中的数据并取平均值。

教师:取平均值是为了减少测量中带来的误差。请同学们思考,第一组方案的优缺点及实际测量中的困惑。

学生:优点是测量的量较少,误差出现的较少,只需用三个量解决。

教师:很好,我们的最终目标是测量山的高度,测量的量少,计算简单,则不易出错。那么,缺点是什么?

学生:这种方案需要取较长的基线,两点间的距离较短,基线较短,可能导致三角形重合。

教师:很好,教材中也介绍了基线越长越准确。

教师:请第一组同学介绍一下,你们在测量过程中遇到的困难。

学生:我们在第一次测量时基线较短,长为60米,发现仰角的差还不到一度,两个三角形几乎完全重合,无法计算。后来基线延长到160米,仰角的差达到5°,此时计算的结果更准确。

教师:总结第一组方案中的优缺点及困惑。

教师:请第二组同学介绍一下。

学生：山脚下选取观测点 C，半山腰选取观测点 D。测出基线 CD 的长度，测出角度，具体过程如下……

教师：第二种方案在第一种方案的实施下进行了改进，请同学总结优缺点。

学生：不足是若山路崎岖，便不易测量。

教师：这种测量方案要求山路相对平缓，说明对地平面基线的选取要求较高。下面我们将方案继续改进，请第三组同学进行汇报。

学生：（黑板上展示测量方案）我们给出了测量数据三角形中两个角 α 和 β，仰角 ϕ 以及基线 x，请同学们帮忙计算一下山高 h 的表达式。

学生：（讲解推导过程得出表达式）。

教师：这种测量方案的优缺点是什么？

学生：优点是对地理环境的限制较少，基线的选取较方便。

教师：其他同学对此方案是否还有困惑或疑问？

学生：如何选取方案中点 P？

教师：请第三组同学解答。

学生：……

图3-3-2　课堂实录瞬间

（4）模型对比分析

教师：比较可得三种方案的结果有出入，是什么原因带来的误差呢？请同学们小组内进行交流。

学生：测量仪器架设时，三脚架的高低会产生误差；天气原因导致测量时激光、温度、湿度、压强等都会产生误差；观测时人的肉眼看到的数据也可能产生误差。

教师：很好，三个小组对给出的方案和数据及产生的误差分别进行了分析，相比较而言第三个方案可行性更高，应用性更强。

（5）项目延伸

教师：测量是由部分同学参加的，其他同学没有参与进来，是否还有其他同学想体验一下？这里有一个假山，提供给大家量角器、直尺、三角尺、标杆，我们用实际方案来测量，并在最后利用标杆来测量假山的实际高度，检测一下方案

图3-3-3 学生活动照片

图3-3-4 学生活动照片

的可行性。有哪位同学想参与一下？

学生：（纷纷举手）。

学生汇报测量数据，其他同学利用方案三进行计算假山的高度。

教师：计算出的数据为 $51\sqrt{6}$，取 $\sqrt{6} \approx 2.45$，最终计算的结果是多少？

学生：124.899，量出的实际山高是125.2。

教师：由此我们验证了方案的可行性，虽然测量的工具只有三角板，没有全站仪那么精准，但同学们利用相似三角形减少了测量的量，最终得到了山高。

（6）课堂小结

①本项目学习的知识收获；

②项目式学习的经历和感悟。

表3-3-2 项目展演讨论

教学环节	教师活动	学生活动	设计意图
任务1展评：古代测量高度的方法，通过搜索资料并制作课件进行讲解（10分钟）	选取两个小组，每个小组派1名代表讲述自身针对任务1的调研结果	两组学生代表轮流上台展示，并说出古代人测量高度的理论依据	学生在亲身动手实验的过程中得到的结论，记忆更持久，激发学生的学习热情与动力
任务2展评：测量毛公山山高的方案，通过对相关测量仪器的学习、使用和实地考	在设计方案过程中，有哪些不同的方法？这些方法有哪些优缺点？分别适用于哪种具体情境？另外挑选三组，请同学们展示、分析所制订的方案	三组学生思考、提出制订方案并分别展示，运用正余弦知识对其进行推理论证，并由学生通过	通过信息化手段，强化学习内容的理解，以STEAM方式感受数学在实际生活的作用。实际问题推动数学发展，数学发展推动科学技术发展，引导学生体会数学方

教学环节	教师活动	学生活动	设计意图
察来掌握 （15分钟）	针对每个小组的设计方案进行点评，讨论所建立的数学模型的可行性	C++语言设计的程序进行现场运算	法是解决实际问题的一大途径
任务3展评：应用所学内容对学校钟楼和艺术楼的高度进行测量 （10分钟）	提出问题，如何测量我校钟楼和艺术楼，教师在学生课上讨论后选取3个小组，每个小组派1名代表上台展示本小组的讨论结果	学生上台展示，给出测量公式和草图。每个小组的讨论结果都由另一小组进行点评，指出其方案的优劣	数学源于生活，生活依靠数学。本活动充满趣味性，学生通过当堂学习的知识解决生活中的问题，加深了对知识点的印象，同时也提升了对数学的感悟，使学生对数学学习的重要性理解得更为深刻

3. 项目回顾延伸（5分钟）

结合教学目标突出项目收获，让学生既明确关联数学知识点，又能理解数学原理在实际生活中的应用。引下面若干问题，鼓励学生继续思考并探索。

问题1：你能将正余弦定理进行组合，尝试编制一道测量高度的数学题吗？

问题2：在正余弦定理的应用中，如何测量距离和角度？

问题3：你能设计出测量距离和角度的方案，并给出推理论证吗？

三 项目课程总结

1. 项目作品报告

展示测量山高的方案：

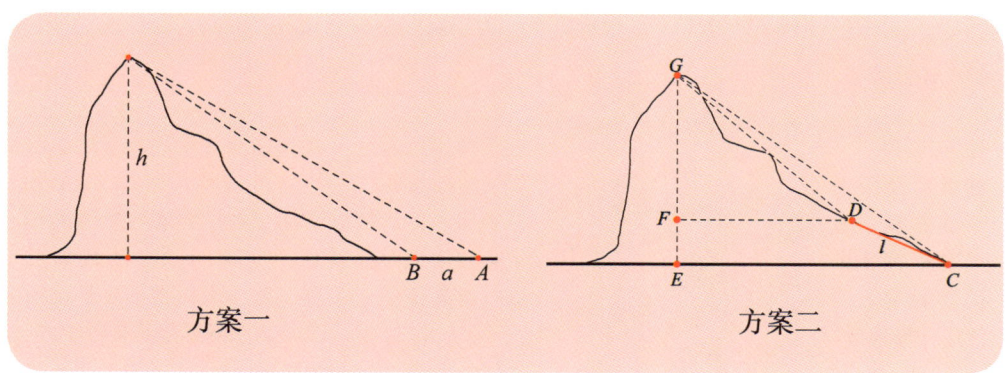

方案一　　　　　　　　　　方案二

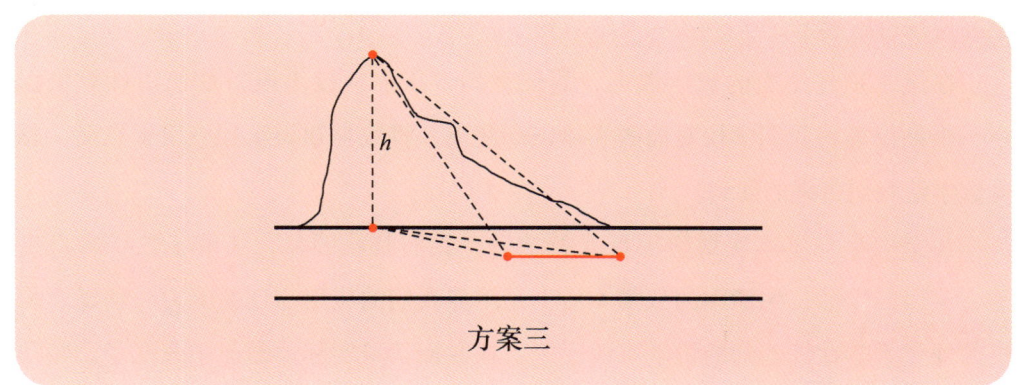

图3-3-5 测量山高的方案图

2.学生感受分享

2018年3月24日上午,我校高中数学组邹旭涛老师开设了一场别开生面的数学项目式教学课程,同学们通过对正余弦定理的学习,制订方案并测量实物山高,做到对所学知识的完全掌握并灵活运用。

在科技并不发达的时代,古人都是如何测量山高的呢?通过唐欣然、崔璨麟两位同学的介绍,我们总结出古人测量物体高度主要是利用"在同一时刻物高与影长的比例相等"的原理,即相似三角形的知识。

在测量山高的过程中,我们班的同学分为了3个组,分别是设计与计算组、测量组和反思组。经过最终研究,我们得出了3种测量方案,根据测量方案运用全站仪进行山体实物测量。我们班的米乐和郭晓韬同学专门设计了运算程序,更方便我们对山高的计算。

张子淳同学介绍的方案一是找到山顶点的铅垂线与水平面的交点,再找到与其共线的两点,通过测量两点的距离及两个仰角来测量的。刘奕彤同学介绍的方案二是运用山的地形,在山上找到一点,山脚找到一点,通过测量两点距离、两仰角对它们进行作差,构造与水平面垂直的三角形而实现的。王骏艺同学介绍的方案三是在水平面上找到任意两点,用这两点与山顶点、山顶点的铅垂线与水平面的交点构成的3个三角形进行计算的。

针对我们测量的实体山,方案三的测量方法更接近山的真实高度107.3米。王嘉琪同学专门制作了山的模型,让同学们通过方案三的测量方法现场计算模型山的山高,巩固了同学们对新知识的理解。

李家葆小组受到山高测量方案的启发,联想到对河宽的测量,设计了测量方案并现场进行展示。

在这堂别开生面的数学课上，我们运用了很多科技手段，如使用计算机程序、全站仪等将我们学校对面的实体山高测出，将数学知识实际应用于生活，感受数学给我们带来的便利。

在全程参与了本次数学项目式教学后，我们收获颇多，了解了数学来自生活，又回归生活，生活中的数学本质上是培养我们的应用与创新能力。枯燥、呆板的课堂教学在邹老师的讲解下改变了，在我们切身实际地参与中改变了。整堂课在邹老师的引导下有序、有理、有法，我们经过思考、钻研、整理、小组合作，整堂课过得轻松、和谐。这种课堂与实际生活相结合的教学模式，激发了我们求知的欲望，培养了我们学习数学的兴趣，充分发挥了项目式教学的优势。

3. 教师授课反思

"解三角形"的本质就是利用正弦定理和余弦定理解出三角形中其他未知的边和角。本节课其实是对正、余弦定理应用的拓展和强化。本节课的重点是运用正弦定理和余弦定理处理生活中具体物体的高度的计算问题，难点是如何在理解题意的基础上将实际问题数学化。为了突出重点，突破习题难点，在求解问题时，首先要确定已知量与未知量之间相关联系，把所求的问题转化为由已知条件可直接求解的量上来。

根据教学计划和分析学生特征给学生一个研究性学习的主题，帮助学生拟订好课题，并引导学生顺利进入研究性学习。学生利用假期去毛公山测量山的高度，分别采用了三种不同的方案来探究。让学生真正成为学习的主人，自主地、有效地完成学习任务，教师起到指导者、促进者的作用。

本次实践给学生带来了全新的学习乐趣和感受。在这个过程中，学生遇到了许多困难，但他们都能逐渐克服，转变了对学习和生活缺少独立思考的一些依赖观念。

4. 专家点评指导

2018年3月23日至25日，山东省项目式教学与教师专业发展现场会在我校举行。会议分为项目式教学展示课、评课与交流讨论，邹老师进行了项目式教学展示（现场课）。

北京师范大学的曹一鸣教授对本节课进行了评价：邹旭涛老师以"正余弦定理的应用"为知识基础，结合测量山的高度等实际问题展开项目式教学研究。在研究的过程中采取课内研究与课外实践相结合的形式，通过课内设计测量方案、课外具体测量、课上交流讨论三个环节，引导学生从设计、实践、反思三个层次运用数学知识解决生活中的具体问题。邹老师通过微视频、传统文化分享、方案展示、小组讨论的形式，让学生在探讨中学习、运用知识。学生在这次的研究性学习后，学习积极性增强，热情高涨，对数学产生了较为浓厚的兴趣，学习数学的积极性也有了较大的提高，使学生体会到生活中数学无处不在，学习数学是有用的。曹一鸣教授向在座教师解读要研究项目式教学问题的原因，并从项目式教学选题以及组织形式的角度肯定了邹旭涛老师的设计，给予了高度评价。

山东省教科院课程发展中心李红婷主任进一步就项目式教学研究过程的规范性做出说明，并提出"用行动研究支持课堂建设"等看法，肯定了青岛39中的课程开发能力以及项目式教学发展特色，也对本节展示课给予了高度的评价。

（执教人：邹旭涛）

案例2 穿越三百年对数之光——滑尺运算

一 项目背景

本节课是基于人教A版必修一"对数"内容设计的项目式教学，题材来源于本节课教材课后的"阅读与思考"材料。学生在学习对数这一节时，对于"对数"和"对数计算公式"难以进行深入学习，对于"对数"的理解也仅限于指数的逆运算，无法体会对数在数学史上简化乘除运算的作用。对于对数计算公式，学生会用指数运算公式进行逆向推导，但却无法理解对数运算公式的意义，甚至认为对数运算公式的学习没有价值，单纯利用指数运算公式也可以解决这些问题，在这种学习情绪之下，学生对于对数一节课缺乏求知欲和兴趣。

因此，本节课从"阅读与思考"中对数的发明、发展过程为例，从数学史入手布置前期准备任务。第一步,确立项目研究内容与对数有关,布置任务让学生搜集对数的发明发展史,每个小组搜集至少一个与对数相关的项目,并撰写项目汇报PPT,简述项目可以拓展研究的部分,待班级集体汇报之后,投票选取最后集中开展的项目。在第一步任务之中,学生的探索欲望比较高,确立的课题有对数数学史的研究、对数表的应用、对数计算尺的应用。在小组汇报时,由于学生对于对数计算尺接触较少,普遍比较有探索兴趣,而且一直认为在简化乘法运算方面对数计算尺比起计算表而言更加直观形象,因此最后确定了对数尺作为研究对象。第二步,在确定对数尺为研究对象之后,教师开始制订并发放任务清单,学生完成任务清单中的前期准备内容。任务清单前期准备内容包括:①查找对数的发明发展史,简述对数的应用是如何帮助简化乘除运算的;②简要介绍对数的具体应用形式"对数尺"的构造;③介绍如何用计算尺进行简单的乘、除、乘方、开方运算;④自行制作计算尺。

二 项目设计

1. 制订项目目标

结合教学过程和计算尺的设计思路,基于学生现阶段学习情况,为了发动学生主动、积极探索知识的学习劲头,培养学生六大核心素养,现将项目目标制订如下:①能通过本节课的学习,掌握对数计算公式的变化应用,能利用对数计算公式化简运算,提升自己的数学运算能力;②能通过对数计算公式解释计算尺的操作原理,提升自己的逻辑推理能力;③能根据对数运算公式及其简化乘、除、乘方、开方运算的特点,意识到此类知识的出题种类和变化方向;④通过分析计算尺的应用,体会计算尺作为第一个模拟计算工具背后含有的数学建模思想。

2. 开发项目资源

基于本节课课程目标,教师需要充分调动学生的积极性,通过学生自主探索得到实践成果。而在教学过程中,可以开发的项目资源有对数计算尺的介绍课件制作、学生自行制作电子计算尺、计算尺刻度的原理及使用方法探究。

在对数计算尺的介绍中,学生可自行查阅对数的发明发展史以及计算尺的构造,向同学们进行展示介绍。在自行制作电子计算尺的活动中,学生要知其然更要知其所以然，只有将计算尺背后的刻度原理进行深入理解，才能清楚掌握计算尺蕴含的对数知识。因此，学生自行制作计算尺是必要的：一方面可以让学生理解清楚知识内涵；另一方面，可以推动学生自主学习，投入项目的开发之中。计算尺的制作可以分为两种方式：第一种，利用纸笔，根据对数刻度原理，绘制简易计算尺；第二种，利用数学教学软件，制作电子计算尺，便于学生展示和操作。在计算尺的原理及使用方法探究过程中，因为计算尺功能强大，背后涉及的数学知识包含对数但又不仅限于对数，所以应该在计算尺的领域进行筛选，选取在学生能力范围内的、适宜探究的内容进行探究。

3. 项目设计过程

项目分为前期准备内容和课堂探究内容。

在前期准备内容中，为了打好课堂基础，令学生充分了解对数尺的基础内容，教师引导学生参与项目的选择与确立、项目的设计与研究内容、前期准备工作框架设计。前期准备过程中应包括查找对数发明发展史、介绍对数计算尺和掌握对数计算尺简单的乘除运算，并探究对数计算尺简化乘除运算的原理，这些都是为了课堂探究打下基础。

展示课分为前期内容展示、中间活动探讨和项目总结回顾三个部分。选择前期准备内容做得最好的几组进行当堂展示，为前期工作做总结并且为课堂探究内容做铺垫。在课堂探究环节，带领学生由浅入深，逐渐加深题目难度，完成对计算尺相关知识的探索。在设计探究内容中，结合课本对数运算公式，选择与对数公式紧密联系的乘法、除法、乘方、开方运算，既能让学生通过操作滑尺明白对数简化运算的作用，也能让学生在这个过程中熟悉应用对数公式。课前引入部分采用的是阿波罗13号飞船发射过程中出现故障，机组人员紧急救援的过程。在救援过程中，需要计算飞机航行的轨道高度，利用万有引力定律可得公式。公式涉及乘除和乘方运算，既能与物理学科相融合，又能帮助我们展开项目探究。在探究乘法过程中，层层递进，设计三个题目，从一开始的基础题，到后来需要转化与化归思想的变式题，再到后来要用到近似取值的大数运算，逐步培养学生转化与化归思想，并且认识到计算尺也有局限性，只能得到近似值，让学生体会今日计算工具的进步在数学史上是来之不易的。而对于除法、乘方和开方运算，可在乘法的基础上举一反三，深入探究。若学生学有余力，还可以探究二次方尺、三次方尺与C尺、D尺刻度之间的关系，加深学生对公式的理解。

进入总结阶段后，让学生总结本节课所学知识点，并且说出对于这节课的感悟，提出自己课后需要加深探索之处。最后，教师鼓励大家好学不倦，持之以恒，继续探索。这一部分既是对本节课所学知识点和学习方法的总结，也在一定程度上增加了课程延伸的可能性，为课后的探究提供材料，如计算尺连乘、连除和三角函数、倒数尺的应用。在课后引入短片，短片内容是我国科学家运用计算尺研制两弹一星的故事，启示学生在物阜民丰的今天应锲而不舍，继续努力，报效祖国。

三 项目框架

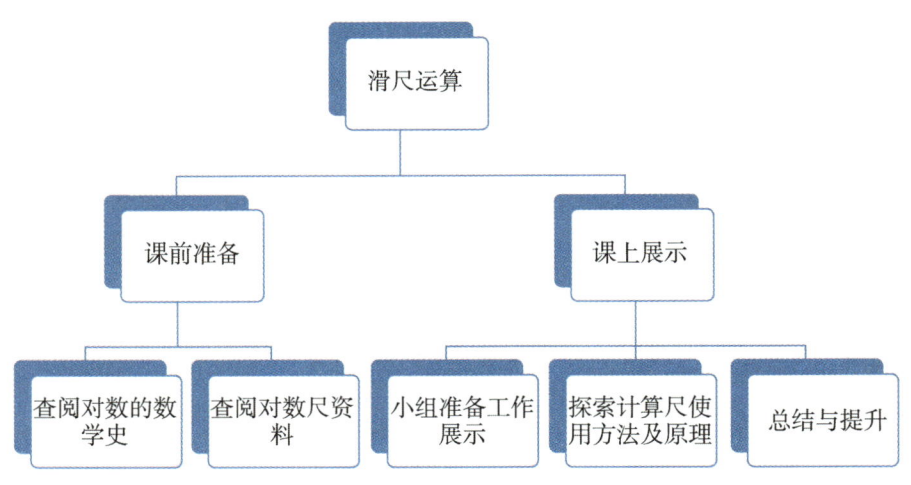

图3-3-6 项目框架示意图

任务清单：①资料的搜集与阅读，查询对数的发明背景和计算尺的由来发展和使用方法；②实践操作，会用计算尺进行简单的乘除运算；③当堂展示，介绍前期准备阶段工作成果；④课堂探究，完成乘除和乘方的大数近似运算；⑤整理与总结，回顾本节课所学知识。

四 项目实施

表3-3-3 项目实施教学过程

	教师活动	学生活动	设计意图
教学过程	【项目立项】 观看阿波罗13号发射过程出现故障，机组人员紧急救援的视频。 师：刚刚放映的内容是人类航空史上的真实事件改编而成的电影。人类在苍穹之下如此渺小，但知识在关键时刻可以拯救人类的命运。救援过程争分夺秒，稍有差池就会机毁人亡。现在计算飞船绕地航行的轨道高度，已知飞船的运行速度为11.176km/s，根据万有引力公式，航道高度计算公式为 $r = \dfrac{GM}{v^2}$ $= \dfrac{6.67 \times 10^{-11} \times 5.965 \times 10^{24}}{11.176^2}$。 放在今天可以利用计算机软件迅速求值，而在计算工具尚不发达的当时，该用什么方法快速得出轨道高度呢？让我们共同来学习计算尺的使用方法。 【项目研究】 **背景介绍1　计算尺构造、由来** 师：前期准备工作中，四组第一个任务完成得最好，下面请小组代表为我们介绍计算尺的构造、由来。 **背景介绍2　计算尺的使用方法** 师：计算尺的构造说明为我们探究它的应用打下了良好的基础。前期准备工作中，二组第二个任务完成得最好，下面请小组代表为我们介	尝试计算轨道高度，并对计算尺简化运算的作用有初步了解。 **背景介绍1** 答：首先请同学们观察我们组搜集到的计算尺发展历史，了解计算尺的前世今生，下面我来介绍一下计算尺的构造。计算尺由上下两把定尺和中间的滑尺以及用来对准刻度的游标线组成，因为通过抽动滑尺进行运算，所以这种运算方法叫滑尺运算。图片展示的计算尺由K、A、B、CI、C、D六把尺子组成。其中C、D两把尺子用来做乘除运算，范围是1—10，A尺和D尺都在定尺，A、D两尺互相对应，A尺为D尺的平方尺，D=2，A=4，D=3，A=9。B尺和C尺都在滑尺上，两尺对应，B尺是C尺的平方尺。K尺是D尺的三次方尺，利用CI尺可以求C尺倒数，以上就是计算尺的主要构造（图3-3-7）。 **背景介绍2** 答：为了方便演示，我们小组成员用Geogebra软件制作了一把数字计算尺。（图3-3-8）从图片可以看出，对数尺的刻度不是等距离的，这是因为对数尺刻度采用的是对数刻度，C尺标记刻度为1，实际刻度为Mlg1，因此C尺的起始刻度是1而不是0，C尺的标记	让学生尝试计算烦琐的大数乘、除、乘方运算，通过纯人工计算的复杂性体会计算尺简化运算的重要作用，为学习计算尺奠定基础。 通过前期任务的展示汇报，让学生对计算尺的由来发展、基本构造、基本使用方法有一定了解，为后期的项目探究做准备。

续表

	教师活动	学生活动	设计意图
教学过程	绍如何用计算尺进行简单的乘法运算。 **探究1：计算尺的乘法运算** 师：二组代表不仅介绍了对数尺C尺的刻度原理与应用方法，而且利用计算机软件，制造出简化的计算尺验证自己的猜想。两个小组的代表都细致地为我们介绍了对数尺，那现在就请同学们以小组为单位探究下面三个公式如何用计算尺得出答案。 1.5×4.6； 5.5×3.4； $299\ 792.458 \times 31\ 536\ 000$。 师：第一道题我们用滑尺运算可以迅速得到答案是多少？ 师：第二道题答案超过了C、D两尺从1到10的刻度范围，我们该怎样用计算尺算出第二道题的答案呢？	刻度为n，那么实际刻度为$M\lg n$（M是为了方便观察而扩大的倍数）。因此，倘若计算2×3。只需要将C尺1刻度对准D尺2刻度，将C尺3刻度对准的结果6就是我们的答案。这是因为D尺1-2线段长为$\lg 2$，C尺1-3线段长为$\lg 3$，最终的结果就是$\lg 2 + \lg 3 = \lg(2 \times 3) = \lg 6$，（图3-3-9）原理是线段可加性和对数计算公式$\log_a(MN) = \log_a M + \log_a N$。 小组合作，交流探讨，得出答案。 答：将$1.5 \times 4.6$取对数，转化为$\lg 1.5 + \lg 4.6$，再利用对数尺的线段可加性，得到答案为6.9。 答：第一种方法，利用A、B两尺计算答案，A、B两尺也可仿照C、D两尺进行乘法运算，而且A、B两尺范围是从1到100，能满足计算结果。第二种方法，利用C、D两尺进行乘法运算，将5.5×3.4取对数，转化为$\lg 5.5 + \lg 3.4$，因为超过C、D两尺范围，所以再减去$\lg 10$。将得到的答案乘以10就是得数。操作的具体方法是，C尺10对应D尺5.5，C尺的3.4对应的D尺刻度是1.87，因此18.7就是最后的答案。这种操作方法是在C尺上取线段长$\lg 5.5$，再在D尺取线段长$\lg 10 - \lg 3.4$，相减得$\lg 5.5 - (\lg 10 - \lg 3.4)$乘10后即为答案（图3-3-10）。	通过简单的乘法运算，了解计算尺进行乘法运算的原理，为后期研究除法、乘方、开方奠定基础。 通过例题，检测学生成果。 三个例题由易到难，循序渐进，促进学生在探索交流中逐步掌握使用计算尺计算乘法运算的原理和方法。

续表

	教师活动	学生活动	设计意图
教学过程	师：运用转化与化归的思想，用小尺子解决了大运算。那我们来看一下数据更大的第三题该如何用计算尺解决呢？ 师：同学们用转化与化归、取近似值等方法解决了大数的运算，可以说尺子虽小，但在同学们的神奇转化之下却可以计算天文数字。 **探究2：计算尺的除法运算** 师：公式不仅要学会正用，掌握了逆用和变用之后才是透彻地掌握了公式的运算。同学们能否在乘法的基础上探究如何用计算尺进行除法运算。计算3÷2.46、1.45÷2.32。 师：那么第二道题的答案小于1，不在C尺范围内，该如何计算呢？ 师：利用了转化与化归的思想，将除法运算也进行了合理的转化，成功解决了不在范围内的除法运算。 **探究3：计算尺的乘方、开方运算** 师：同学们尝试思考如何用计算尺进行乘方、开方运算。 （1）2.64^2；（2）$\sqrt{2.9}$。 师：平方与开方运算的原理是什么呢？	答：取近似值，转化为 $3 \times 10^5 \times 3.15 \times 10^7$。 小组合作，交流探讨，得出答案。 答：将3÷2.46取对数，转化为lg3-lg2.46，再利用对数尺的线段可加性，C尺3对应D尺2.46，D尺的1对应的C尺刻度是1.22，得到近似答案为1.22（图3-3-11）。 答：因为答案小于1，所以转化为对数运算后为了使其在范围内，还需要加lg10，lg1.45-lg2.32+lg10。具体操作方法是将C尺1.45对应D尺2.32，D尺的10对应的C尺刻度是6.25，因此0.625就是最后的答案。这种操作方法是在C尺上取线段长lg10，再在D尺取线段长lg2.32-lg1.45，相减得lg10-（lg2.32-lg1.45）乘10后即为答案（图3-12）。 答：因为D尺为A尺平方尺，将游标对准D尺2.64，即可得A尺估计值7，将游标对准A尺2.9，即可得D尺估计值1.7。 答：$\log_a M^n = n\log_a M$。 答：$\lg \dfrac{M}{N} = \lg M - \lg N$ $= 361 \lg 3 - 80 \approx 93$，选D。	层层递进，通过完成三道练习题，逐步掌握计算尺的乘法使用法则。 举一反三，通过探究除法的使用法则，掌握对数计算公式 $\log_a \dfrac{M}{N} = \log_a M - \log_a N$ 的实际应用。 举一反三，利用平方尺迅速得到平方和开方运算结果。

续表

教师活动	学生活动	设计意图
【项目研究】 1.根据有关资料，围棋状态空间复杂度的上限M约为3^{361}，而可观测宇宙中普通物质的原子总数N约为10^{80}，则下列各数中与$\dfrac{M}{N}$最接近的是（　　） （参考数据：$\lg 3\approx 0.48$） A. 10^{33}　B. 10^{53}　C. 10^{73}　D. 10^{93} **【项目验收】** 师：现在请同学们应用本节课学到的知识，完成飞船绕地运行轨道高度的计算 $r=\dfrac{GM}{v^2}$ $=\dfrac{6.67\times 10^{-11}\times 5.965\times 10^{24}}{11.176^2}$。 **【后期项目完善】** 师：大部分小组都得到了最后的答案。但我注意到很多小组都是采用先计算分子乘法，再计算分母平方，最后再分子除以分母得到答案，其实计算尺可以一步到位解决连乘和连除问题，甚至还可以求三角函数。后续强大的功能留到以后再详细研究。 **【项目总结与评价】** 师：有哪位同学可以总结本节课学习了哪些内容？ 师：在人类发展的长河中，数学的作用是不可估量的。计算史中，从最开始的纯手工结绳计数，到开辟模拟运算先河的计算尺，再到后来进行信号转换的电子计算机。这一步步的发展是数学抽象、数学运算、数学建模、数据分析等素养渐趋成熟的过程。掌握了数学就拿到	小组合作，分工完成轨道高度的计算。 答：3×10^{11} 答：运用转化与化归将对数计算公式进行实体化模型操作。体会到对数计算公式可以将乘除运算简化为加减运算，乘方运算简化为乘法运算，降低运算难度。	利用三个探究活动，将对数运算三组公式进行实际化模型应用，加深学生理解对数简化运算的作用。 通过习题，体会对数将除法简化为减法运算的作用。 回扣主题，完成项目。通过轨道高度计算，检验本节课利用计算尺进行乘法、除法、乘方运算的学习成果。 给学生留下悬念，启发学生继续探索未知领域。 课后总结加深学生对于对数简化运算作用的印象。

(教学过程)

续表

教师活动	学生活动	设计意图
了打开进步大门的金钥匙。尽管科技进步，计算尺已经被计算机取代，但研究其算法有助于我们对现代计算工具更加了解。让我们通过一段视频了解在一穷二白的年代，科学家是如何用数学带领我们走向强国之路的。 师：筚路蓝缕，以启山林。当初艰难的条件下，科学家尚且可以凭借计算尺研制两弹一星。在物阜民丰的今天，相信同学们努力学习定会学有所成，报效祖国。 【课后作业】 1. 必做：查阅对数发明史，完成数学作文《纳皮尔与对数》。 2. 选做：根据对数计算尺说明书，登录虚拟计算尺网站，探索计算尺其他运算法则。	观看两弹一星视频。	用数学史视频鼓励学生一心向学，报效祖国。 通过课后作业，鼓励学生继续研究计算尺。

五 项目评价

1. 学生评价

学生在项目过程中的表现可以分为个人自评、组内互评和教师评价，而各个小组在项目探索过程中取得的成果的评价可以分为组间互评和教师评价。在评价时，应该注重学生的参与过程，将过程和结果共同作为评价依据。

2. 课堂评价

北京师范大学教授连春兴老师评价道：以老物件"计算尺"展开新研究，再联系到中华人民共和国成立初期科研条件的艰苦，这节课的德育功能是比较重要的。

北京特级教师袁京生老师评价道：计算尺是第一个模拟计算工具，还可以将计算尺与计算机的发展历史相结合，简述计算史从结绳计数到计算尺模拟运算再到现在的计算机的变化，也引起学生的学习兴趣。袁京生老师指出，数学课应该将思维尽可能发散,一节数学课并不应该局限在数学之内,可以与其他学科相关联。

3. 自我反思

本节课因为计算尺工具数量的限制,只能保证每个小组一把计算尺。小组合作探究活动虽然得到了保证,但是工具数量的不足影响了学生单独个人的独立思考。因此,可以将计算尺的刻度进行打印,保证学生有充足的工具进行操作实验。

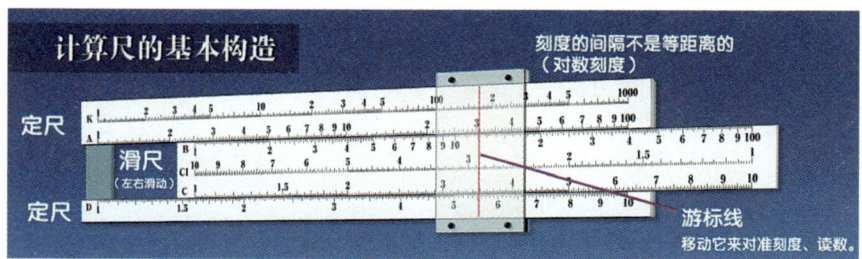

图3-3-7 计算尺的主要构造

图3-3-8 对数尺的刻度示意图

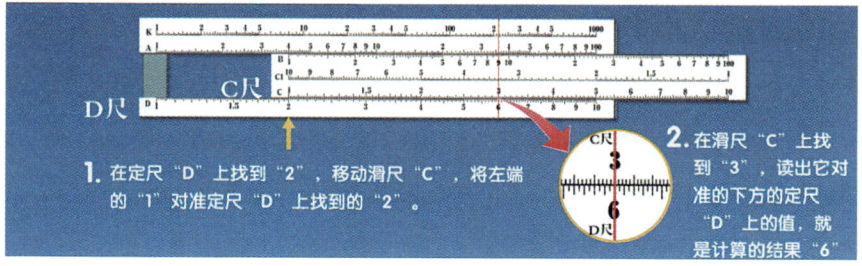

图3-3-9 计算尺的原理示意图

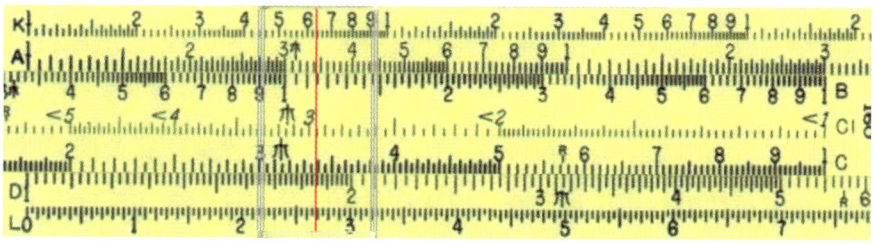

图3-3-10 计算尺的使用范例

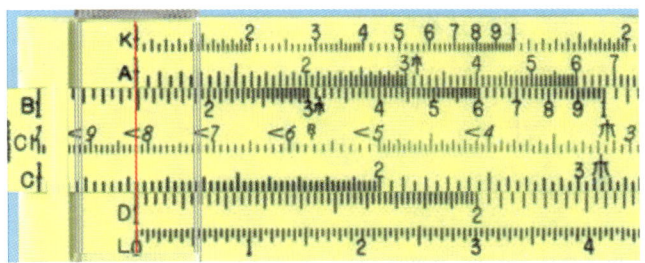

图3-3-11 计算尺的使用范例

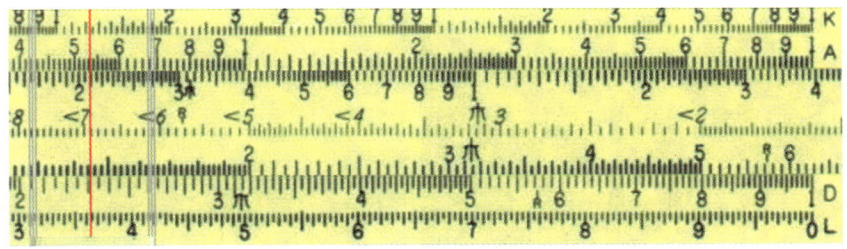

图3-3-12 计算尺的使用范例

（执教人：孙超）

案例3 基于圆锥截口曲线形状的项目式教学

一 项目背景

我校创建于1952年，2003年加挂"中国海洋大学附属中学"校牌，拥有丰厚的文化底蕴和丰富的教育资源。学校始终以"立德树人"为己任，弘扬"包容、开放"的文化精神，以国家课程项目式教学的实践与研究为载体，以与北京师范大学、青岛市教育局合作开展的"基于项目式教学促进学生核心素养发展的课程整合及课堂教学改进实践研究"项目为立足点，创新国家课程项目式教学的开发、管理、实施机制，促进学生核心素养发展。在这样的项目式教学的大背景下，我们开始了数学学科的项目式教学。

我校是一所具有青春活力的校园，学生的日常文化、体育活动十分丰富。校园篮球赛、足球赛、排球赛等集体活动充分丰富了学生的课余生活。热爱体育运动的学生一定对下面的场景并不陌生：操场地面上的篮球、足球，在傍晚阳光斜照时，在地面上形成阴影。阴影轮廓的形状，给我们的直观感知像是椭圆，那究竟是不是椭圆呢？在学生学习了立体几何、圆锥曲线等基础数学知识后，我们设计了这样一个问题：用数学方法严格证明篮球的阴影轮廓是椭圆。

图3-3-13　丰富多彩的课余生活

图3-3-14　篮球及其影子

要解决这样一个生活中的问题，就需要回归到数学中圆锥的截口曲线形状上来。因此，我们这个项目便产生了：探究圆锥截口曲线形状。此项目贴近生活，帮助学生体会数学来源于生活又高于生活，帮助学生提升数学抽象、直观想象、逻辑推理等数学学科核心素养。本项目面对的是高二年级的学生，该年级学生掌握了基础的数学知识，并具有一定的课题研究经验和动手实践能力，对项目式教学有较高的学习兴趣。在解决项目的过程中，学生制作实物模型，利用计算机精确模拟，实现了跨学科的融合。同时，在实施项目的过程中互相合作、互相帮助，提出解决思路、进行思维碰撞，在潜移默化中提高了自身的数学学科核心素养。

二　项目设计

1. 制订项目目标

（1）通过实验动手作出截口曲线的形状，亲自感受圆锥曲线的美妙；

（2）尝试从生活中抽象出数学模型，用Dandelin双球法证明截口曲线是椭圆；

（3）了解圆锥曲线的发展史，感受数学源于生活又高于生活，意识到肩上的责任使命；

（4）通过探究圆锥截口曲线形状，提高数学抽象、直观想象、逻辑推理等核心素养。

2. 开发项目资源

本项目借助立体几何、椭圆定义等高中基础数学知识，借助卡纸、滴胶、橡皮泥、乒乓球、玻璃杯等身边的道具，制作圆锥、圆柱、球等实物模型，直观模拟感知圆锥和圆柱的截口曲线；借助几何画板、Geogebra等现代数学软件精确刻画圆锥截口曲线。实物模拟与计算机的融合是项目式教学的一大亮点。

3. 项目设计过程

本项目的设计过程主要分为准备阶段和整体设计部分。准备阶段主要是教师为学生提供知识清单；整体设计部分是项目的备课过程，打破传统的备课模式，集全组的力量共同打造项目。

第一部分：准备阶段

（1）知识清单准备

本项目需要学生用到立体几何部分和圆锥曲线部分的知识，因此教师为学生提前准备好任务清单，在项目前期准备过程中便发布任务清单。任务清单主要分为两部分：立体几何和椭圆。立体几何部分主要包括圆锥、圆柱、圆台、球等旋转体的结构特征，椭圆部分主要是椭圆的定义及其标准方程。项目探究前期的知识准备是整个项目的基础阶段，也是不可忽视的阶段。只有做好了知识准备，学生才能用已有知识，创造性、发散性地解决实际问题。

①圆锥、圆柱、圆台、球等空间几何体的结构特征（图3-3-15，3-3-16）

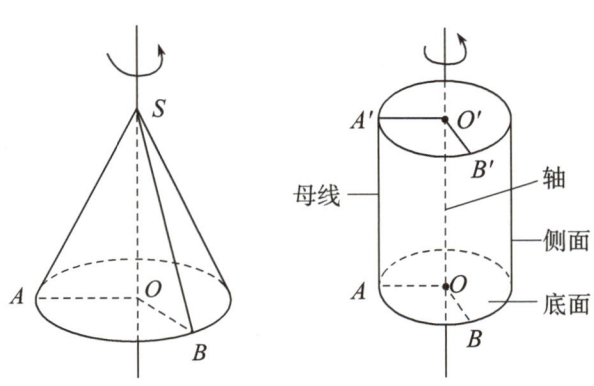

图3-3-15　圆锥、圆柱的结构特征

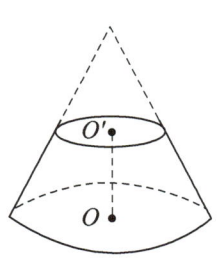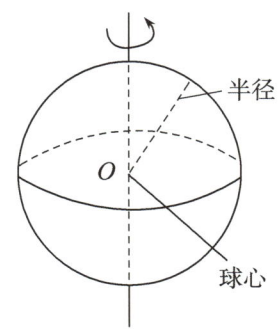

图3-3-16 圆台、球的结构特征

②椭圆的定义及其标准方程（表3-3-4）

表3-3-4 椭圆的定义及其标准方程

椭圆的定义	
图形	
标准方程	

（2）确定小组分工与任务

项目式教学以学生为主体，教师为主导。其中，体现学生主体地位的重要环节便是小组合作、小组探究和小组分享成果等小组活动，故项目前期的第二个准备是确定小组分组和任务。开设项目式教学的班级有36人，共分为6个小组，每组一个组长。根据本项目的目标，确定小组任务主要有以下几个方面：查阅资料、动手实验、现代数学动态软件制作等（表3-3-5）。

表3-3-5 小组任务

	任务内容	标志性成果	困难或疑惑
任务1 查阅资料	查阅椭圆的发现史	将查阅成果以课件形式呈现	
任务2 动手实验	借助生活中的实物，动手实践，作出椭圆	制作椭圆模型，以实物模型、图片等形式呈现	
任务3 理解回顾	研读选修2-1教材第48页的"探究与发现"，了解Dandelin双球模型	小组合作，尝试动手制作Dandelin双球模型	

第二部分：项目整体设计（图3-3-17）

项目从最初的确立到前期的准备再到项目的正式实施，经历了一个长期的过程。在此过程中，个人备课、集体备课以及整个教研组的打磨，每一个环节都是对项目的一次改进与提高。

图3-3-17　项目整体设计图

（1）回归数学教材，分析教学内容

项目式教学模式有独特的要求，是以课程标准为核心，通过驱动型问题或真实性问题激发学生学习课程内容的需要。项目式教学并不是要包罗万象，也不像常规课堂那样有很多内容要讲授。教师在选择项目的时候，要对重点的知识进行选择，确保课程中能够体现最核心的概念，并把核心知识和项目式教学结合在一起。我们可以先设计短期小项目，避免范围过大。

数学学科的项目式教学不是凭空产生的，而是建立在数学教材、数学学科课程标准的基础上的。因此，开展项目式教学的第一步是回归教材，抓住学科核心概念、重点知识等，寻找值得深入探究的课题。本项目是来源于人教A版教材选修2-1椭圆定义后的"探究与发现"部分，以椭圆的定义为核心概念，设计探究截口曲线形状。学生用椭圆的定义证明截口曲线是椭圆，是对概念的重要理解，故选择了这部分作为知识的载体，开展数学学科的项目式教学。

（2）寻找生活载体，确立项目主题

我们知道，项目式教学的过程是通过学生的分工合作、共同探究，解决生活中的问题。项目的知识主体确定了，接下来如何设计项目才能将其变成学生乐于探究的项目，是值得思考的。这就需要我们足够敏锐，善于捕捉数学与生活的联系。最后我们发现，篮球的阴影轮廓问题跟圆锥截口曲线问题本质是一样的，所以寻找到了项目的生活载体，也确定了项目的主题。

（3）着手项目准备，确定小组分工

在确定项目主题以后，便开始项目的前期准备工作。项目的具体准备要根据项目的主题具体确定，其中包括知识准备、小组分工准备等，根据不同项目确定不同的准备工作。学生在收集数据和解决问题的过程中，会遇到一些问题和机遇，项目学习的关键在于教师能够支持和指导学生，在学生寻找答案和解决方案的过程中，鼓励他们面对困难，让学生真正成为学习的主体。

（4）设计课堂任务，开展情境体验

在做好前期准备后，本项目便开始课堂任务的设计。针对真实情境下的驱动型问题，设计精准的、有梯度的课堂任务。课堂任务以学生为主体，教师作为辅助和指导角色，在必要时进行引导。在本项目中，在课堂任务之前，我们开展了必要的项目情境体验，目的是帮助学生进一步体会项目问题的来源。在情境体验结束后，请学生思考两个具体问题：从实验中能抽象出哪些几何模型？在以上模型中，为什么截口的图形是椭圆，能否给出严格的证明？项目情境体验过程如下。

实验内容：用实验器材尝试作出生活中的椭圆，并观察截口曲线形状。

实验要求：小组合作实验，共同观察截口曲线形状；汇总实验结果，完成表格内容（表3-3-6）。

表3-3-6　小组实验

实验序号	实验器材	操作过程	观察对象	截口曲线形状
实验1	手电筒，球，白纸		球在白纸上的阴影	
实验2	胡萝卜，小刀		切面图形	
实验3	圆柱形容器，液体		液面图形	
实验4	太空泥，小刀		切面图形	

（5）设计评价方案

项目式教学的评价也一直是我们在探索与思考的问题。项目式教学的特点决定了项目式教学的评价不是单一的、固定化的。项目的评价要将过程性评价与结果评价相结合，学生自评、小组互评、老师评价等多种评价方式相结合。教师需要选择合适的评价方法对学生的项目式作品进行评价，运用综合的评价工具评价学生在项目式教学中是否达到了预期的目标。这种评价分为过程性评价、作品评价等,可以设计项目式教学评价量表进行评价。如果想对整体项目有一个总体的评级,应该先对项目进行分类评价:知识内容掌握、敬业精神、团队协作精神、项目结题作业等。每一项都有评级,给学生提供针对项目的每个方面的明确反馈,反映学生在项目过程中所取得的进步。

三 项目框架

项目框架主要包括项目探究任务、项目文化的分享两个部分。任务先从圆锥的截口曲线开始探究,然后用类比推理的方法探究证明圆柱的截口曲线形状,最后是小组项目文化的分享。在探究过程中,教师应在困难之处给予适当的引导;学生以小组形式完成探究,并进行小组分享,由其他小组进行补充,充分发挥自身的主观能动性。

1. 探究任务一:圆锥的截口曲线形状是椭圆

探究要求:小组合作探究,写出证明过程,展示实物模型。

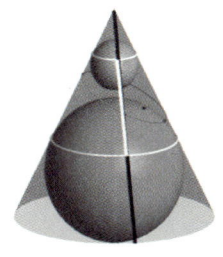
图3-3-18 圆锥的截口曲线

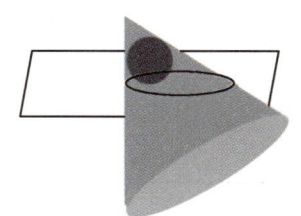
图3-3-19 圆锥的截口曲线

图3-3-20 学生探究照片

2. 探究任务二:圆柱的截口曲线形状

探究要求:小组合作探究,写出证明过程,展示实物模型。

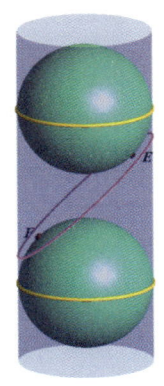
图3-3-21 圆柱的截口曲线

图3-3-22 学生成果展示

3. 项目文化分享：椭圆的发现史与Dandelin双球法

在项目前期准备阶段，学生查阅了相关的椭圆的发现史和Dandelin双球法的数学史。通过小组合作，学生将查阅成果实物、课件等与同学们分享，帮助同学们了解圆锥曲线的来龙去脉，体会数学家的研究精神。

图3-3-23 《圆锥曲线论》

四 项目实施

1. 实施方式

（1）自主学习

在项目式教学中，学生自主学习是一个重要的特征。教师是一个辅助和指导者，不在于给学生多少东西，而是要能通过建设性的引导，引发学生的思考、协作，进而创造性地解决问题，真正做到能力的内化。任何一种教学方式，都离不开学生的自主学习，项目式教学也一样。只有经过了自主学习，学生才会有自己的理解和思考，带着自己的思路与同伴交流，才能碰撞出思维的火花。在项目准备阶段，学生需要根据项目任务清单发布的任务，回顾立体几何、椭圆定义等基础知识。这部分需要学生自主学习，进行基础知识的准备与内化。同时，学生自主查阅相关资料，了解椭圆的发展历史，了解Dandelin双球法的精妙之处，体会数学家们严谨的学术精神和态度，为项目的探究打好基础。

（2）合作学习

根据前期的自主学习情况，小组同学展开合作学习。这种合作包括合作制作实物模型、合作探究证明方法、合作解决实际问题（如图3-3-24，图3-3-25）。

图3-3-24　小组同学合作学习　　图3-3-25　小组同学合作学习

教师在项目中为学生设置了两个应用问题，学生可以进行小组合作探索，互相帮助、共同提高。这两个问题一个是理论问题，一个是实际的篮球阴影轮廓问题。具体问题如下：

【例1】如图3-3-26，AB是平面α的斜线段，A为斜足。若点P在平面α内运动，使得△ABP的面积为定值，则动点P的轨迹是（　　）。

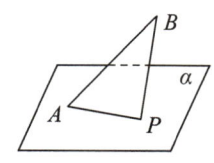

图3-3-26　例1示意图

A. 圆　　　　　　　　　　　　　　　B. 椭圆
C. 一条直线　　　　　　　　　　　　D. 两条平行直线

【例2】如图3-3-27，一个半径为2的球放在操场地面上，一束平行太阳光线与地面成30°。球在地面上的投影是什么形状（图3-3-28）？离心率是多少？

图3-3-27 篮球及其影子

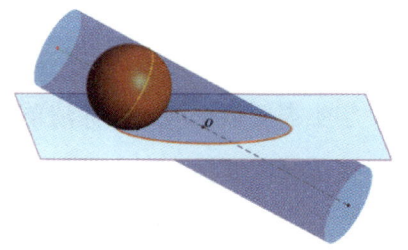
图3-3-28 篮球影子在地上形成的轮廓

2. 项目实施优化

在项目实施的前两个阶段，学生从篮球的阴影轮廓这一生活现象中抽象出球、圆锥、圆柱等几何模型，并借助生活材料动手制作了Dandelin双球实物模型，通过数学理论严格证明了圆柱、圆锥的截口曲线是椭圆，从而解决了篮球的阴影轮廓问题。在此过程中，学生深刻体会到了实物模型和理论证明结合的妙处，但与此同时，也有了一些困惑。

例如，学生说："实物模型足够直观、形象，但制作的双球模型存在误差；理论证明足够严格，但不够直观。有没有一种直观形象又严格的方式来证明截口曲线的形状？"这就要借助现代动态数学软件来实现。

现代动态数学软件的出现，大大方便了我们的数学教学研究，学生对于动态数

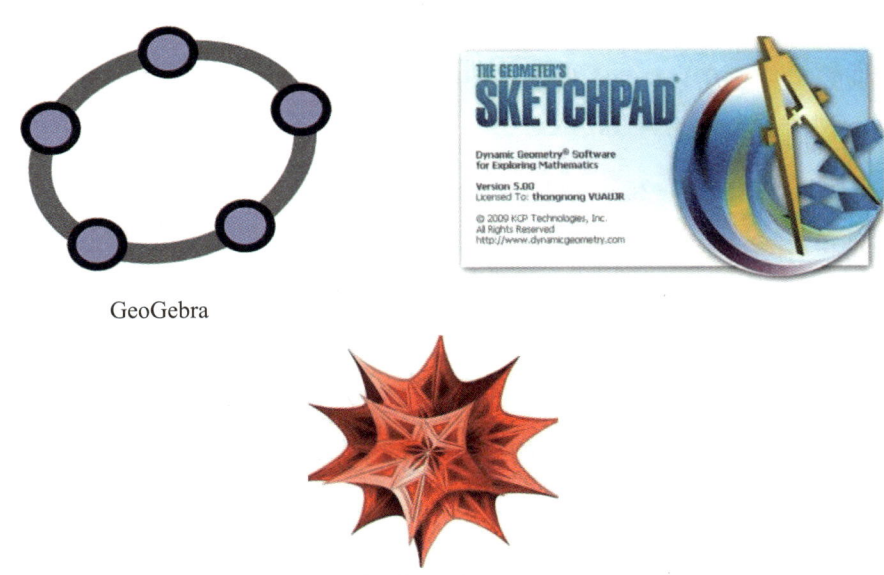

图3-3-29 现代动态数学软件

学软件的使用方法是充满好奇与探索欲的。这也正是项目式教学的一个重要部分：学生为解决生活中的某个实际问题，小组合作，进行跨学科融合的探索与实践。

借助Geogebra的3D绘图功能，学生成功实现了圆锥截口曲线的形状绘制与证明，制作出的3D模型（图3-3-30）可以360°自动或手动旋转，十分直观；同时，在调整截面与圆锥的夹角后，会出现双曲线、抛物线等曲线，这为学生系统理解圆锥曲线奠定了基础。

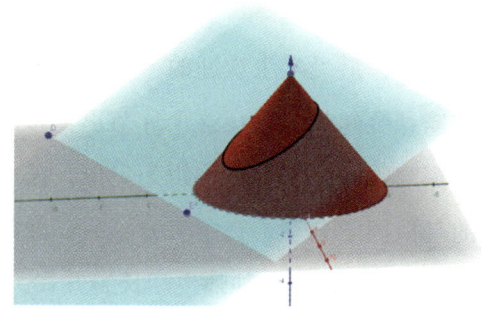

图3-3-30　3D模型图

现代动态数学软件的使用，一方面促进了学生对抽象知识的理解，另一方面这是一种德育教育。德育教育对于项目式教学至关重要，通过研究项目，学生能认识到自己身上肩负的责任与使命，拥有一份家国情怀与爱国之心。我们知道，国家的发展离不开科学技术，而技术的发展始终是离不开数学的。华为创始人任正非曾说过："这30年，华为真正的突破是数学，手机系统设备是以数学为中心的。"项目式教学的目的就是培养学生像科学家一样思考，进而为我国的发展贡献自己的力量。

3.项目结题作业

项目结题作业是一种项目成果的体现，也是一种项目评价的方式，如何发挥结题作业的作用非常重要。项目式教学不同于某一节传统的课，一个好的项目应该留给学生更多的思考空间及探索的余地，故教师在结题作业中留下了更多的思考。

本项目从生活中抽象出了椭圆，只探究了圆锥截口曲线是椭圆的情况，而圆锥曲线中还包括抛物线、双曲线，如何通过圆锥得到抛物线和双曲线也是值得探究的。所以教师在学生的结题作业中留下了这样两个任务：

（1）实践作业：根据本项目的探究，以小组为单位，撰写结题报告；

（2）拓展作业：查找截口曲线为双曲线、抛物线的相关资料，并尝试用

Dandelin双球法证明。

五 项目评价

不同的项目可选择不同的评价方式。在本项目中，主要采用了学生自我评价、小组互评、过程性评价量表等评价方式。

1. 学生自我评价

项目式教学每次结题时，最受学生欢迎的一个环节就是项目小结。这个环节往往氛围轻松、思维碰撞、金句频出。在这个环节里，每个小组的同学都有时间互相交流，分享自己的探究收获；学生以小组为单位，派小组代表发言，将本组的感悟及时与班级中的其他同学分享。在学生分享后，教师及时给予总结、提升与评价。这是一种及时的反馈，也是一种师生相长的方式。

例如，一位同学在小结中这样说道："通过其他小组的分享，了解到数学史上的阿波罗尼奥斯、洛必达、旦德林等几位数学家，被他们的研究精神所打动，所谓'天才就是百分之一的灵感和百分之九十九的汗水'，我们作为高中生应该付出努力，为梦想奋斗。"

另一位同学在小结中这样说道："通过这次项目，我们对椭圆的定义理解得更深刻了，还懂得了用类比转化的数学思想去解决其他问题，在与小组同学合作的过程中，感受到了数学的乐趣。"

2. 过程性评价量表（表3-3-7）

表3-3-7 过程性评价量表

评价项目	评价方式	评价得分	建议	评价人签名
知识内容掌握	自评			
团队协作精神	组内互评			
敬业精神	组内互评			
项目结题作业	教师评价			

3. 专家点评

该项目的实施得到了北京师范大学专家、青岛市教科院数学教研员、宁波效实中学领导老师的指导和建议，收获颇丰。

（1）宁波效实中学校长裘建浩的点评

这节数学课让我有"耳目一新"的感觉，主要有五个关键词：第一个关键词是"参与度"，学生能真正参与到课堂中来，这种参与是通过课前的查阅资料准备、课中的小组讨论与讲授、课后的自我评价等环节完成的，这样就充分体现出了学生是学习的主人；第二个关键词是"主动性"，以往的数学课大都是"老师讲、学生听"的模式，而这节课采用的项目式教学方式，教学模式都体现了学生的主动性学习；第三个关键词是"深度学习"，在学生的充分参与、主动学习的条件下，学生的学习是深度的，特别有助于学生思维品质的提升；第四个关键词是"学科核心素养"，新课程的改革关键是核心素养，如何将核心素养在课堂中落地是我们要思考的，今天这堂课中所体现的"类比与转化"等数学思想，正是数学核心素养的体现，也是项目式教学的推进所带来的好处；第五个关键词是学生的"表达能力"，在分组展示环节中，学生的表达十分流畅、自信，语言表达清晰有逻辑，这种能力是让人惊喜的，也是项目式教学成果的体现。

（2）青岛市教科院数学研究员李现勇的点评

数学的产生与发展自然而然地回归了数学的本质。例如，学生在Dandelin双球法中，猜想椭圆焦点的位置较为困难，此时教师便回归数学的本质进行引导。在项目情境体验中，以手电筒和乒乓球这组道具为例，学生可以从探究如何产生圆开始，发现圆心的位置是球与桌面的切点，然后用手电筒斜照小球，形成椭圆，发现当改变手电筒的照射角度，球始终与桌面有切点，自然而然猜想到这个位置应该是焦点。这样生成知识，回归到了数学的本质。

六 自我反思

本项目是从贴近生活实际的篮球的阴影轮廓出发，抽象出数学中圆锥圆柱的截口曲线，学生在项目任务的指引下，小组合作完成实物模型制作、理论探究与证明、计算机数学软件的模拟等，从而解决了实际问题。这种项目式教学的方式充分发挥了学生的主体地位，在提升了他们的数学抽象、逻辑推理、直观想象等数学学科核心素养的同时，也提高了他们的动手实践能力、团结协作精神以及严谨的科学态度等，而这些都将是一生受益的品格。

1. 项目式教学帮助学生整合知识系统

本项目的核心概念是椭圆的定义，这是数学学科中一个重点但又较为抽象的概念。通过项目式教学，学生充分体会、运用椭圆的定义解决实际问题。作为小项目的探究，截口曲线是椭圆的证明在短时间内完成了，但是截口曲线这个章节的大项目并没有完成。我们知道，圆锥的截口曲线还有双曲线、抛物线等。这些可以作为后续项目继续深入研究。这不禁让我想到，以项目式教学的形式来进行圆锥曲线定义的专题课可以帮助学生更好地理解，实现截线定义与轨迹定义的统一。在椭圆的探究中，教师既要给学生一定的直观感知，又要拓展学生思维，为后续进行双曲线、抛物线的研究奠定基础。

2. 项目式教学课题可由学生自主提出

数学学科的项目式教学自实施以来，取得了丰硕的成果。很多令人印象深刻的成果都源于学生在项目研究过程中的思维碰撞与交流。这也让教师发现学生的动手能力和思维发散能力远远超出想象。在后续的项目式教学中，项目课题的提出可以交由学生，学生可以根据自身情况自主提出研究课题，而后教师根据学科课程要求，选择跟学科核心概念相关的、与生活实际联系密切的有价值的学生课题组织开展，真正实现学生的学习主体地位。

（执教人：甄晓）

第4节　基于数学建模活动的小项目式教学

案例1　"苏大强"买房记——数列在实际生活中的应用

摘要： 项目式教学是一种以学生为中心，注重学习过程的教学方式。项目式教学课堂能够丰富课堂教学模式，提升教师的教学水平及教学素养，增强学生的学习兴趣，培养学生数学建模能力和数据处理能力，让学生学会利用所学的知识解决实际问题，让学生做到生活中随时发现数学问题，并能够运用多种方法解决问题。教学中，组织学生实际调研，通过网上查阅资料，咨询专业人士，走访相关部门，了解并掌握常见的购房贷款的相关问题。此过程中学生经历观察问题、发现问题从而确立项目，利用情境及小组合作解决项目，充分发挥学生的主动性、积极性和首创精神，真正激发了学生探究问题的热情。

关键词： 项目式教学；数学建模能力；数据处理能力

一　项目课程背景

1. 教材内容分析

本课是人教A版数学必修五"数列"章节中的应用举例。这是一堂关于数列的应用探究课，利用项目探究式学习培养学生数学建模能力和数据处理能力。为了让学生切身体验数学在生活中的重要性、普遍性，也为了更有说服力，本教学设计以电视剧《都挺好》为背景，由此设计问题，应用数列通项公式及数列求和公式解决有关问题，以便能达到在实际问题中熟练应用的效果。学生在学习时要注意的是在某种实际问题下哪种贷款方案可以运用，哪些不能，并分析可运用方案的合理性。

2. 基本学情分析

学生已经学习了高中数学的部分内容，已经有了必要的数学知识储备和一定的数学思维能力及数据处理能力。作为一名高中生，也已经具有了必要的生活经验。教材中有的应用题与学生生活及将来的工作都不相关，因而学生数学学习兴趣不高。因此，教师可以通过生活中的例子引入如何用数列通项公式及数列求和公式理解决实际问题，让学生自然而然地接受一些处理实际问题的方法。这样，学生既学习了知识，又培养了能力。

3. 教学目标设定

（1）能运用等差数列、等比数列解决简单的实际问题和数学问题；

（2）探究购房贷款问题的方案和实际意义；

（3）感受数学模型的现实意义与应用；

（4）了解等差数列与一次函数、等比数列与指数函数的联系，感受数列与函数的共性与差异，体会数学的整体性；

（5）增强学生数据处理能力；

（6）能对设计的方案进行科学论证与推导；

（7）利用项目式教学的流程及其作用，体会如何通过项目式教学将实际生活中的问题转化为数学问题，从而从数学视角重新认识和解决问题。

4. 教学重点、难点

重点：等差数列、等比数列通项公式及前n项和公式的应用。

难点：等额本金、等额本息公式的推导及应用。

二 项目课程实施

1. 项目导入与实施（10分钟）

（1）项目导入方式

通过展示学生课前制作的微视频，引出本节课的项目任务——实际生活中的购房贷款问题。学生汇报调查的常见住房贷款方式方法，教师引导学生思考贷款方案的选取、设计以及在生活中有哪些应用。

（2）项目任务目标

①归纳推导等额本金和等额本息月还款公式和还款总和公式；

②设计购房贷款的方案；

③对购房贷款方案进行科学论证和评价；

④应用所学内容对不同购房贷款问题进行运算。

针对以上四个问题，进行文献搜集，利用课下时间去走访银行、制作课件、视频和编程。

（3）分组实施（课下完成）

学生以小组（每组6人）为单位完成任务，支持自由组队。每个小组都需要全员参与，小组领取任务清单，填写后汇报给老师。

表3-4-1　购房贷款任务清单

数学项目式教学——购房贷款任务清单			
班级		组长	
组内成员			
项目基本信息： 数列在实际生活中有很多应用，如生活中的购房问题。目前，刚需型购房、改善型购房仍为热门话题。贷款购房为购房中常见的手段，因此我们对购房贷款问题进行研究。			
组员分工情况			
请按照以下内容开始你们的项目。根据完成度，进行小组内自评：较好的打8～10分，一般的打5～7分，较差的打5分以下。此分不计入最终成绩，请如实打分。			
项目任务1：查阅并介绍购房贷款常用的贷款类型。 项目任务2：商业贷款公式的推导。 项目任务3：解决"苏大强家的购房问题"。 项目任务4：分析不同商业贷款方式产生差额的原因。 项目任务5：商业贷款模型的对比。 项目任务6：提前还款适宜性探究。 （任务1、2为课前完成，任务3、4、5、6为课堂上完成）			

续表

数学项目式教学——购房贷款任务清单	
请记录过程中遇到的问题	小组想到的解决方案
项目学习心得（团队合作情况、组员表现、表达交流、任务完成）	

2. 项目教学过程（35分钟）

课前准备：数列知识在日常生活中有许多应用，现在我们就用数列知识来解决购房贷款问题。6人组成一个学习小组，进行问题讨论、信息收集和计算的尝试。

知识预备：请分别写出等差数列和等比数列的通项公式、前 n 项和公式。

信息收集：走访银行、公积金办事处等机构，收集不同贷款类型，了解对应的利率，年利率及日利率之间的换算方法，并整理资料，分析展示。

（1）项目背景

数列在实际生活中有很多应用，如生活中的购房问题。目前，刚需型购房、改善型购房仍为热门话题。贷款购房为购房中常见的手段，因此我们对购房贷款问题进行研究。通过视频展开本节课的探究，以生活中的实例、视频和图片来创设教学情境，既能引起学生学习数学的兴趣，又能让学生知道数学在实际生活中的重要应用。

（2）项目提出

学生（读材料）：电视剧《都挺好》中的苏大强苏大爷因为买房这件事，引起了人们的热议。为了改善住房条件，苏大爷的买房需求为三房以上、小区环境好、配套成熟、交通方便。在买房这件事上，苏大爷还是很讲究的，但以目前他的经济实力，全款买房是做不到的，所以只能选择贷款买房，这样苏家就加入了"换房升级战"。

教师：我们的问题来了，苏大爷看中了一套300万元的房子，但只能负担得起首付的180万元，剩下的120万元需要向银行贷款，通过咨询得知目前月利率为0.4083%，欲15年还清，应该用何种方式支付呢？

（3）寻找并展示方案

教师：请同学拿出课前项目任务清单，小组内交流项目任务1和项目任务2，交流后请同学展示，时间1分钟。

学生：常用的贷款类型有商业贷款、公积金贷款、商业公积金组合贷款，常用的商业贷款有等额本金还款法、等额本息还款法。

教师：有哪位同学介绍一下等额本金和等额本息还款法？

学生交流调研结果，整理如下。

表3-4-2　等额本金和等额本息还款法

还款方式	等额本金	等额本息
含义	在还款期内把贷款数总额等分，每月偿还同等数额的本金和剩余贷款在该月所产生的利息	借款人每月按相等的金额偿还贷款本金和利息
利息计算	按单利计息，只有本金产生利息，计算未支付的贷款利息时，不与未支付的贷款余额一起计算利息	按复利计息，复利是指在每一个计息期，上一个计息期的利息都将成为生息的本金，即以利生利，也就是俗称的"利滚利"

教师：根据我们学习的定义，小组合作推导等额本金和等额本息的月还款额和还款总额公式，时间10分钟。

学生到讲台上展示公式并讲解推导过程。

等额本金	等额本息
设每月还款额为 a_n，n 表示第 n 个月，则 $a_n = \dfrac{A}{m} + [A - (n-1)\dfrac{A}{m}] \cdot r$，$\{a_n\}$ 是一个首项为 $\dfrac{A}{m} + A \cdot r$，公差为 $-\dfrac{A}{m}r$ 的等差数列。到期后所有还款总数为 $S_m = A + [1 + \dfrac{r}{2} + \dfrac{mr}{2}]$。	设每月还款额固定为 x。设每个月还款 x 元后的剩余欠款按月份构成数列，记为 $\{b_n\}$，$b_n = b_{n-1}(1+r) - x = \cdots$ $= A(1+r)^n - x(1+r)^{n-1} - x(1+r)^{n-2}$ $- \cdots - x(1+r)^2 - x(1+r) - x$。计算得每月还款固定金额为 $x = \dfrac{Ar(1+r)^m}{(1+r)^m - 1}$，到期后的所有还款总数为 $S_m = mx = \dfrac{mAr(1+r)^m}{(1+r)^m - 1}$。

(4) 建立数学模型

教师：请同学们利用刚才推导的公式来研究我们的问题。为了方便计算，请同学们拿出提前准备好的计算器，自己先来运算一下，算好后小组内交流展示，时间5分钟。

学生：计算出等额本金一共需要还约164万元，等额本息还款需要约169万元，所以我们选择等额本金还款。

教师：很好，计算得没有问题。由于数据比较大，前期我们班级的编程小组已经根据公式编好了程序，下面我们用程序运算检测一下大家的结果（程序中输入数据，显示结果）。等额本金还款总额164.096万元，等额本息169.684万元，与大家计算的结果基本吻合，请大家分析一下，为什么会出现差异？

学生：计算器计算时会有小数点进位的问题，多次进位计算会产生较大的误差。

教师：既然我们运算的结果没有问题，大家都会选择此方法进行贷款吗？

学生（思考）：是的。

教师：既然大家已经帮助苏大爷确定好贷款方案了，那么如果现在苏大爷带着180万到银行进行贷款，银行会把120万元贷给他吗？如果你是银行经理，要考虑什么问题?

学生(思考):是否具有偿还能力?

教师:对,对于贷款人,银行需要掌握该人是否具有偿还能力。如果还不上钱,银行是不会借钱的。剧中的苏大爷每月的工资只有5 000元,银行会贷给他吗?下面请同学小组交流讨论此问题。

学生:不会,因为用等额本金还款法时,每月还款金额递减,我们需要看首月的还款额已经1万多了,此方法不行,用等额本息还款法时,每月需还9千多,所以两种方法银行都不会贷给他。

教师:很好,计算准确,表述清楚。

教师:我们的新问题来了,剧中的苏大爷非要买房,这时只能儿子出马,首先苏大爷的二儿子来试试。剧中苏大爷的二儿子每月工资为10 000元,如果他贷款,银行会贷给他吗?

学生:会。

教师:用什么方式?

学生:等额本息还款法。

教师:剧中苏大爷的大儿子说这样还款太吃力了,让他来试试。剧中苏大爷的大儿子每月工资为15 000元,银行允许他用什么方式贷款?

学生:两种都可以,选择等额本金,因为还款总额少,选择等额本息,因为当前每月还款少,生活压力小……

教师:很好,通过同学们的交流发现,两种还款方式各有利弊。那么,同学们继续往下思考,你们能提出新的问题吗?

学生(思考):两种还款方式都适合什么样的人群?两种还款方式的利弊是什么?

(5)模型对比分析

教师:请小组交流讨论两种还款方式适合的人群。

学生:①等额本金还款:因为前期的还款额度较大,而后逐月递减,所以比较适合在前段时间还款能力强的贷款人。当然,一些年纪稍微大一点的人也比较适合这种方式,因为随着年龄增大或退休,收入可能会减少。

②等额本息还款:等额本息每月的还款额度相同,所以比较适合有正常开支

计划的家庭，特别是年轻人，而且随着年龄增大或职位升迁，收入会增加，生活水平自然会上升。

教师：当两种都可选择时，要根据个人的实际情况来决定。如果不想压力过大，就可选择等额本息还款；如果想还款总额较少，可选择等额本金还款。这完全遵循个人的意愿。

（6）项目延伸

结合教学目标突出项目收获，让学生既能明确关联数学知识点，同时又能理解数学原理在实际生活中的应用。引出下面问题，鼓励学生继续思考并探索。

教师：苏大爷发现现在的房价比较高，如果他选择等额本金贷款方式购房，欲在五年后出售房产，请你帮忙算一算这笔经济账，此时还款是否适宜？怎样算适宜？这里我们不考虑外界因素，单纯从贷款和还款的角度考虑此问题，小组合作讨论。

学生：苏大爷选择的是等额本金还款方式，我们一共贷款了120万元，5年后共还款165万元左右。我先从本金的角度考虑，本金120万，五年一共还款本利和65万元，因为后面不需要贷款了，所以还需还款80万，所以五年算下来一共还了144万元，比原来预计的164万少了，所以可以提前还款，还是合算的。我再从利息的角度考虑，原来预计还款的利息为164−120＝44万元，五年还款65万元，其中本金40万，说明前五年内还了25万元的利息，而原计划12年还款的总利息共44万，说明我五年内还了大部分的利息，本金还的较少，后面还款中还的较多都是本金，所以应该较早的出售房产比较合算。

教师：回答得很精彩，从不同的角度进行了分析。为了研究这个问题，我们的经济学家经过计算，对于等额本金和等额本息两种还款方式已经给出了结论，以下情况不宜提前还贷。

①等额本金还款期已过1/3的购房者。由于等额本金是将贷款额总额平分成本金，根据所剩本金计算还款利息。也就是说，这种还款方式越到后期，所剩的本金越少，因此所产生的利息也越少。在这种情况下，当还款期超过1/3时，借款人已还了将近一半的利息，后期所还的更多是本金，利息高低对还款额影响不大。

②等额本息还款已到中期的购房者。等额本息还款把按揭贷款的本金总额与利息总额相加，然后平均分摊到每个月中。其中每月贷款利息按月初剩余贷款本

金计算并逐月结清。也就是说，每月还款额中的本金比重逐月递增、利息比重逐月递减。到了还款中期，已经偿还了大部分的利息，因此提前还贷意义也不大。

为了直观地感受结论，我们利用数学函数模型绘制了动态图形。下面请同学们观察（教师操作动态图形），上边三角形部分为利息，下面的矩形为本金。随着点从左向右移动，我们很明显看出前期利息较多，后期利息在逐渐减少，说明后面还的大部分都是本金，前期还了大部分的利息，这与刚刚同学们分析的恰好吻合。

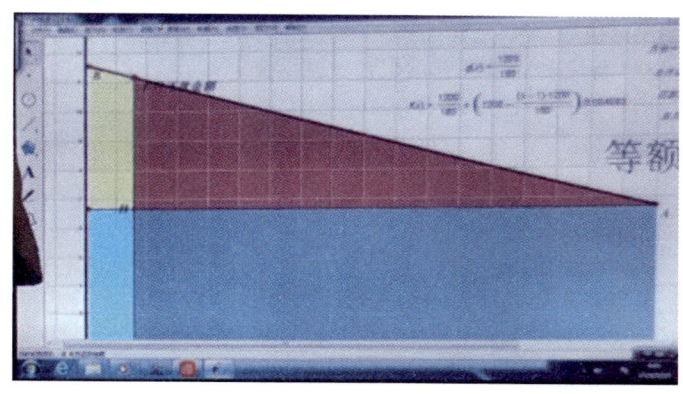

图3-4-1　动态图形

教师：在刚刚的学习中，我们已经掌握了如何用公式来计算贷款时的月还款额和还款总额，同时了解了何时提前还款较适宜。但是在此过程中我们也发现，即使有计算器，运算量还是较大的，而真实的生活中软件编程人员为了方便人们的生活，已经编制好了软件"提前还款计算器"。软件中有购房能力、房贷计算、提前还款等项目，只要输入相应的材料便可直接输出对应的结果，这样大大方便了人们的生活。

（7）课后项目探究

教师：同学们，我们的项目还没有结束，课后大家可以继续探究以下问题：

①边贷边还的可行性决策方案。比如，我贷款120万，贷期15年，5年后我将积攒的30万先还给银行，然后攒够5年再还给银行，依次进行下去，我们可以计算一下这种方案是否可行。

②公积金贷款、混合贷款方案的决策。前面我们调查过购房还可以选择公积金贷款和混合贷款，课后同学们可以自行查阅这两种贷款方式，结合我们今天学习的内容，参考计算的方法，继续研究方案的可行性。

（8）课堂小结

①本项目学习的知识收获；②项目式学习的经历和感悟。

教师：希望今天我们所探究的内容对同学们今后的生活能有所帮助，能够帮助同学们买到合算的房子。

表3-4-3　课堂探究内容

教学环节	教师活动	学生活动	设计意图
任务1展评：查阅并介绍常用的购房还款方式	小组组内交流，选派1名代表讲述组内针对任务1的调研结果	学生代表展示搜集到的贷款类型	学生从亲身动手实验的过程中得到的结论，记忆更持久，激发学习热情与动力
任务2展评：常见购房贷款方式公式的推导	请学生展示、分析、介绍常用的商业贷款类型及概念	学生通过查阅资料，走访银行，咨询父母等方式，查找商业贷款的类型及概念	培养学生解决问题的能力
任务3展评：解决"苏大强家的购房问题"	学生在课上讨论后小组派2名代表上台展示本小组的推导的公式	学生上台展示，给出等额本金、等额本息月还款公式及还款总额公式，解决推导过程中遇到的问题	数学源于生活，生活依靠数学。本活动充满趣味性，学生通过当堂学习的知识解决生活中的问题，加深了对知识点的印象，同时也提升了对数学的感悟，使学生对于学习数学的重要性理解得更为深刻
任务4展评：分析不同贷款方式产生差额的原因	教师核对学生计算的数据，并引导学生分析差额的原因	学生借助计算器计算两种方式下还款的总金额	学生进行跨学科整合，提高运算能力、分析问题能力
任务5展评：常见贷款方式模型的对比	通过变换问题的方式，层层递进引导学生分析问题，引出两种贷款方式分别适合何种人群	学生小组讨论，探究，归纳总结	通过层层递进，不断地变化问题，锻炼学生的发散思维能力

续表

教学环节	教师活动	学生活动	设计意图
任务6展评：提前还款适宜性探究	引入生活中常见的提前还款问题，引导学生思考新问题	小组讨论，从不同的角度分析问题，给出结论	通过与经济学的整合，增强学生解决问题的能力，提高学生的学习素养，体验数学的应用价值

3. 教学反思

该研究活动让学生选择感兴趣的项目，合作探究、利用信息、借助工具、深入调查、多方面研究，最后得出研究结果。这个活动加强了学生的合作精神，也使教师变得更有耐心。学习过程中将信息学、经济学与数学进行整合，提高学生的学习素养，体验数学的应用价值，让学生深刻体会到"数学知识源于实际生活，又为实际生活服务"。

（执教人：谷佳文）

案例2　基于教育储蓄兴衰的项目式教学

摘要：项目式教学是继数学研究性学习、课题化学习之后的一种更为超前的学习模式，它不仅是一种以学生为中心、注重学习过程的教学方式，更为重要的是它是一种突出项目式教学成果的学习模式。通过参与项目，教师可以拓宽自己的阅读面，提升自己的教学水平及教学素养。对学生而言，通过网上查阅资料、咨询专业人士等方式增强自身观察问题、发现问题的能力。通过确立项目，利用情境及小组合作解决项目，可以充分调动学生的主动性、积极性，真正激发了学生探究问题的热情。通过项目的开展，让学生感知数学来源于生活，数学为实际生活服务。通过项目的开展，让学生体会国家政策，接受爱国主义教育。

关键词：项目式教学；数学建模能力；数据处理能力；爱国主义教育

一 项目课程背景

《课标》指出：学生的数学学习活动不应只限于接受、记忆、模仿和练习，高中数学课程还应倡导自主探索、动手实践、合作交流、阅读自学等学习数学的方式。这些方式有助于发挥学生学习的主观能动性，使学生的学习过程成为在教师引导下的再创造过程。同时，高中数学课程设立数学探究、数学建模等学习活动，为学生形成积极主动的、多样的学习方式进一步创造有利的条件，以激发学生的数学学习兴趣，鼓励学生在学习过程中养成独立思考、积极探索的习惯。高中数学课程应力求通过各种不同形式的自主学习探究活动，让学生体验数学发现和创造的历程，培养学生的创新意识。

在现实生活中，数学的应用实例比比皆是，而存贷款问题也与每个人的生活密切相关。有关教育储蓄收益的项目式教学可以让学生体验自主探索、动手实践、合作交流、阅读自学等数学学习方式在加强对知识理解的同时，还极大地提高了学生发现数学和应用数学的意识。

二 项目设计

1. 教材内容分析

本项目来源于人教A版数学必修五"数列"习题中的一道数列探究题。尽管该题的背景已成为历史，但通过该项目的探究，可以使学生对前面所学的等差数列与等比数列进行集中归纳，同时也可以对学生数学建模、数学运算等数学核心素养的提高有很大的帮助。不仅如此，通过对历史的回顾，可以让学生感受国家政策的变化，加强对学生的爱国主义德育教育。

2. 基本学情分析

学生已经学习了等差数列与等比数列的基本知识，已经有了必要的知识储备，同时大部分学生也具备了数学建模和数据处理能力。但因所教班级的学生基础较差，学生的数学运算能力还有待提高。

3. 教学目标设定

初步了解应用数学建模方法解决生活中实际问题的过程，体会所学数学知识的应用价值、数学理论以及数学知识应用的广泛性。

培养关注和发现生活中的数学因素、数学问题的意识，主动应用所学的数学知识去概括、抽象、解决问题。

通过项目的开展，结合教育储蓄的兴衰，体会国家的决策，增强爱国主义教育。

4. 教学重点、难点

重点：在解决教育储蓄问题的过程中识别等差数列与等比数列模型，利用前 n 项和公式完成项目；在项目的开展过程中进行德育教育。

难点：具体情境下等差数列与等比数列模型的建立。

5. 项目实施流程、预期学生目标及数学核心素养指向

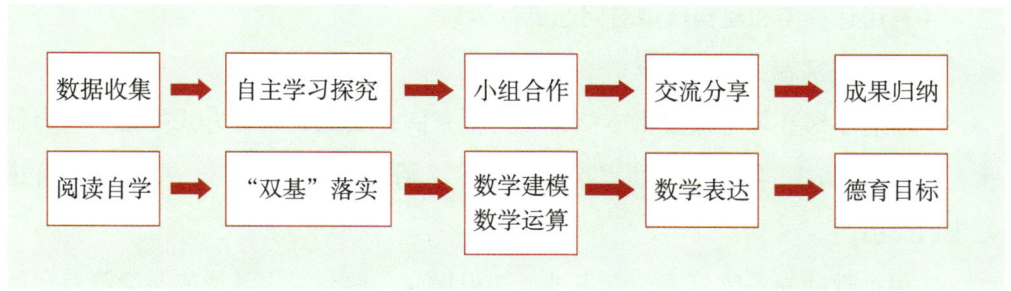

图3-4-2 项目实施流程图

（1）自主学习

通过自主网上搜索、实地调查等手段对数据进行汇总，体验知识探究的艰辛。

（2）合作探究学习

通过小组之间的合作学习，增强学生的集体荣誉感；通过交流发言，增强学生们的语言表达能力和规范应用数学知识解决问题的能力。

（3）德育目标

一个学生不仅是学习上的收获者，同时也应该是改变世界的参与者。关心国家大事人人有责。通过教育储蓄的兴衰，让学生感知国家经济、国家政策的变化。

三 项目课程实施

1. 项目导入与实施（10分钟）

（1）项目导入方式

通过展示学生课前制作的微视频《2014年习近平在联合国教科文大会的发言》，引出本节课的项目任务——教育储蓄。

（2）项目任务目标

①各小组课下整理有关等差数列与等比数列的知识点；

②各小组通过书本阅读、网上查阅、实地调研等方式搜集"教育储蓄""零存整取""教育贷款""定期存款""活期存款""利率"等资料，并进行小组交流；

③完成对教师设置的问题的探究并初步探究数学建模；

④利用计算器和建构模型对问题进行运算。

（3）分组实施（课下完成）

①所有小组在课下通过书本阅读、网上查阅、实地调研等方式搜集"教育储蓄""零存整取""教育贷款""定期存款""活期存款""利率"等资料，并进行组内交流。

②根据教师提供的信息，自主进行知识探究，后与组内其他成员交流自己的成果，完成数学初始建模。

表3-4-4　存款年限与利率

1年	2.25
3年	2.70
6年	2.88

③查找历史，针对教育储蓄时期设计最优存款方案，并针对当时国家经济状况做出合适的政策调整。

2. 项目教学过程（35分钟）

（1）课前准备

以小组形式进行课下信息收集、建模尝试、政策预判等问题的讨论。

知识预备：以思维导图的形式对等差数列和等比数列的知识进行梳理。

收集信息：通过书本阅读、网上查阅、实地调研等方式搜集"教育储蓄""零存整取""教育贷款""定期存款""活期存款""利率"等资料，并进行展示。

项目背景：数列在实际生活中有很多应用，存贷款问题尤为重要。对存贷款的研究不仅能引起学生学习数学的兴趣，还能让学生知道数学来源于实际，可以在实际生活中得到应用。

（2）项目提出

师生观看微视频《2014年习近平在联合国教科文大会的发言》。教师提出问题：国家对教育如此重视，你们知道在银行的存贷款方面国家对教育制定过哪些措施吗？

（3）寻找并展示方案

教师：请同学们拿出自己的调查记录，与小组内其他成员进行交流，交流后请同学们展示，时间2分钟。

学生：我们调查的信息主要包括活期存款、定期存款等存款方式的本息计算方法。

活期存款：优点是可以随时存取，灵活度很大，但利率非常低，目前年利率只有0.72%。

定期存款：① 整存整取：分三个月、半年、一年、二年、三年、五年等数种，一次存入一笔钱，到期后一次还本付息，期限越长利息越高。不到期可以提前支取，但利息改按活期存款计算。② 零存整取：分一年、三年、五年3档，每月固定存储一定数额的钱，到期一次还本付息。③ 存本取息：档次同上，一次存入一笔钱，以后逐月领取利息，到期时还本。④ 教育储蓄：它是一种特殊的零存整取定期储蓄存款，教育储蓄的适用对象是在校中小学生；储蓄类型是"零存整取"的形式，但享受"整存整取"的利率，不扣利息税；最低起存金额为人民币50元；每户存款本金的最高限额为人民币2万元；支取方式到三年期或到六年期，凭学校开出的在学证明一次支取本息。

题目如下：

2005年小明升入初中。他父亲为了准备六年后小明上大学的学费20 000元，参加了教育储蓄。当时有三种可供选择的教育储蓄方式。

a. 直接存入一个六年期；

b. 先存入一个三年期，三年后将本息和自动转存一个三年期；

c. 先存入一个一年期的，后将本息和自动转存下一个一年期。

你认为哪种教育储蓄方式对他更有利？（当时的银行月利率为0.21，年利率见下表）

表3-4-5　银行年利率

一年	2.25
三年	2.70
六年	2.88

师生合作，根据问题，寻找适用的数学工具，建立相应的数学模型，其中项目一由师生合作完成，项目二、三由小组合作完成。（提示：为了减少运算，零存整取等利率都按年利率）

项目一：直接存入一个六年期。（由特殊到一般、建立等差数列模型）

公式应用模型：依教育储蓄的方式，每月存50元，连续存6年，到期一次可支取本息共多少钱？

解：因为六年整存整取定期储蓄存款月利率为2.88%，故到期六年时一次可支取本息共 $50 \times 72 + 50 \times 2.88\% \times 72 + 50 \times 2.88\% \times 71 + 50 \times 2.88\% \times 70 + \cdots + 50 \times 2.88\% = 3\,600 + 50 \times \dfrac{72(1+72)}{2} \times 2.88\% = 7384.32$（元）。

公式模型的一般化：依教育储蓄的方式，每月存 a 元，连续存六年，到期一次可支取本息共多少钱？

解：依教育储蓄的方式，应按照整存整取定期储蓄存款利率计息，免征利息税。若每月固定存入 a 元，连续存72个月，计算利息的公式为 $a \times \dfrac{72(1+72)}{2} \times 2.88\%$，所以共可提出本金和利息共为 $72a + a \times \dfrac{72(1+72)}{2} \times 2.88\%$。

追问：依教育储蓄的方式，每月存 a 元，连续存 n 个月，月利率为 p，到期一次可支取本息共多少钱？

总结：共可提出本金和利息共为：$na + a \times \dfrac{n(1+n)}{2} \times p\%$。

项目的解决：欲在六年后一次支取教育储蓄本息合计2万元，每月应存入多少钱?

解：$72a + a \times \dfrac{72(1+72)}{2} \times 2.88\% = 20\,000$，得 $a = 135.42$（元）。

项目二：先存入一个三年期，三年后将本息和自动转存一个三年期。（建立分段函数模型）

解：设每月存 a 元，则 $\left[36a + a \times \dfrac{36(1+36)}{2} \times 2.70\%\right](1+2.70\%) + 36a + a \times \dfrac{36(1+36)}{2} \times 2.70\% = 20\,000$，得 $a = 182.78$（元）。

项目三：先存入一个一年期的，后将本息和自动转存下一个一年期。（等比数列模型）

解：设每月存 a 元，则 $\left[12a + a \times \dfrac{12(1+12)}{2} \times 2.25\%\right](1+2.25\%) + \left[12a + a \times \dfrac{12(1+12)}{2} \times 2.25\%\right](1+2.25\%)^2 + \left[12a + a \times \dfrac{12(1+12)}{2} \times 2.25\%\right] \cdot (1+2.25\%)^3 + \cdots + \left[12a + a \times \dfrac{12(1+12)}{2} \times 2.25\%\right](1+2.25\%)^6 = 20\,000$，故 $\left[12a + a \times \dfrac{12(1+12)}{2} \times 2.25\%\right](1+2.25\%) \cdot \dfrac{1-(1+2.25\%)^6}{1-(1+2.25\%)} = 20\,000$，得 $a = 224.02$（元）。

（上述两个项目由小组合作完成）

（4）项目延伸

教师（项目延伸一）：在当时情况下，如果不用教育储蓄的方式，而用其他的储蓄形式，对他的存款有何影响，结合上述三种方式给出解释。

学生：我们通过计算器，结合前面的数学模型与零存整取相比，小明的父亲多收益的是利息税。当时利息税为20%，则

项目一多收益（20 000−135.42×72）×20% = 2 050（元）；

项目二多收益（20 000−182.78×72）×20% = 1 368（元）；

项目三多收益（20 000−224.02×72）×20% = 774（元）。

教师（项目延伸二）：比较方知优劣，希望大家不管做什么事，都要多思考，多比较。在现在形式下，如果不用教育储蓄的方式，而用其他的储蓄形式，对他的存款有何影响？同时请你对当前教育储蓄的存在性进行评析。

学生：由于2008年利息税的取消，教育储蓄的利率跟整存整取的利率是一样

的。显然两种存款方式对存款人收益都是一样的，但教育储蓄取款麻烦，取款时还需要学生的证明，所以教育储蓄已经不太适合当前形势了。

教师（项目延伸三）：同学们能够根据政策导引，用事实说话，老师很欣慰。任何时期，都存在一些贫困家庭。如果你是政府的决策者，针对贫困家庭这一客观的实际情况，你又将如何应对呢？

学生：国家一直把人民的利益放在第一位。在经济低落时期，国家制定了教育储蓄，让祖国的"未来"能够上得起学。当经济水平提升后，考虑到低收入家庭的孩子能够有学可上，国家又制定了无息的教育贷款。

学生：我们应该发奋学习去为国增光，去为国家和人民贡献自己的一份力量。

……

教师（项目延伸四）：同学们各抒己见，老师看到了大家对国家的热爱，老师希望大家遵守承诺，努力学习，争取早一点为国家添砖加瓦。

今天我们探究了教育储蓄这一话题，坚定了大家好好学习、为国家做贡献的信念。老师再布置一个课外探究：为了上大学，某贫困家庭利用教育贷款贷了20 000元，与商业贷款相比，请谈谈教育贷款的优势。

（5）项目小结

知识方面：认识等差数列与等比数列求和在实际问题中的应用，学会一种建模方法。

方法方面：由特殊到一般和从一般到特殊的处理方法。

德育方面：体现国家为民着想的理念，激发学生爱国爱党的自觉意识。

（6）学习评价

由于学生个体在项目中的分工不同，无法按统一标准进行评价，因此应该从多角度对学生进行评价。

①对学生在建构知识过程中的表现进行评价，包括建构过程的实践度、建构结果的正确性以及针对障碍采取的应对措施等。

②对学生在交流、协商中，作为学习者和协助者所产生的意义和作用进行评价。

③对学生的学习行为进行评价，包括是否按要求自主学习、是否积极参与小

组活动以及是否影响小组团结和声誉等。

表3-4-6　学习评价

评价目的	评价学生综合能力发展，重视学科知识掌握与能力提升
评价工具	自主评价量表
评价形式	学生自评、小组互评、教师评价
评价时间	活动实施过程中和结束时，具有形成性、总结性的特点

评价的方式主要有：

①制订自评量表，学生进行自我评价，教师对自评的真实度进行再评价。

教师：请大家对这次项目中自己的表现进行评价。

表3-4-7　自评量表

《基于教育储蓄兴衰的项目式学习》的自评量表
1.本项目你参与了（　　）。 　A.很小一部分　　　　B.大部分　　　　　　C.全程参与 2.在本项目的开展活动中，你（　　）。 　A.独立思考　　　　　B.与组员交流完成　　C.旁观者 3.对于本次建模，你（　　）。 　A.还是不懂　　　　　B.基本清楚　　　　　C.非常清楚 4.对于本项目相关联的实际问题，你（　　）。 　A.非常明白　　　　　B.一部分不懂　　　　C.不懂 5.你感觉通过该项目提升了（　　）能力。（可多选） 　A.数学建模　　　　　B.数学运算　　　　　C.合作交流　　　　D.其他 6.对于本次项目的学习，你对自己的整体评价为（　　）。 　A.优秀　　　　　　　B.良好　　　　　　　C.及格　　　　　　D.有待提高

②布置课外论文，教师对论文进行评价。（此项目不要求立即评价，要随着学生作品的产生，教师以评语的形式给出）

教师：教育储蓄是我国银行采取的一种存款模式。在银行的业务中，还有贷款的模式。请根据本项目的学习，针对存贷款问题寻找一个小项目，以小论文的形式写出建模解答过程。

四 教学反思

项目式教学让学生选择感兴趣的项目，合作探究，利用信息，借助工具，深入调查，多方面研究，最后得出研究结果。开展这一项目的意义如下。

1. 发展了学生的应用意识。通过丰富的实例引入数学知识，引导学生应用数学知识解决实际问题，经历探索、解决问题的过程，加强了学生的数学建模、数学运算等数学学科核心素养，让学生体会到数学的应用价值，帮助学生认识到数学与我有关、与实际生活有关，数学是有用的，我要用数学、我能用数学。

2. 加强了学生的合作精神，也使得教师变得更有耐心。通过自我独立思考、交流合作、交流展示等活动的顺利开展，让学生体验到集体的伟大，增强其集体荣誉感，增强其准确应用数学语言表达问题的能力。对教师而言，数学建模及运算相对学生来说难度是比较大的，要得出理想结果不可能一蹴而就，要求教师有耐心地进行指导。

3. 学习过程中将信息学、经济学与数学进行整合，提高学生的学习素养，帮助其体验数学应用价值。

4. 不仅如此，在学习过程中结合实际，深入生活，聊聊学习之外的事，聊聊身边的国家大事，更能增强学生的主人翁意识。让每一个学生做到家事国事天下事事事关心，而不是做一个只知读书、其他与我无关的"淡然君子"。

5. 由于部分同学对项目不太关注，课下没有进行课外知识的收集，导致其在项目开展中由于不理解概念而难以深入探究、学习。同时，本项目需要大量的烦琐计算，对数学基础薄弱的同学来说，该项目还有一定的难度，所以后期需要对其进行再指导。

五 项目点评

1. 学生感悟

方芯艺：通过这次项目，我再次回顾了等差数列与等比数列的知识，对我熟练掌握数列知识帮助很大。我还学习了数学建模知识，感觉数学用处好大，同时我也学会与别人交流，感觉"三人行，必有我师焉"非常有道理。

蔡善昕：除了其他同学讲的，我还感觉通过了解教育储蓄、教育贷款政策的由来，我感受到国家的温暖。

……

2. 专家点评

李现勇（青岛市高中数学教研员）：于老师根据所教班级的实际情况，选择了一个便于学生操作的项目。在项目开展过程中，于老师充分信任学生，让学生搜集数据，通过小组合作完成数学模型的建立，大胆地进行交流展示，充分感觉到学生的主动参与意识浓烈，合作交流意识浓厚，交流过程中表达清晰准确，充分说明项目式教学的开展有利于学生的身心发展。

通过研究教育储蓄的兴衰，不仅让学生了解了历史，还让学生真正参与到数学的学习中，让自己学有所用，增强了学生学数学、用数学的意识，也让学生真正感受到数学是有用的。

在教学中渗透德育教育，这也是我们每一位教师都应该考虑的。我们不仅要培养数学人，更要培养德智体美劳全面发展的人，于老师做得很好。提一点小建议，该项目题目编排可以更为合理，视频选取可以是学生更为熟知的。

附项目学习任务单：

表3-4-8　项目学习任务单

《基于教育储蓄兴衰的项目式学习》的学习任务单
姓名：＿＿＿＿＿＿　小组：＿＿＿＿＿＿
1. 请你以思维导图的形式归纳等差数列与等比数列的相关知识，并牢记。
2. 请与小组成员一起通过阅读书籍、网上搜索、银行走访等方式了解有关存贷款知识，并把了解到的知识记录下来，以便与其他小组进行交流。
3. 自主探究下面的问题： 2005年小明升入初中。为了准备六年后小明上大学的学费20 000元，小明的父亲参加了教育储蓄。当时有三种教育储蓄方式： ①直接存入一个六年期； ②先存入一个三年期，3年后将本息和自动转存一个三年期； ③先存入一个一年期的，后将本息和自动转存下一个一年期。 你认为哪种教育储蓄方式对他更有利？ 根据你掌握的知识，对上述问题写出你的想法，并进行更加详细的解释。
4. 对自己的参与做个简单的评价。

（执教人：于志昌）

案例3　三角函数模型在潮汐现象中的应用

一　项目课程背景

1. 教学内容解析

教学内容为"三角函数模型的应用",学生通过对潮汐数据的观察、分析、探究,建立恰当的函数模型,形成潮汐变化的具体规律,最终应用所建立的潮汐模型解决生活中的问题。本项目旨在让学生能够从实际问题中发现周期性变化的规律,将规律抽象为恰当的三角模型;让学生切身感受数学建模的过程,初步了解数学建模的思想;让学生通过解决相关的实际问题,直接体验数学在实际生活中的价值和作用。

2. 基本学情分析

学生已经学完基本初等函数的相关内容(导数除外)。对于基本初等函数的具有标志性意义的性质(单调性、奇偶性、周期性),学生掌握得比较好,并且学生已经学习、总结过函数的变换(伸缩、平移、翻折、对称)规律,具有处理一般函数的能力。另外,学生已经学过"概率与统计"的必修内容,了解部分数据处理的原理,具备处理数据的一般能力。部分学生信息技术水平较高,会利用相关软件进行处理。因为数据是由真实潮汐现象背景产生的,处理量较平时所做习题要大,而且学生数据处理的"实战经验"匮乏,所以由理论到实际需要过渡。为了突破这一难点,初次引入的情境不能太过复杂,故在尊重客观事实的基础上,选取规律性比较明显的一组青岛董家口港的潮汐数据,并将数据进行合理估读,形成问题情境。本节课的重点在数学模型的建构与优化。

3. 教学目标设定

(1)从实际问题中发现周期性变化的规律,并将规律抽象为恰当的三角模型。

(2)切身感受数学建模的过程,初步了解数学建模的思想。

(3)通过解决实际问题,直接体验数学在实际生活中的价值和作用;通过组内的协商以及组间的质疑提问,养成合作学习的习惯,培养批判性思维。

项目课程实施

1. 项目导入与实施（10分钟）

（1）导入方式

①视频引入

播放潮汐现象纪录片（1分钟左右）以及潮汐现象对于实际生活的影响与作用的新闻合辑（2分钟左右）。通过视频了解人类生活深受潮汐影响，而潮汐现象常伴青岛居民左右，从而引出探究潮汐变化规律的必要性。

②项目背景

海水受日月的引力，在一定的时候发生涨落的现象叫潮。一般地，早潮叫"潮"，晚潮叫"汐"。下表为青岛董家口港2017年11月30日的潮汐数据表。

表3-4-9 青岛董家口港2017年11月30日的潮汐数据表

时刻	03：00	06：00	09：00	12：00	15：00	18：00	21：00
潮高/米	4.1	2.5	1.4	3.0	4.1	2.6	1.4

（2）项目任务目标

①观察数据，发现潮高的变化规律。

②设想潮高y是时间x的函数，作出表中数据对应的散点图。你认为可以用哪个类型的函数来拟合这些数据，并求出函数解析式。

③对照实际潮汐曲线，分析所建模型。以小组为单位进行展示、交流、探讨，确定最优模型。

针对以上三个任务，以小组为单位课下讨论，确定出最终模型，课上交流。

（3）分组实施（课下完成）

鼓励学生以小组（不超过6人）为单位完成任务，支持自由组队。小组领取记录表，填写后汇报给老师。

表3-4-10 基于潮汐规律探究函数模型的应用任务记录表

基于潮汐规律探究函数模型的应用任务记录表							
组长					组员		
实际情景	海水受日月的引力，在一定的时候发生涨落的现象叫潮。一般地，早潮叫"潮"，晚潮叫"汐"。下表为青岛董家口港2017年11月30日的潮汐数据表。						
	时刻	03:00	06:00	09:00	12:00	15:00	18:00	21:00
	潮高/米	4.1	2.5	1.4	3.0	4.1	2.6	1.4
问题	1. 观察数据，潮高的变化呈现什么样的规律？ 2. 设想潮高 y 是时间 x 的函数，作出表中的数据对应的散点图。你认为可以用哪个类型的函数来拟合这些数据，并求出函数解析式。 3. 对照实际潮汐曲线，分析所建模型。						
附	董家口2017年11月30日潮汐曲线图（横轴：潮时 00:00–22:00，纵轴：潮高(cm) 100–450）						
探究过程							
探究结果							

2. 项目展演讨论（50分钟）

表3-4-11 项目展演

教学环节	教师活动	学生活动	设计意图
第一阶段：数学模型交流（25分钟）	通过记录表的阅读，了解学生想法。按照每组的模型，有意识地安排讲解顺序。一次分段函数→三角函数（形式：正弦、余弦；处理方式：手算逼近、取平均数、查阅三角函数表、在线数据处理软件Desmos）。	按照顺序进行小组模型的讲解，主要说明为何选择现在的函数模型类型，以及选定类型后该如何进行优化处理。其他小组的学生可以对讲解组的模型进行合理性的有质量的提问。	学生通过数学模型的建立，锻炼对数据的观察与分析能力。进一步加强对基本初等函数基本性质以及数据处理原理的掌握。
第二阶段：最优模型的比较（15分钟）	1.直观读图，进行初步判断；2.引入最小二乘法原理及相关指数的概念，进行数据上的判断，并回扣到图象上。	学生可以通过观察图象提出想法：让数据更多地落在模型的图象上，不在图象上的数据则要尽可能均匀地落在模型图象两侧，且距模型越近越好。	1.选出最优模型；2.加深对最小二乘法原理的理解；3.数形结合意识的渗透。
第三阶段：探究建模并解决生活实际问题（10分钟）	给出与潮汐现象有关的周边数据：潮高基准面、董家口港的近海水深、不同吨级的货船吃水深度、船底与洋底的安全间隙等。以小组为单位，结合已知条件，思考所建函数模型可以解决生活中的哪些问题，并给出解决问题的基本思路。	学生可以提出能被解决的实际问题，如潮汐数据的预报、货船进出港的时间点以及停留时长的计算（学生创造性地提出模型可运用的实际情境，如鱼雷战术的精准使用、潮汐发电的能量转换）。	结合教材，考虑所建模型的应用问题，直接感受数学建模的实际价值。解决问题的实质就是求函数定义域、值域、交点等问题。

3. 项目回顾延伸（5分钟）

上述两个阶段所求的函数模型为某一天的潮汐变化情况，项目成果局限性太大。再度观察潮汐图象，会发现一天潮高出现最值的时间点是往后移动的，且生活经验中有"初一、十五涨大潮，初八、二十三涨小潮"之说。针对以上情况要如何对函数模型进行优化，才能得到潮汐现象的变化规律呢？请同学们以小组为单位进行函数模型拓展优化。

三 项目课程总结

1. 第一阶段记录

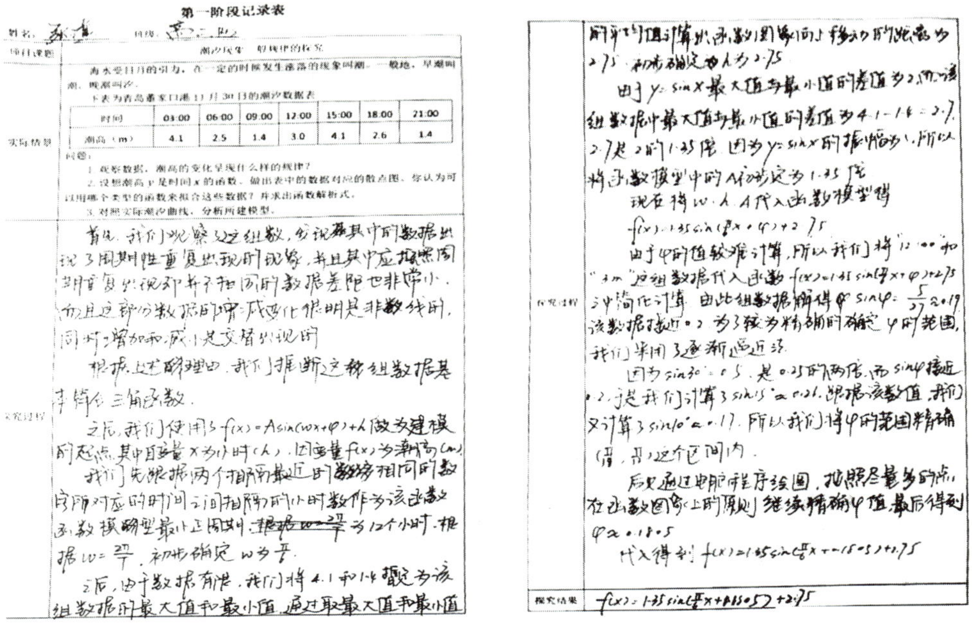

图3-4-3 第一阶段记录表截图

2. 学生感受分享

王童：对实际情境中的数据进行处理，没有想象中那样简单。通过这次项目式的课程，对于少量数据的建模可以通过图象进行初步模型的判断，进一步进行模型的确定。而且因为数据的处理有难度，最后需要信息技术辅助进行精确与优化。在和同学交流的过程中，我们知道了自己的第一个模型的问题出在哪里。第二次建模的时候，进行了相应方面的改进。最后，在课堂上进行最优模型的选择。从直观想法到具体衡量标准的公式，一步一步实现数据的完美拟合，发现数据的变化规律。

3. 教师授课反思

初次接触项目式教学是在王磊教授的讲座上，项目式教学单从名称含义出发，就很具吸引力。既然是项目，那必须是依托于实际生活，为解决一类问题所提出的。这种出发点更容易引起学生的兴趣，尤其是对于数学学科。考虑到学生的认知水平，数学教材所涉及的内容是相对基础的，实际情境是理想情况下的，很难让学生感受到学习数学的必要性以及数学与现实的联系，进而影响学生学习热情。所以这一次很想借用与北师大合作项目式教学探究的机会，为自己的实践课堂做一个尝试。下面我将结合《三角函数模型在潮汐现象中的应用》项目式教学的探究情况，间接阐述对项目式的理解。

第一阶段：选题

在教材已有的知识体系中，选题初定范围集中在与生活实际相关密切的函数模型（人口爆炸模型，简谐运动模型等）的建立、解三角形、空间位置关系（点、线、面，空间向量）及概率统计等，最终定题为三角函数模型在潮汐现象中的应用。人教A版必修四第一章第六节主要讲述的三角函数模型的简单应用，涉及一天中气温的变化规律，太阳高度角的变化规律，潮汐变化规律。结合青岛实际情况，以董家口港的潮汐现象为主体展开项目式教学的探索。

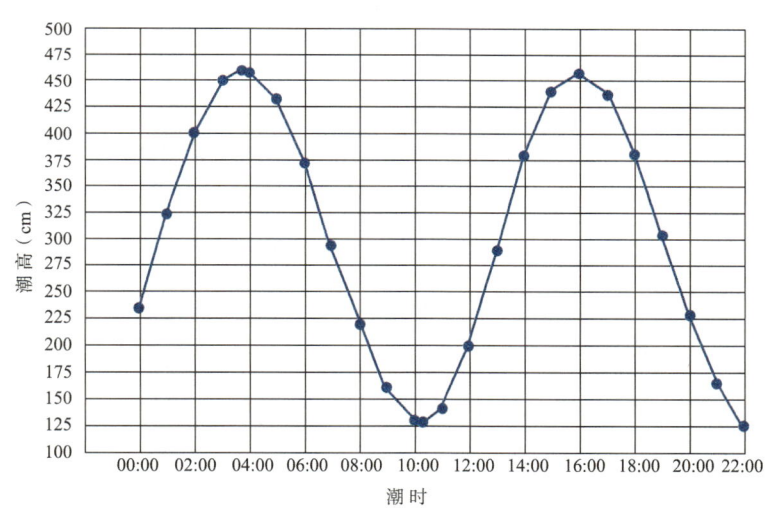

图3-4-4　青岛董家口港的潮汐数据图

第二阶段：初次探究

选取青岛董家口港的潮汐数据作为研究对象。因为初次引入情境不能太过复杂，故在尊重客观事实的基础上，选取规律性比较明显的一组数据，并将数据进行合理估读，形成项目情境，从特殊向一般逐渐深入探究。

表3-4-12　2017年11月30日潮汐数据表

时间	03：00	06：00	09：00	12：00	15：00	18：00	21：00
实际数据（cm）	412	245	140	302	407	256	136
估读数据（m）	4.1	2.5	1.4	3.0	4.1	2.6	1.4

学生结合自身相关的知识储备及技能，以小组为单位进行课下探讨，做出潮汐函数模型，并且与实际潮汐曲线对比，组内分析所建模型优劣，同时进行组间交流。最后，大家选取最优模型进行下一轮的探究。

　　这个过程学生会产生很多有趣的想法，在描点连线后，以一个分段函数形式的折线出现，或者是类似三角函数的曲线出现，更有以计算机软件为基础直接进行函数拟合。教师应就学生产生的问题进行纠正，将产生的好思路或者方法进行推广或者拓展。

　　授课的主要模式为讨论，适时加入展示。在讨论的过程中以学生为主，教师帮助解决知识上的问题及技术上的问题，对学生的想法不做过多干涉，过程中产生了很多有趣的想法：

　　（1）纯线性分段函数模型，学生为表示周期性，用了整除取余的方法。

　　（2）非线性分段函数模型，学生尝试了两段二次函数的模型，也尝试了一段二次函数和一段三角函数的模型。

　　（3）简单三角函数模型，部分学生采取的是该种模型，但是存在着正弦和余弦的选取差异，存在着坐标系建立的差异，在这些差异之外，还存在处理数据的差异。例如，在确定初相的时候，因为都注意到所给数据并不恰巧是一个三角函数模型，存在着一个有较大差异的点，在处理时有学生用的是相关数据取平均数，有学生用一个接近该数的三角函数值对应的角度，通过不断地将角度等分（二分法的应用）利用三角函数的计算公式确定角度 φ，有学生直接通过网上查阅三角函数值与角度的对应表确定角度 φ。

　　（4）信息技术辅助下的三角函数模型，学生根据图象及数据特征首先确定了一个参数简单的三角函数，再用在线数据处理软件Desmos，通过图象与数据的吻合程度实现参数的逼近。

　　（5）模型拟合标准的自然产生，每个学生的模型产生后，学生最关注的就是谁的模型是最优模型。部分模型因直观差别较大，直接被排除，有一部分模型的直观差别是很小的，如何客观地判断拟合程度就成了学生们关注的点。其中就有学生想到了课本中的方差的概念，仿照方差的概念就产生了一个用实际数据与模型数据的差的平方和为主体的式子进行拟合判断。其实与选修课本才会学到的残差、相关指数的概念已经很接近了。模型产生后，学生对模型的应用产生了兴趣，主要包括潮汐发电、海水深度数据预报、货船进出港、鱼雷战术的精准使用等。

在这个阶段中，主要让学生感受建模的基本过程。从问题需求出发，查找数据，分析数据，建立模型，检验模型。最后一个环节是应用模型，这个环节是下一阶段的主要构成。

第三阶段：模型应用

给出与潮汐现象有关的周边数据：

（1）潮高基准面（计算潮高的起算面）在平均海平面下2.9米（实际为288厘米）；

（2）董家口港的近海水深平均15.0米左右；

（3）10万吨级的货船吃水深度（船底与水面的距离）14.0米左右；

（4）《安全条例》规定至少要有1.5米的安全间隙（船底与洋底的距离）。

要求学生结合已知条件，思考所建函数模型可以解决生活中的哪些问题，并给出解决问题的基本思路。这个阶段依旧以小组为单位进行问题设计，考虑所建模型的应用问题，直接感受数学建模的实际价值。

第四阶段：模型拓展

上述两个阶段所求的函数模型为某一天的潮汐变化情况，而众所周知，如果将项目成果依据潮汐变化情况投入使用，所解决的也只是该天的问题，局限性太大，也不能很好地贴合我们提出项目的初衷——研究潮汐现象的规律。获取连续4天的潮汐变化曲线，如下：

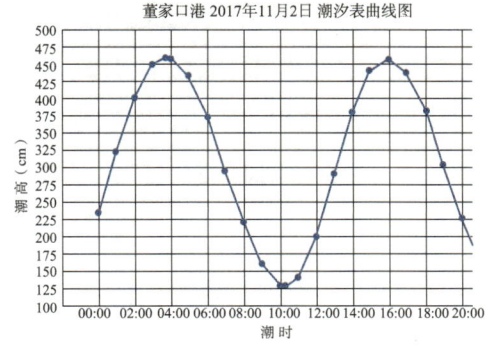
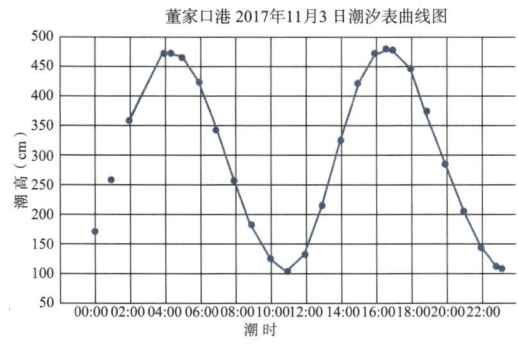

图3-4-5 青岛董家口港的潮汐数据图

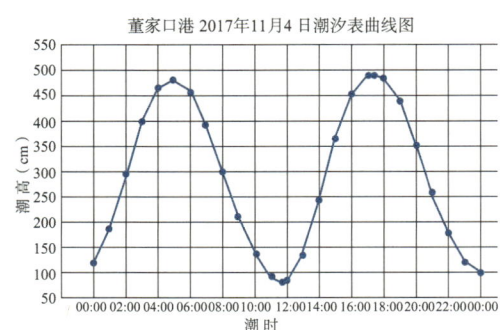 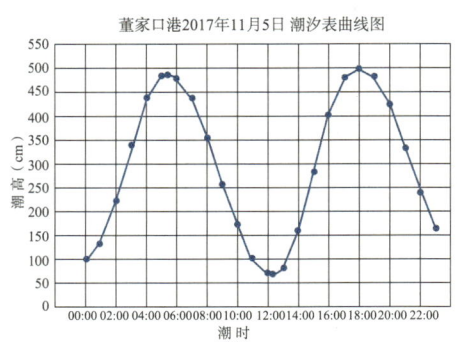

图3-4-6 青岛董家口港的潮汐数据图

我们会发现，每天出现最值的时间点是往后移动的。在这四天中潮高的最值维持一个相对稳定的情况。但生活经验中也有"初一、十五涨大潮，初八、二十三涨小潮"之说。针对以上情况如何对函数模型进行优化，从而得到潮汐现象的变化规律，需要进一步探究。

组织学生进行潮汐成因的查找，发现潮汐的产生主要与月球引潮力和太阳引潮力有关。结合相关资料，将问题简化为：一天之中仅考虑月球引潮力的影响，潮汐变化遵循两个周期的三角函数变化；仅考虑太阳引潮力的影响，潮汐变化依旧遵循两个周期的三角函数的变化。但是这两个三角函数在周期、振幅等方面存在差异。同样以小组为单位进行函数模型拓展优化。

因为各种各样的因素，最后一个阶段还没有开展，故最后的成果无法进行展示以及评价。但在整个探究过程中，教师是辅助者，真正的主体是学生，学生以项目为导向、以任务为驱动进行探究。在这个过程中，我也逐渐体会到了什么是项目式教学。一个项目的展开必然是遵循客观规律的，符合学科特点的长期探究活动，而作为辅助者的教师需要充分备课，才能满足学生及项目式教学的需求。

项目式教学的初始定义，是聚焦在实操性较强的领域中，所以在医学专业、电子商务专业等领域的研究较多，也较为成熟，但在高中学段的研究还在探索阶段。就实际实施经验，有如下的体会。

（1）项目的选取与课程标准要求的融合。在高中学段项目的选取不能脱离课程标准要求。基于高中生的整体水平以及高中生整体学业上的要求，我们不能直接将类似于大学数学建模的项目直接搬到高中学段的项目式教学上。这样既不利于高中学段基础知识的掌握，也会徒增学生的负担。比如，可以在下面几个模块中进行项目式教学的探索：函数模型建立与应用、古典概型、空间几何体、轨迹方程等。

（2）以集体教学安排为主，合理选择上课时间与模式。因高中数学教学容量大，时间紧、任务重，所以项目式教学的实施不能干扰教学进度的正常进行。我们可以选择在合适的模块结束后做一个与本模块相关的微项目，以期在加深对本模块知识的掌握与认识的同时增加数学思想方法的应用机会，上课模式不能采取传统授课模式，要以讨论课为主。

4. 专家点评指导

北京师范大学的綦春霞教授、山东省课程中心的李红婷主任肯定了项目式教学在促进学生深层次学习、提高解决实际问题的能力和发扬团队协作精神等方面发挥的重要作用，同时提出建议：以项目为线索，以子项目为模块，精心组织教学内容，使其符合学生的认知特点。

（执教人：李元基）

第5节　基于跨学科融合的大项目式教学

案例1　解锁"人造卫星"的轨迹方程

一 项目开发背景

数学是高中的一门重要学科，既是高考的主要课程，也是培养学生抽象逻辑思维、推理能力的主要来源。然而受多种因素的影响，高中数学被很多高中生定位成枯燥无味、艰涩难懂的学科，使数学丧失了它的魅力和功效。在大力推行素质教育与新课程改革的背景下，培养高中生的学习兴趣，提升其整合数学知识的能力，发挥数学在解决问题时的作用，是教师要重点研究的课题。

1. 政策背景及意义

2014年教育部首次提出"核心素养体系"。历时三年，2017年《中国学生发展核心素养》成果发布，同年，新课程标准也将核心素养作为重要的育人目标。山东在国家改革的大背景下实行"六选三"高考改革模式，也对现在传统的教学课堂提出新的挑战，教师要更关注学生整合知识的能力和素养的提升。

新修订的高考大纲提出，高考试题要增加反映我国政治、经济、文化、社会、科技等领域发展进步的内容，考查学生对我国社会现状、时事政策的了解、思考和把握，考查学生对国家层面、社会层面、个人层面等价值准则的理解。因此传统的数学课堂讲授已经不足以达到大纲的标准，不足以满足学生的学习需求。

2. 理论背景及意义

数学学科核心素养包括：数学抽象、逻辑推理、数学建模、数学运算、直观想象、数据分析。学生核心素养的提升，依赖于将所学的数学知识进行整合，将各科知识融会贯通，将知识化为一种分析问题解决问题的能力。

项目式教学是在传统式课堂教学和课题式教学基础上结合课程实际形式而形成的教学模式。以纵向或横向项目为载体，以科学、合理组织项目问题的具体实施过程为主线，将教学内容模块化、教学方式实战化，学生由被动接受者转变为主动思考者，教师由课堂的讲授者转变为项目的参与者。

二 教学内容解析

本节课内容是人教B版数学选修4-4中"圆的极坐标方程"课后的"探索与研究"内容——圆锥曲线的极坐标方程，其中有一段材料介绍：在力学中研究天体运动，从万有引力定律出发，能够得到人造卫星或者宇宙飞船轨道的方程。这是圆锥曲线方程知识的进一步拓展，是数学知识与物理知识的综合，也是数学知识在实际生活中应用的典型案例。该部分内容与社会热点——各国人造卫星发射数量、发射情况有极大的关联，与高中物理知识——万有引力定律、开普勒第一定律、开普勒第二定律、动量守恒、能量守恒紧密相关。

本次项目期待实现人教A版数学教材选修2-2导数部分的计算、选修4-4坐标系与参数方程、选修2-1圆锥曲线的有机结合，能够将高中数学与物理两学科之间建立有效联系。

选修2-2中微积分的创立是数学发展中的里程碑，它的发展和广泛应用开创了向近代数学过渡的新时期，为研究变量和函数提供了重要的方法和手段。导数、定积分都是微积分的核心概念，它们有极其丰富的实际背景和广泛的应用。在选修模块中，学生将学习导数和定积分的有关知识，体会其中蕴含的思想方法，感受它们在解决实际问题中的作用，了解微积分的文化价值。

选修4-4是高中数学选考内容之一，包括"坐标系"和"参数方程"两块内容。"坐标系"这个概念大家比较熟悉，但这里要涉及坐标变换、极坐标系。本专题的教学使学生掌握极坐标和参数方程的基本概念，了解曲线的多种表现形式，通过从实际问题中抽象出数学问题的过程，使学生体会数学在实际中的应用价值，培养学生探究数学问题的能力和应用意识。

选修2-1中的圆锥曲线是高中数学教学中十分重要的内容，它的许多几何性质在日常生活、生产和科学技术中都有广泛的应用。①在教材结构上，椭圆内容起到一个承上启下的重要作用，前面学生用坐标法研究了直线与圆，而对于椭圆概念与方程的研究则是坐标法的深入，也适用于双曲线与抛物线的学习，更是解决圆锥曲线问题的一种有效的方法；②对椭圆定义与方程的研究，将曲线与方程对应起来，体现了函数与方程、数与形结合的重要思想，而这种思想将贯穿于整个高中阶段的学习；③对椭圆定义与方程的探究过程，使学生经历了观察、猜测、实验、推理、交流和反思等理性思维过程，培养了学生的思维方式，提高了运算能力，提高了他们提出问题、分析问题、解决问题的能力，为学习后续知识奠定了基础。

三 学生学情分析

学生在数学知识方面已经学完选修2-1中的圆锥曲线与方程、选修4-4中的坐标系与参数方程、选修2-2中的导数及其应用等内容，对用解析法解决解析几何问题的思想、方法已基本掌握，也能够熟练应用导数进行计算。在物理知识方面，学生已经掌握物理必修内容中的万有引力定律和开普勒定律，可以在运用上述定律的基础上进行假设探究。本节项目式教学课程主要依托于数学知识与物理知识的融合。信息时代的学生知识面比较广，并能熟练利用书籍、电脑搜索各方面的知识。因为学生在选修4-4中没有系统地学习过圆锥曲线的极坐标方程，所以在构造"人造卫星"轨迹方程的过程中，学生尝试用直角坐标方程、参数方程来建系，但都十分困难，求解不出结果。为了突破这一困境，教师引导学生进行圆锥曲线极坐标的建系和求解，继而使用物理学定律进行更深一步的假设研究。

四 教学目标设定

现将教学目标设定为：

1. 从人造卫星的实际问题入手，激发学生项目探索的欲望，感受数学来源于生活，并应用于生活的意义。

2. 在应用必备数学知识建模求轨迹方程的过程中，发展直观想象、数学抽象、逻辑推理、数学运算、数据分析、数学建模的数学学科核心素养。

3. 深刻体会数学与物理学科的融合，感受数学作为一种运算工具，为其他学科的研究起到重要作用，认识数学的科学价值、应用价值。

4. 将得到的"人造卫星"极坐标方程进行推广，通过对实际问题的具体分析，增强题目的探究性和开放性，提升创新意识和创新能力，呈现数学的思想性。

5. 掌握圆锥曲线的直角坐标方程和极坐标方程，能用数学工具猜想、验证轨迹问题，通过数学研究增强学习数学的兴趣，提高分析问题、解决问题的能力。

五 项目课程实施

1. 项目前期

（1）抛出问题

经过望远镜的勘测等技术得知人造卫星、宇宙飞船的轨道是圆锥曲线，那能通过我们所学的数学知识和物理知识得到其轨迹方程吗（图3-5-1、3-5-2）？

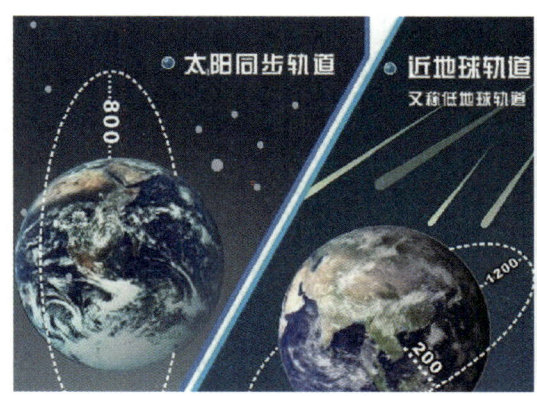 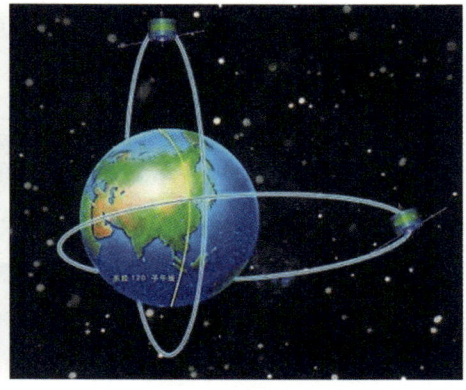

图3-5-1 太阳同步轨道和近地球轨道　　图3-5-2 太阳同步轨道和近地球轨道

（2）物理分析

人造卫星在天空中运行时要受到许多力的作用，但最主要的是地球对其的引力。其他的力，如太阳、月亮对它的引力和高空气体的阻力等，皆远小于地球引力，因此我们仅考虑地球对卫星的万有引力，卫星与地球构成一个保守系。因为卫星的体积相对于地球很小，所以将卫星看成一个质点。

万有引力定律：解释物体之间相互作用的引力定律。定律内容为任意两个质点被连心线方向上的力相互吸引。该引力的大小与它们的质量乘积成正比，与它们距离的平方成反比，与两物体的化学本质、物理状态以及中介物质无关（图3-5-3）。

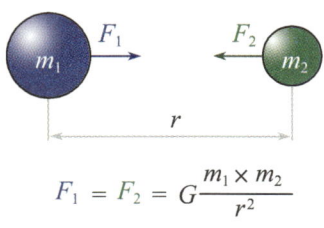

$$F_1 = F_2 = G\frac{m_1 \times m_2}{r^2}$$

图3-5-3 万有引力定律

开普勒第一定律：每一行星沿各自的椭圆轨道环绕太阳，而太阳则处在椭圆的一个焦点上（图3-5-4）。

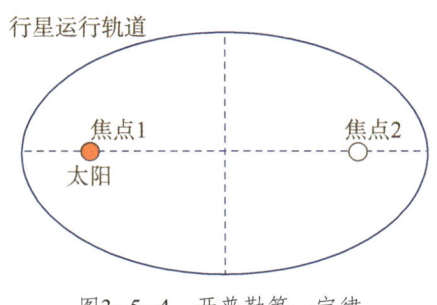

图3-5-4 开普勒第一定律

开普勒第二定律：中心天体与环绕天体的连线（称矢径）在相等的时间内扫过相等的面积（图3-5-5）。

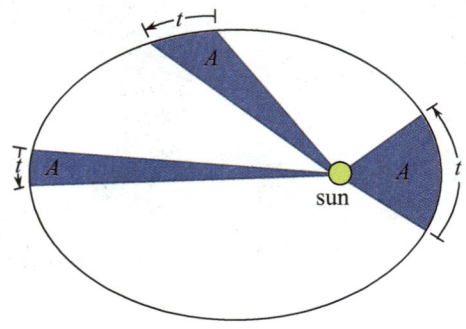

图3-5-5 开普勒第二定律

动量守恒定律：一个系统不受外力或者所受外力之和为零，这个系统的总动量保持不变。

能量守恒定律：能量既不会凭空产生，也不会凭空消失，它只会从一种形式转化为另一种形式，或者从一个物体转移到其他物体，而能量的总量保持不变。机械能是物体在力学现象中所具有的能量形式，包含动能和势能，即机械能=动能+势能。在一个封闭的力学系统（保守力学系统）中，只有保守力做功，没有机械能与其他形式能量之间相互转换时，则机械能守恒，系统能量表现为机械能。能量守恒具体表现为机械能守恒定律。机械能守恒定律是能量守恒定律的一个特例。

（3）预设思路

要写出人造卫星的椭圆轨迹方程，有两个思路：其一，建立直角坐标系，得到轨迹方程；其二，建立极坐标系，得到轨迹方程。在选修2-1学生已经学习过圆锥曲线直角坐标系下的标准方程，而极坐标方程需要学生自己建系构建。

提示：三种圆锥曲线的共同几何特征——圆锥曲线是到某定点（焦点）和某直线（准线）的距离之比等于常数（离心率）的点的轨迹（图3-5-6）。

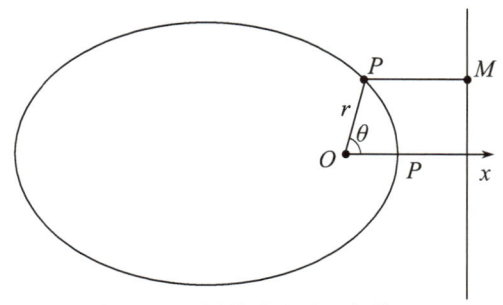

图3-5-6 圆锥曲线的几何特征

(4)小组研究

学生分组研究问题，在组长带领下，搜集相关资料，进行项目研究。在得到圆锥曲线的极坐标方程后，结合物理学知识，作出假设，构造方程，研究人造卫星的轨迹，建立适当的极坐标系。

2. 项目展演讨论

表3-5-1 项目展演

环节	实施过程	设计意图
导入	播放"夜空中最亮的星——人类之星"视频（1分钟左右），引发关于人造卫星的项目讨论。	引起学生兴趣，激发项目探究的欲望。
项目问题	由物理学家开普勒给出结论：人造卫星的轨迹是椭圆。应用物理学和数学知识，推导人造卫星的轨迹方程。	综合应用学科知识，小组合作，进行项目研究。
项目展示：小组1	第一名代表讲解前期准备工作，人造卫星资料的收集与整理，项目研究背景和意义，选取与项目相关的物理定律与公式，梳理公式定律，给出项目研究思路和方案，给出建模预设条件。 第二名代表讲解中期建模过程，在假设条件下对公式进行整合。 第三名代表讲解项目成果，详细公式运算的过程，给出建模后人造卫星的轨迹方程。	展示项目研究的过程，提高团队协作的能力。学生集体感受该小组数学建模过程，对比自己小组的研究，从建系、假设、方程模型的构建等方面积极思考，找出问题。该项目的解决依赖于学科融合，物理定律的应用和数学运算、逻辑推理、数据分析的能力。
项目提问与交流	在上一小组的展示后，其他小组成员提出自己的问题，展示的小组对问题进行解答。	进一步完善建模过程，通过交流碰撞，对不同的思路进行分析、纠正、推广，让项目结果更富有意义。
项目展示：小组2	过程与形式同上一小组。	
项目提问与交流	过程与形式同上一交流。	
教师启发	教师总结两小组的项目研究成果，提出自己的问题（展示的小组都用到了同一个假设——在极小范围内的轨迹近似扇形，从而应用扇形面积，这一假设会不会影响最后的结果），启发学生进一步思考。	全面开拓学生思维，师生对于项目进行思维再碰撞。

续表

环节	实施过程	设计意图
项目应用	给出一道具体题目： 已知某载人飞船的运行轨道是以地心为焦点的椭圆，近地点高度为200 km，远地点高度为350 km。（地球半径$R=6\,378$ km） 在理解题目的基础上，以小组为单位，结合已知条件，思考所得到的人造卫星轨迹方程，提出有价值的问题。 在课堂上一起选出几个问题，当堂探究与解决。	考虑所建模型的应用问题，直接感受数学建模的科学价值、应用价值。
项目拓展	给出课前视频的文字资料： "人类之星"是一个直径约0.9米的碳纤维球体，由65块反射太阳光的面板组成，在太空中旋转时会不断反射阳光，其亮度肉眼可见，它的轨道覆盖整个地球表面。"人类之星"将在太空中运行9个月，最终坠入大气层中自毁。 1. 查阅其运行的相关数据，给出观测定位方案。 2. 对其运行轨道进行分析，探求坠毁原因。	对项目进一步加深实际联系，拓展应用领域。

3. 项目回顾延伸

结合教学目标突出项目收获，让学生既能明确关联数学知识点，又能同时理解数学原理在实际生活中的应用。引出下面若干问题，鼓励学生继续思考并探索。

问题1："人造卫星"的椭圆轨迹方程在生活中可以有哪些应用？

问题2：面对多国争取太空空间站这一情况，作为中学生的你有怎样的看法？

六 项目课程总结

1. 学生感受分享

学生1：花时间和精力做项目，不仅收获了项目成果，做了一回科学家，还激起对于同类难度项目的探索欲望，对自己的能力更加肯定。对于一些看起来比较遥远、比较复杂的课题，敢于提出自己的想法，提升了研究能力和数学公式的整合能力。项目研究永远不可能一次成功，我们在不断否定和计算演算的过程中，克服了疲惫，最终得到结果，收获了巨大的成就感。

学生2：对于数学的认知不再局限于课本、试卷等。数学是活的东西，它可以辅助物理定律的证明和应用，它可以联系天文和地理，它可以延续到科学，并回到生活中的各个领域。能深入研究项目的同学，即便面对难题，也能相信自己。即使能力上有所欠缺，也会花时间钻研问题，得到区别于答案的妙解，逐步提升思维能力，让隐性的知识发挥出显性的价值。

2. 教师授课反思

进行项目式教学是一件非常具有挑战性的事情。项目式教学旨在提高学生的研究能力，迎合核心素养的要求而非考试要求。无论对年轻教师还是老教师来说，都是一种新型模式的探索。谁都没有提前做过，也缺乏这方面的经验，所有老师都是在摸索的道路上。对于年轻的教师来说，可能更缺少课本上的思考和课标上的结合。但是，年轻的教师也有优势——无论是技术还是理念，都更容易接受项目式教学，更容易出现创新型的想法。

项目式教学使得我要跳出每周一计划、每天一备课的常规教学准备模式，要站到整本书的高度，甚至是好几本书的连接高度上，为学生选择一个适合他们研究的数学项目。不仅如此，为了寻求与生活实际相联系的数学研究实例，我需要查阅大量的论文，而不仅仅是盯着书本上的少量实例。为了能够指导一部分能力较强的学生进行相关的项目研究，我需要查询资料并拾起大学的相关专业知识。在思考项目的同时，还要为学生铺垫好他们应该掌握的书本上的相应知识。一堂项目式教学展示课，凝练了我一个月甚至更长时间的心血。同样地，数学兴趣强的学生也花费了很长时间去查阅、思考、研究、验证。在每天还要掌握定量的常规教学内容的基础上，学生和教师的压力都非常大。可能学生做项目研究花费的时间有些长，会占用他们学习其他科目的时间，但是收获项目结果时的欢乐却让教师和学生忘记那些疲惫，教师会觉得高中的教学路上有沉甸甸的收获，学生会有不一样的高中学习记忆。对于相应的项目研究课题，也能记得很深刻。在多年以后，学生对于高中数学的回忆，不只是书本上的公式和对题目的刻板解答，还有他们曾花很长时间去思考和探究一个项目的过程。

经过这么一次项目式教学的磨砺，我将对未来数学教学改革更加适应，更加敢于尝试新型授课方式，给予学生更多的信任，敢于放开学生手脚，而不是总抓着他们的手，"一笔一画"地教他们。对于教学，我也有了更多的思考。怎样优化时间，使得学生学习数学既有效率又有意义，这是我目前思考最多的一个问题。新的课程标准已经颁布，并且已经开始实行。这意味着挑战，而现在的我无惧挑战。我想这是项目式教学给予我的最大收获了。

3. 专家点评指导

学术价值方面：北京师范大学的曹一鸣教授对我校的项目式教学高度认可，并从为什么要研究项目式教学以及项目式教学组织形式的角度肯定了教师的设计。课堂的设计从实际问题出发，结合物理学知识，以学生自主探究为主要途径，通过教师的恰当引导，得出解决方案。

课程开发方面：山东省教科院课程开发中心的李红婷主任进一步就项目式研究过程的规范性作出说明，并提出"用行动研究支持课堂建设"等看法，肯定了我校课程开发能力以及项目式教学发展特色。

教师发展方面：山东省教师发展中心的许爱红主任认为，教师应当对现有课堂教学进行反思并思考如何在教学过程中融入对学科核心素养的培养，并提出"教学要随着时代、科技的发展而进步"等看法，鼓励更多的学校能够像我校一样积极创新教育教学，注重培养学生的学科素养，使学生在学习过程中形成能力。

七 建议与想法

新时代背景下，我们不能故步自封，对于教育也是如此。很多学校的教师习惯了传统的授课模式，对于新型的教学显得非常排斥。因为高中的教学压力大、课业比较繁重，我非常理解这样的"拒绝"。想要接纳新的教学模式，不是一件容易的事。如果想要创新项目，教师就必须站在整个教学总领的高度，舍得放弃自己的一些自由时间。教师首先要迈出学习的一步，然后合理安排如何将项目构建在日常教学时间里。特别地，必须要对于自己所教的学生的学情有充分的掌握。对于专业层次比较高的学生，要大胆尝试开放性项目、未知结果的项目，期待和学生一起创造和体验项目的过程，收获项目过程中的精彩瞬间。在这个过程中，教师和学生都在学习与进步。如果开放性项目达到项目成果，可以体验到那种巨大的成就感和喜悦感。如果学生的学情受限于知识与能力，那就以激发学生兴趣的项目为立足点，让学生在日常枯燥的课堂上享受一次不一样的思考过程、动手过程、讲解过程，给学生不一样的高中课堂记忆，让学生知道，原来我也可以参与，原来数学也可以很有趣。希望每一位教师用一种期待的眼光看待学生，用一种努力的姿态尝试改变传统教学理念。多一些新鲜的尝试，多一些珍贵的思考，合理安排自己的教学内容。在沉重的教学压力下，适当用一点点改变唤醒时代的接班人，不要让学生成为学习的机器、习题的奴隶、分数的仆役。我们要用积极健康的状态鼓舞学生，让学生看到教师也在克服困难，不断努力，不断实践。

（执教人：衣军潼）

案例2 交通枢纽接驳布局

1. 项目背景

现青岛市拟建立一个集高铁、轻轨、公交、出租、步行五位一体的交通枢纽。你们的咨询团队要为你们的客户——青岛市枢纽项目建设公司提供交通接驳布局方案，现在你们得到的基本条件和信息如下。

（1）枢纽内各层可利用平面面积10 000 m²，长度为100 m，宽度为100 m；

（2）不同交通方式的换乘在同层布局时功能区不能重合；

（3）各交通方式间的换乘量信息见表3-5-2；

（4）各交通功能区可简化为矩形，需求面积及尺寸见表3-5-3；

（5）同种交通功能区场站布局在不同层位时工程造价不相同，见表3-5-4；

（6）各层之间的垂直距离约15 m。

项目组需要建立数学模型，确定枢纽建设几层，各交通功能区建设在第几层的何处位置，从而尽可能节省建设成本，并缩短乘客的换乘距离。

表3-5-2　各交通方式换乘量（单位：人/时）

	步行	高铁	公交	出租车	轻轨
步行	0	600	500	200	1 500
高铁	600	0	1 300	1 000	3 000
公交	500	1 300	0	100	800
出租车	200	1 000	100	0	200
轻轨	1 500	3 000	800	200	0
合计	2 800	5 900	2 700	1 500	5 500

表3-5-3　不同交通功能区场站需求面积及尺寸

	步行广场	高铁场站	公交场站	出租车场站	轻轨场站
需求面积（m²）	2 500	5 000	2 500	1 000	4 000
长度（m）	50	100	50	50	80
宽度（m）	50	50	50	20	50

表3-5-4　各交通功能区场站在不同层位的建设单价（元/m²）

	步行广场	高铁场站	公交场站	出租车场站	轻轨场站
地上3层	1 600	2 600	2 600	2 600	2 600
地上2层	1 200	2 200	2 200	2 200	2 200
地上1层	1 000	2 000	2 000	2 000	2 000
地面平层	800	1 600	1 600	1 600	1 600
地下1层	3 000	3 000	3 000	3 000	3 000
地下2层	3 600	3 600	3 600	3 600	3 600
地下3层	4 400	4 400	4 400	4 400	4 400

2.项目背景二

　　人口会影响总体经济增长及人均经济增长，但作用有差别，相应的机制微妙而复杂。此类研究各有其结论和主张，但都启发人们越来越关注人口转变及其结构变迁，而不再是仅仅关注总人口规模的增长。

我国人口已进入"低生育率"和"低死亡率"并存的阶段，在未来三十年的人口转变中这将对经济与社会发展产生重要影响。

作为新时代的公民代表，你们的团队受到邀请，通过数学建模分析和预测未来三十年我国的人口转变。

（1）你的模型需要有如下考量：

①人口的增长，尤其是生育率；

②各年龄段人口的分布；

③人口性别比例的演变；

④你们还可考虑纳入与人口增长及结构变迁有关的其他重要因素，如生育政策的演变、婚姻趋势、教育发展、城镇化趋势等。

（2）基于你们的模型，请分析现行人口相关政策，如生育、移民、城镇化等政策，对解决人口问题的积极作用和不足之处，并提出你们团队的优化人口转变的政策建议。

3. 研究方法

主要通过数学建模，查阅文献、网页、视频等资料，实际考察等方式进行研究。

4. 研究过程及进度

表3-5-5 研究过程及进度

时间	进程
11月10日20：00—11月11日8：00	1. 立项 2. 查阅文献、网页、视频等资料 3. 确立数学模型的变量、假设、目标
11月11日8：00—11月13日12：00	4. 推导模型的数学表达 5. 建立多讨论下的数学模型 6. 前往青岛北站等地实地考察 7. 撰写论文初稿 8. 准备项目的中期答辩
11月13日12：00—11月13日15：00	9. 项目中期答辩，小组互评

续表

时间	进程
11月13日—12月14日	10. 组内选取最佳模型，确立论文终稿
12月14日9：15—12月14日10：45	11. 论文答辩

二 确立数学模型的变量、假设、目标

各小组根据自己对项目背景的理解，确立自己小组数学模型的变量、假设、目标。在此期间，教师起到的是答疑解惑的作用，并不对各小组变量的全面性、假设的合理性、目标的完善性作出评价，但是会为学生提供相应现实资料（例如，北京、上海等城市大型交通枢纽的设计图等，如图3-5-7~3-5-14所示），引导学生思考这些枢纽如此设计的原因，从而反思自己的设计中未考虑到的现实因素。

图3-5-7　上海南站外景

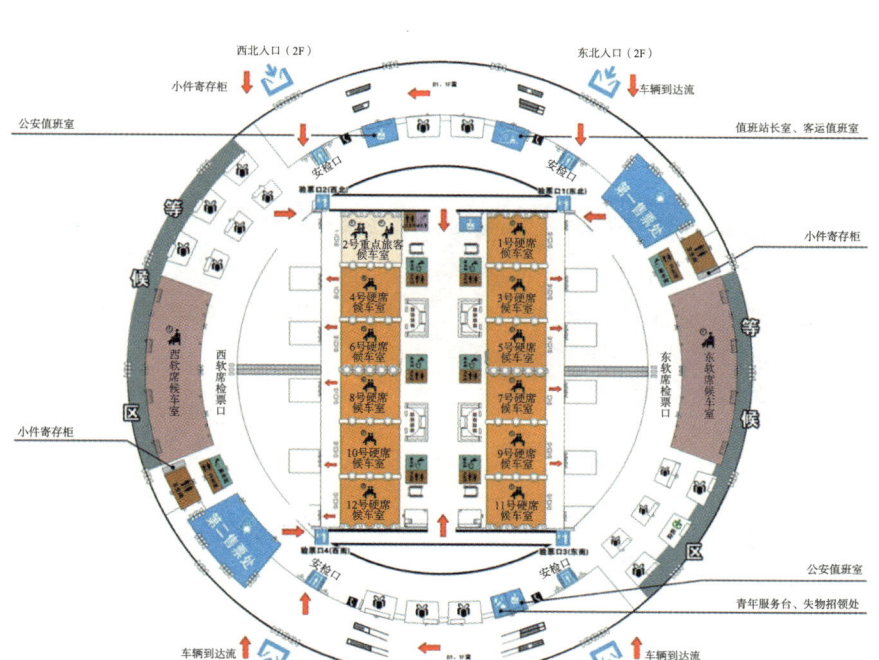

图3-5-8 上海南站示意图二层出发区

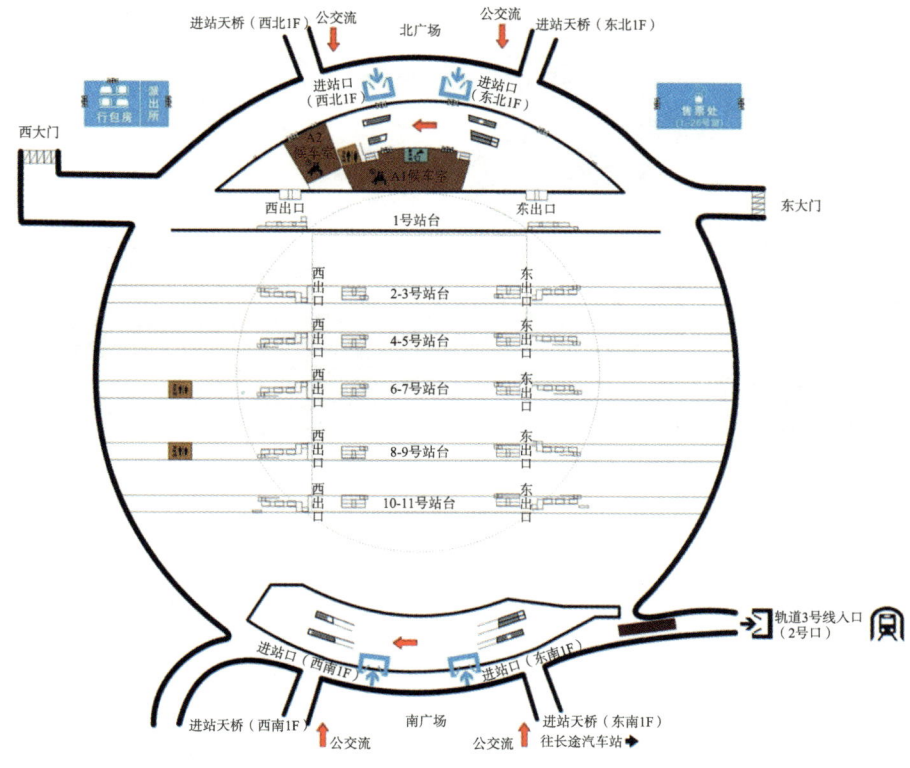

图3-5-9 上海南站示意图一层乘降区

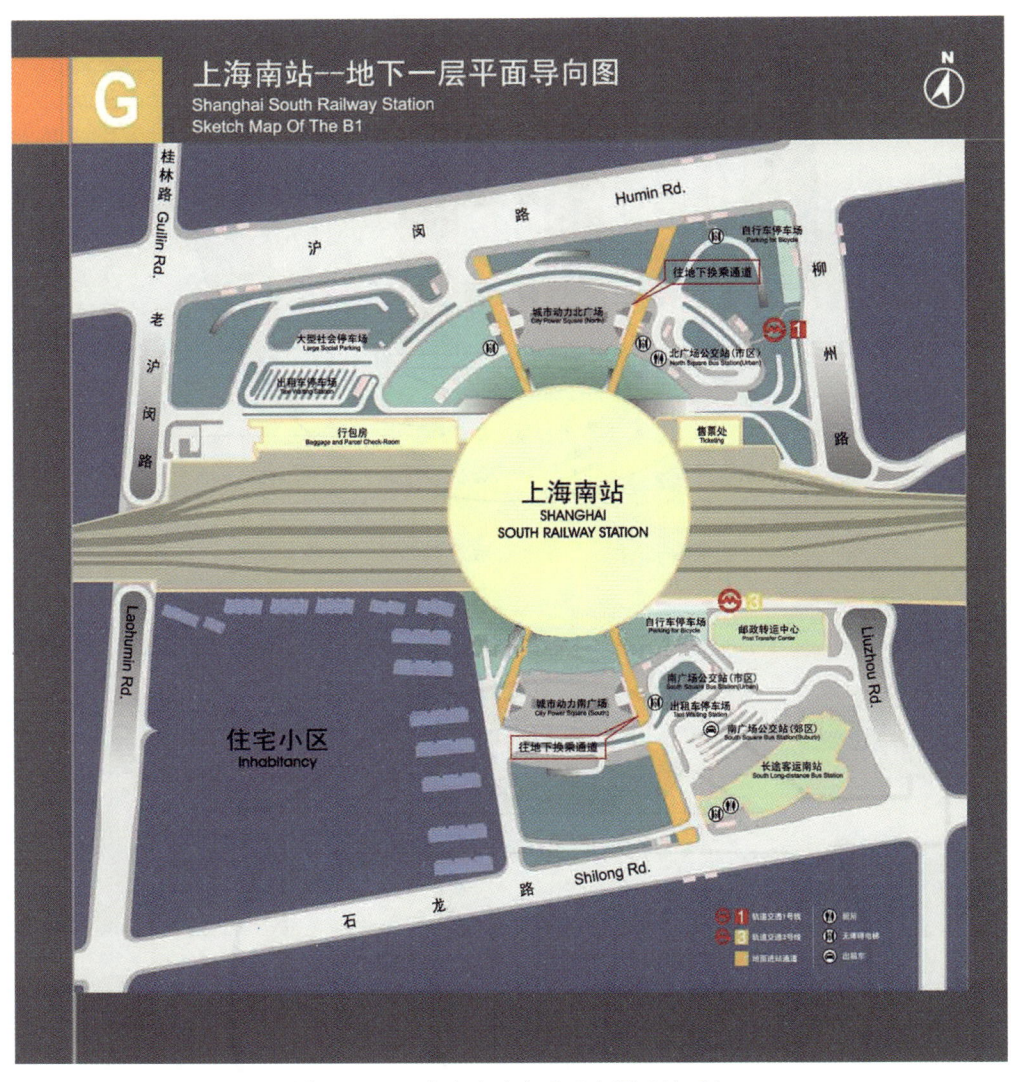

图3-5-10 上海南站交通示意图（地面）

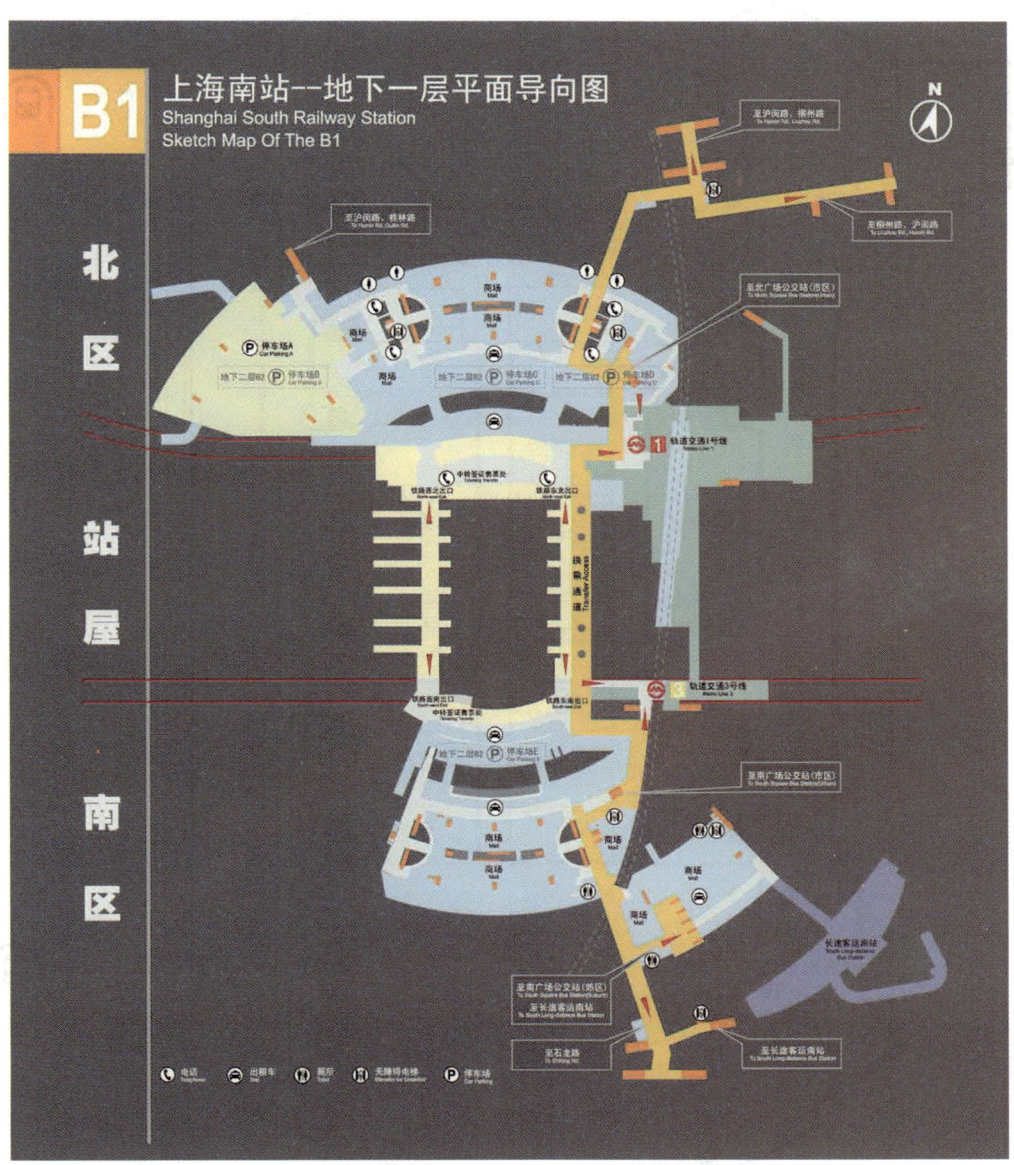

图3-5-11 上海南站交通示意图（地下）

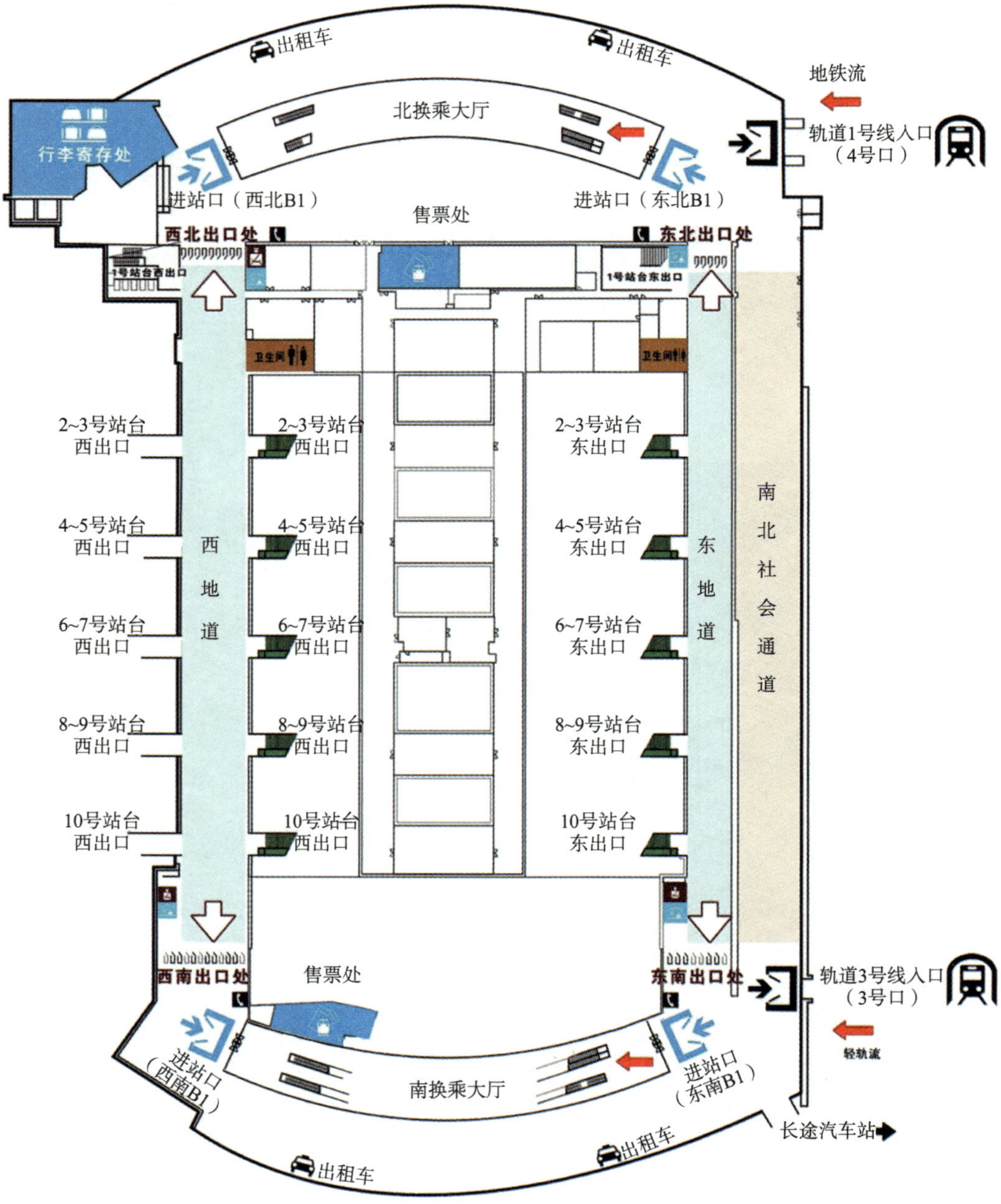

图3-5-12 上海南站B1图示

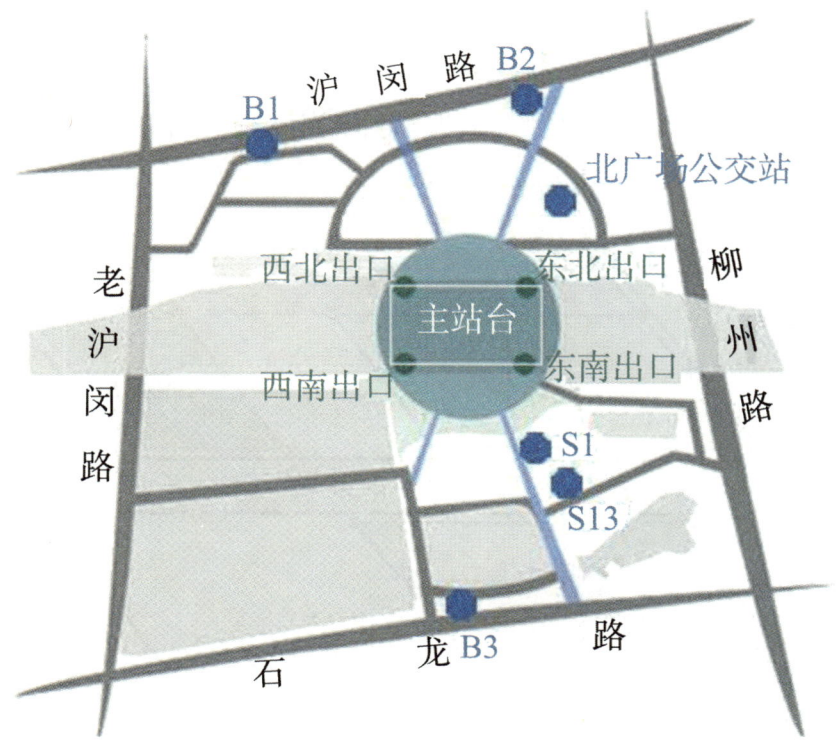

图3-5-13 上海南站火车站出口线路

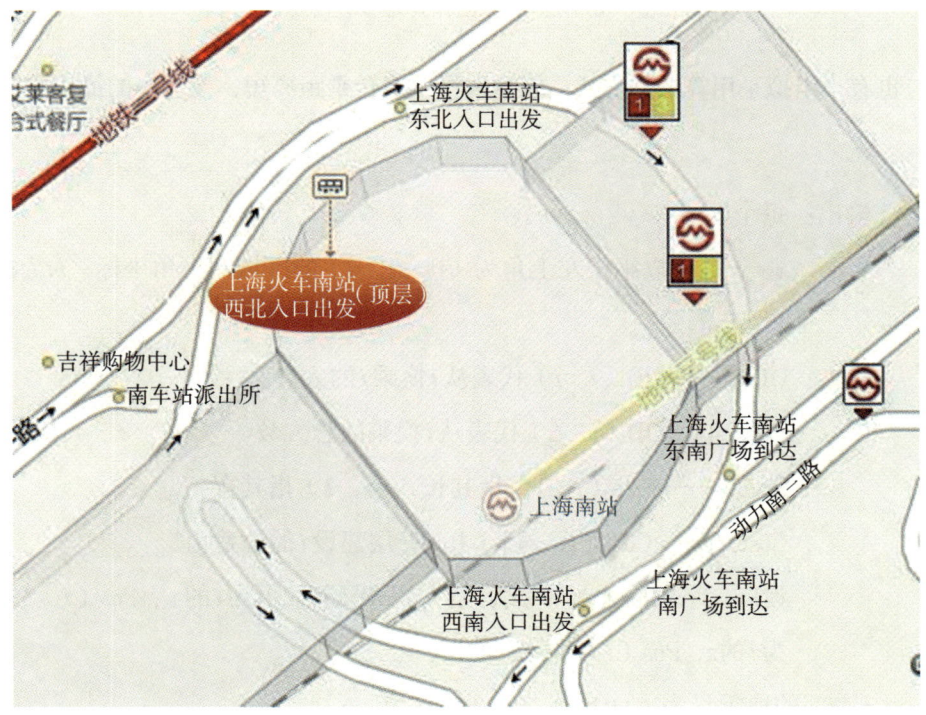

图3-5-14 上海南站地铁线路图

三 推导模型的数学表达

小组多采用七层斜二侧图的形式来表达他们的设计，如图3-5-15所示。

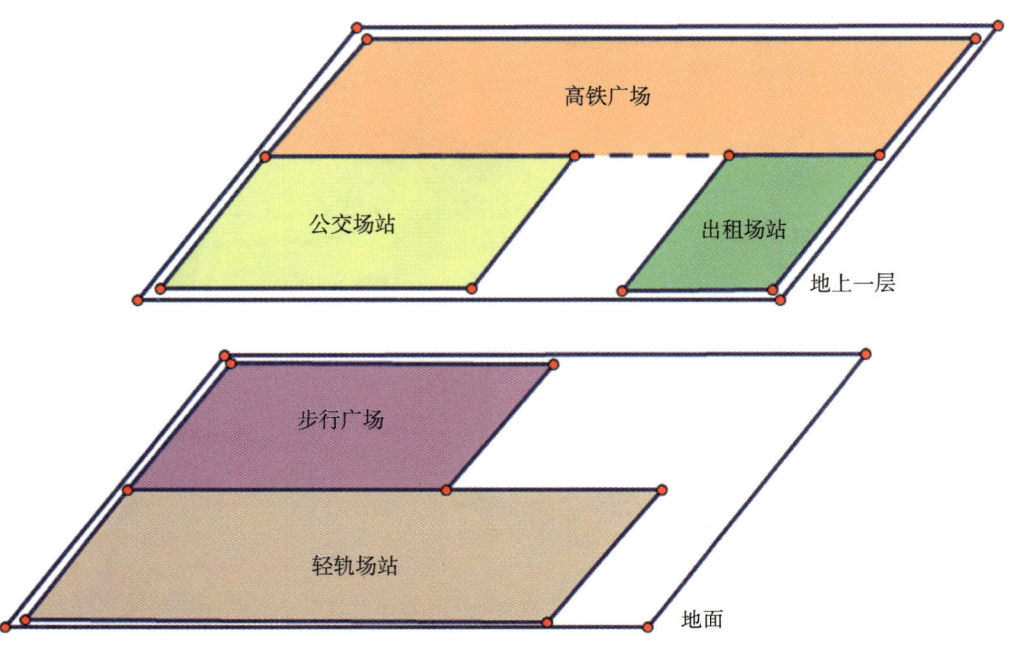

图3-5-15　上海南站布局图

也有小组拟采用算法的方式，求解使得乘客转乘距离短、投资小的最优方案。

输出：每个区域x、y、z、m。

　　x、y、z为以平层左上角为$(0,0,0)$的区域左上角坐标，m为横着/竖着。

输入：$OD_{5\times 6}$——$OD(i, j)$代表从i换乘j的人数。

　　　　$OD(i, 6)$代表从i换乘的总人数。

$Size_{5\times 2}$——$Size(i, 1)$指其长，$(i, 2)$指其宽。

$Cost_{5\times 7}$——$Cost(i, z+3)$指在z层建设i的总费用。

设$Pos_{5\times 4}$，$Pos(i, 1)$为i的x，$Pos(i, 2)$为i的y，$Pos(i, 3)$为i的z，$Pos(i, 4)$为i的m。

i、j间的换乘量为$[OD(i, 6), OD(j, 6)]$。

$$q_{ij}=\alpha \cdot \frac{[OD(i、6) \cdot OD(j、6)]^{\beta}}{d_{ij}^2}$$。(α、β、r通过真实数据拟合而得）

i、j间的距离

$$d_{i,j}=\sqrt{h'^2_{ij}+d^2_{平面ij}}$$。(h'^2_{ij}：相差层数，$d^2_{平面ij}$：i、j在同一个平面内的投影，最短的顶点间距离）

总花费$C=\sum\limits_{i}^{5}\text{Cost}(i、\text{Pos}(i、3)+3)$。

所有区域间的总距离$D=\sum\limits_{i}^{5}\sum\limits_{j}^{5}d_{i,j}$。

距要求承载量的差距

$$Q=\sum_{i}^{5}\sum_{j}^{5}q'_{i,j}\ \left(q'_{i,j}=\begin{cases}OD(i、j)=q_{ij}\\O'q_{ij}\ (i\geq OD(i、j))\end{cases},q_{i,j}\ OD(i、j)\right)$$。

要求：①满足承载量；

②花费尽量少，换乘距离尽量短。

设一个方案"优秀度"为W。

$W=F(C,D,Q)$且W与C,D,Q均需负相关。

小组同学在考量自然增长率（图3-5-16）、各年龄段人口分布（图3-5-17）、死亡率（图3-5-18）演变的前提下，通过数学建模分析，预测未来三十年我国人口转变情况。同学们为寻找出生育率、人口比例的函数模型，自学了某程序语言来求解拟合函数，预计各种政策对人口年龄比例的影响，并做出不同方案。

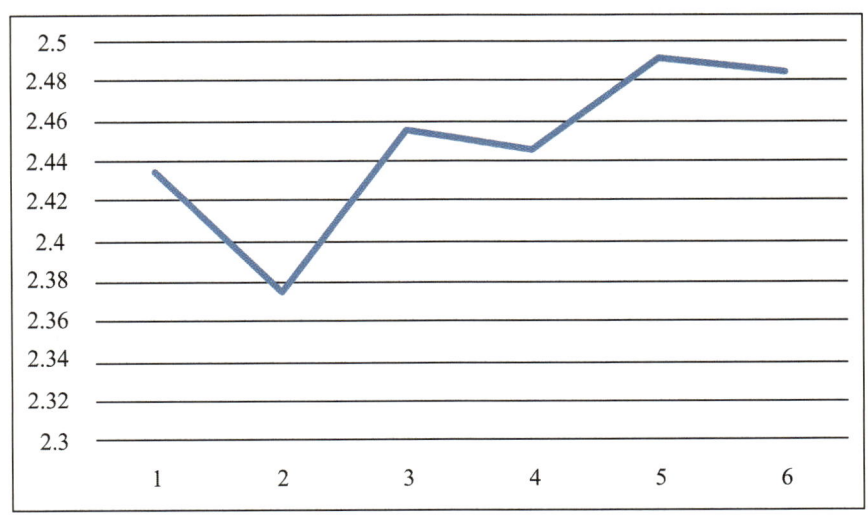

图3-5-16 人口出生率与自然增长率的比例随年份变化图

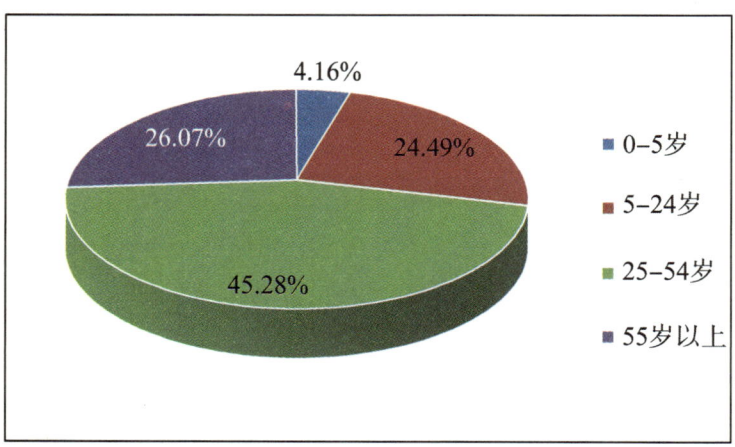

图3-5-17 人口个年龄段分布图示

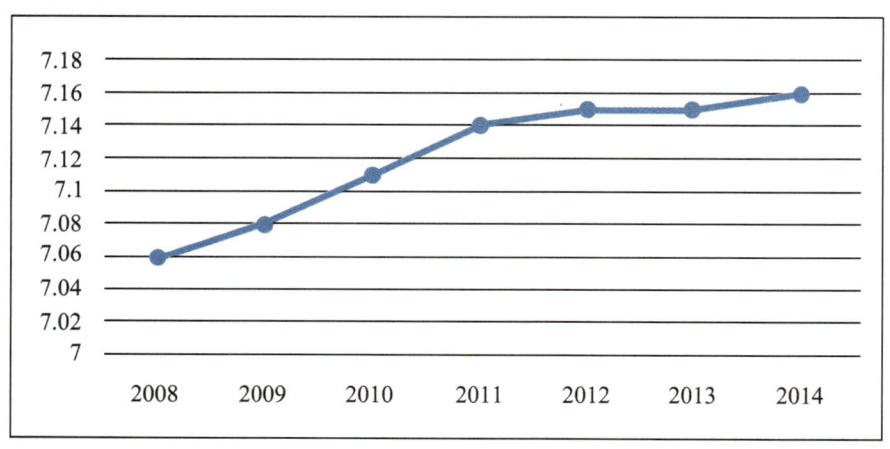

图3-5-18 死亡率与年份的关系

四 建立多讨论下的数学模型

此过程学生在周末自主合作完成，教师通过网络远程答疑。

五 项目中期答辩和小组互评

1. 学情分析

四个小组的学对此项目进行了为期两天的设计、研讨。

项目一一开始只考虑平面占地面积与成本。后来，在教师的指导下，开始加入交通功能区的进出口和各种交通工具的规划路线。在本节课，小组将展示在教师指导后的研究成果，其他小组提出建议和修改规划，数学模型的复杂程度将一步步加深。

项目二从一开始仅仅是依靠所查数据进行探究，在教师的指导下开始拟合函数模型，建立各项目组的人口增长模型。

2. 教学目标

（1）通过各小组成果汇报，总结前期研究成果和经验，安排进一步的研究工作。

（2）通过各小组展示成果，互相交流借鉴并提出建议，各小组间交流思想方法，拓展思路。

（3）通过项目中期答辩，了解项目前期进程中其他小组出现的问题、遇到的困难和解决方案，为后期进展提供借鉴。

3. 教学环节

表3-5-6 教学环节

教学流程			设计目的
一、项目进程回顾			
时间	进程		
11月10日20：00— 11月11日8：00	1. 立项 2. 查阅文献、网页、视频等资料 3. 确立数学模型的变量、假设、目标		回顾项目进程，使学生具有整体项目观，明确本节课在整个项目中所处的地位
11月11日8：00— 11月13日12：00	4. 推导模型的数学表达 5. 建立多讨论下的数学模型 6. 前往青岛北站等地实地考察 7. 撰写论文初稿 8. 准备项目的中期答辩		
二、小组展示中期成果			简化了项目论文答辩的流程，仅保留了项目概述、进展情况、项目创新点、文献资料综述四个重要部分，使各小组通过成果汇报，总结前期研究成果和经验，安排进一步的研究工作
教师：按照项目进程安排，这节课我们要进行项目中期答辩，我们将按照小组展示中期成果、遇到的困难与疑惑、提问环节以及解惑与提议四个环节进行。每组的展示时间不能超过5分钟，首先请X组的同学进行项目中期成果展示，展示内容如下。 1. 项目概述； 2. 进展情况：①数学模型的变量、假设、目标，②模型的数学表达，③项目设计方案； 3. 项目创新点； 4. 文献资料综述			

续表

教学流程	设计目的
三、遇到的困难与疑惑 教师（在每组展示后）：通过你们的展示，我们看到了一个成果斐然的项目中期汇报，相信对其他小组的同学产生了非常大的启发。但一个项目的完成总要遇到各种困难，能不能跟大家分享一下你们在研究过程中遇到的困难，又是如何解决的呢？还有没有至今没有解决的疑惑，或许我们大家可以帮忙出谋划策。 学生：…… （教师板书，记下学生困惑）	通过分享做项目过程中遇到的困难和疑惑，使各小组相互了解出现的问题、遇到的困难和解决方案，为后期进展提供借鉴
四、提问环节 教师：各位同学在听了X组同学的汇报后有没有什么疑问呢？关于X组仍未解决的困惑，大家能否帮助他们解决？现在请各小组针对X组同学的展示展开讨论，时间为3分钟，讨论结束后请提出你们组的质疑与建议。 （各小组提出质疑，教师板书，展示小组解答）	通过其他小组质疑提问，既可以对展示小组成果的严谨性加以完善，又可以通过提问的过程，让倾听的同学有据可循，参与到其他小组的项目展示中
五、解惑与提议 教师：针对刚刚X组同学遗留的困惑与刚刚其他小组提出的质疑，请大家来帮助他们解决一下这些问题。（3~4分钟） （教师板书，在之前的问题下给出答案）	通过其他小组帮助解惑，互相交流借鉴，并提出建议，各小组间可以交流思想方法，拓展思路
六、小结 教师：在各位同学的帮助下，X组同学解决了问题，同学们还为他们提出了建议，相信各个小组的同学在这次交流中都拓展了自己的视野，获得了新的思路和方法，了解到自己原有方案的不足，请大家及时整理本节课的收获，改进原方案与论文	利用前面的板书，汇总本次中期报告的收获

六 组内选取最佳模型，确立论文终稿

学生小组内部决定最终设计方案并撰写论文，期间可寻求教师的帮助，但是教师仅提供参考意见。

七 论文答辩

1. 学情分析

4个小组的学生已经对此项目进行了为期5周的设计、研讨，项目一从中期答辩后，通过听取其他同学的建议，在已有模型的基础上，对多种方案计算出了具体数据，从中选出了最佳方案；项目二从中期答辩后，建立了指数型函数和Logistic模型，分别计算出了人口转变模型。

2. 教学目标

（1）通过各小组展示项目成果，欣赏其他小组的成果，分享完成项目过程中的困难和趣事。

（2）通过互相交流借鉴提出建议，增进各小组间方法思路的交流，开拓视野，完善最终成果。

（3）通过质疑提问环节，严谨地分析其他小组项目研究过程中存在的问题并积极思考解决方案。

3. 教学环节

表3-5-7　教学环节

教学流程		设计目的
一、项目进程回顾		
时间	进程	
11月10日20:00—11月11日8:00	1. 立项 2. 查阅文献、网页、视频等资料 3. 确立数学模型的变量、假设、目标	回顾整个项目进程，使学生具有整体项目观，明确本节课所处的项目环节
11月11日8:00—11月13日12:00	4. 推导模型的数学表达 5. 建立多讨论下的数学模型 6. 前往青岛北站等地实地考察 7. 撰写论文初稿 8. 准备项目的中期答辩	
11月13日12:00—11月13日15:00	9. 项目中期答辩，小组互评	

续表

教学流程		设计目的
时间	进程	
11月13日—12月14日	10. 组内选取最佳模型，确立论文终稿	
12月14日9：15—12月14日10：45	11. 论文答辩	

二、小组展示项目成果	简化了项目论文答辩的流程，仅保留了项目成果、项目创新点、不足与展望、文献资料综述四个重要部分。使各小组通过成果汇报，欣赏其他小组的成果，分享做项目过程中的困难和趣事
教师：按照项目进程安排，这节课我们要进行项目成果展示与答辩，我们将按照小组展示项目成果、不足与展望、质疑提问以及解惑与提议四个环节进行。每组的展示时间不能超过5分钟，首先请X组的同学进行项目成果展示，展示内容如下。 1. 项目成果； 2. 项目创新点； 3. 不足与展望； 4. 文献资料综述	

三、不足与展望	通过分享各小组项目成果的不足和对后续研究的展望，为其他小组同学的后续项目式学习提供新思路。同时，其他小组也就研究中存在的不足，积极寻找解决策略
教师：通过你们的展示，我们看到了一个成果斐然的项目成果汇报，相信有着类似经历的你们对做项目中遇到的困难和趣事都感同身受。现在请大家小组讨论，积极帮助这个小组的同学解决困难，同时分析这个小组在完成项目的过程中存在的问题和你们对其成果展示的疑惑，时间为3分钟。 学生：…… （在每组展示后，教师板书，记下学生困惑）	

四、质疑提问	通过其他小组质疑提问，既可以对展示小组成果的严谨性加以完善，又可以通过提问的过程，让倾听的同学有据可循，参与到其他小组的项目展示中
教师：现在请各位同学，对这个小组项目成果展示中存在疑惑的地方提出质疑。（5分钟） （各小组提出质疑，教师板书，展示小组解答）	

五、解惑与提议	通过其他小组帮助解惑，互相交流借鉴，并提出建议，各小组间可以交流思想方法，拓展思路
教师：针对X组同学对自身项目分析存在的不足，在刚刚的讨论中，大家能不能给出建议呢？（2~3分钟） （教师板书，在之前的问题下给出答案）	

续表

教学流程	设计目的
六、小结 教师：在各位同学的帮助下，X组同学解决了问题，同学们还为他们提出了建议，相信各个小组的同学在这次交流中都拓展了自己的视野，获得了新的思路和方法，了解到自己原有方案的不足，请大家及时整理本节课的收获，改进原方案与论文	利用前面的板书，汇总本次项目成果汇报的收获

八 教学反思

这是一节关于线性规划的项目式教学。什么是线性规划问题呢？关于线性规划，人教A版的课本中是这样定义的：一般地，在线性约束条件下求解线性目标函数的最大值或最小值问题，统称为线性规划。

在许多应用领域中，常常会遇到如何合理安排有限资源（人力、物力、财力等），使预期目标达到最优的问题，这一大类问题大多可以归结为线性目标函数、线性约束条件的规划问题（即线性规划模型），并利用已有的算法和计算机软件得到解答。

线性规划问题在项目式教学是否具有必要性呢？

在关于数学和数学教育的大讨论中，问及在数学和数学教育中什么最重要时，著名数学家P. Harmous在一篇总结文章中强调"问题是关键"，数学概念、定理、模型和应用都是在解决问题的过程中总结形成的，在数学课程目标中，特别强调发展学生发现、提出问题与分析、解决问题的能力，在基于数学核心素养的教学中，这也是关注的重点。

线性规划问题对学生专业知识的要求低，解决方法多样。但在传统教学中，线性规划依托于简短的题目，题目中信息较为单一，仅为学生陈列出解决此问题所需的条件，学生利用题目中的信息进行建模的过程也很简单，一般按照"画、移、解、答"的步骤，问题即可解出。这些数学应用于生活的极佳例子，就在传统教学的解题套路中丧失了其精华。

但是如果采用项目式教学的形式，将题目中的信息量增多，添加约束条件和无关条件，降低数据的理想化，对学生分析问题的能力要求提高，它要求学生具有清晰的思路、缜密的逻辑。线性规划问题的建模过程，要求学生结合自身数学知识储备情况，分析问题，确定方向，甚至还需要了解非本学段的数学知识。方向的确定依托于大胆的猜想，而猜想的过程是依托于对已知条件的分析和逆向推理，这对学生逻辑推理核心素养的提升有很大帮助。

高考试题命题变化性增大。高考试卷命题者研发新题型、多学科融合、探索试题排列的新模式，破除题海战术、解题套路的训练，增加开放题，结构不完整的试题，条件多余的试题。这就要求学生选择合适的条件解题，或者条件不够的试题，要考生补充适当的条件，解决问题。这一系列高考命题的变化，希望的是，让学生真正在学数学，而不是被数学"套路"。

线性规划问题的包容性使得我们可以将各学科知识与生活常识融入进去。整数线性规划问题的开放性强，学生可以依据生活常识补充完整试题结构，从多个目标和限制条件中选择少而精的部分确定解决问题的方向，利用穷举法、割平面法等方法灵活地解决问题。因此，在解决线性规划问题方面，应用项目式教学方式符合高考的考查方向。

线性规划问题在项目式教学中是否具有可行性呢？

创设合适情境是项目式教学基于数学核心素养教学的一个关注点。选择一个合适的情境，更利于激发学生在项目式教学中的兴趣和热情。

线性规划问题来源于生活，解决方案又可应用于生活，依托于线性规划问题的项目式教学更能引起学生的共鸣。资源优化分配等线性规划问题符合社会发展主旋律，这类项目素材容易挖掘，且学生通过项目式教学能够熟悉时代的前沿，这既符合新课标的要求，又与项目式教学的初衷一致。

通过此项目，我们认识到基于数学核心素养的数学教学，教师首先要更新观念。培养并提升核心素养，不能依赖于模仿、记忆，更需要理解、感悟，需要主动、自觉，将"学生为本"的理念与教学实际有机结合。基于数学核心素养的数学教学中，整体理解数学课程是基础。高中数学课程是一个有机整体，要整体理解数学课程性质与理念，整体掌握数学课程目标，特别需要整体感悟数学核心素养，整体认识数学课程的内容结构、主线、主题、关键概念、定理、模型、思想方法、应用，整体设计与实施教学。在这一过程中，学生会不断感悟，理解抽象、推理、运算、直观的作用，扩大应用范围，提升关键能力，改善思维品质。

项目式教学对教师提出了很高的要求，这就要求每一位老师必须提高自身素养和自身的知识能力水平，深入学习项目式教学的精髓，并不断探索。

（执教人：胡月）

案例3　历史回眸（牟）——"牟合方盖"体积计算

1. 项目背景

随着高中课程改革的推进，数学文化逐渐从理论走向应用，开始进入教学，出现在高考试卷中，数学文化的研究对数学教育的影响越来越大。《课标》提倡"数学探究与数学文化，数学文化应尽可能的有机结合高中数学课程的内容，选择介绍一些对数学发展有重大作用的历史史实和人物"的理念。

"牟合方盖"是我国魏晋期间的数学家刘徽在研究球的体积过程中构造的一个几何体。其后两百年，南北朝的数学家祖暅（祖冲之之子）为解决"牟合方盖"体积计算提出的"祖暅原理"是中华民族古代数学的瑰宝。通过"牟合方盖"的教学，对"牟合方盖"体积计算的研究，能够培养学生的阅读能力和创新能力，对新知识、新事物的接受和整合能力。在对我国数学文化的了解过程中，提高学生对中华民族历史的认同感，感悟到数学之美，体会到数学构思的创新美、数学推理的完全美、数学定理的和谐美、数学语言的简洁美。

基于我校项目式教学一年来的开展和在研究过程中开发出的项目式教学课型、研究主题和研究方式，结合我国球体积计算公式的发展过程，我选择设计本节课，即《历史回眸（牟）——"牟合方盖"体积计算》。

2. 项目立项

研究主题为"牟合方盖"体积计算的方案设计。

3. 项目研究方法

项目研究方法主要有文献综合研究法、跨学科研究法。

二 项目研究过程

如图3-5-19所示，本节项目式教学课程展开及项目研究过程共分为三部分：第一部分前期准备阶段，前期准备阶段需要教师提前进行项目研究、小组分工、合作设计和任务清单设计。本项目是基于学科融合的大项目，在本节课的课堂实施之前，教师和学生需要做出大量的工作，其中包括任务清单的小组合作分工完成与课堂讨论，根据不同方案设计对小组成员的微调，项目解决方案的设计准备及师生讨论。第二部分中期汇报阶段，是指学生在教师引导下找到方案构建思路之后，需要利用课下时间进行解决方案的设计，设计完成后在项目研究中期，根据已有解决方案，课上进行项目成果展示。在展示过程中鼓励学生之间、学习小组之间开展各解决方案为中心的提问、质疑、建议以及评价，以此发现既有方案的不足，从而进一步利用课下时间完善项目解决方案。第三部分是成果展示阶段。该阶段在本教学设计中主要体现在项目课程实施阶段，各小组对项目开展以来的研究成果进行总结性的展示，结合对各项目成果的评价，最终完成本项目教学的全部环节。

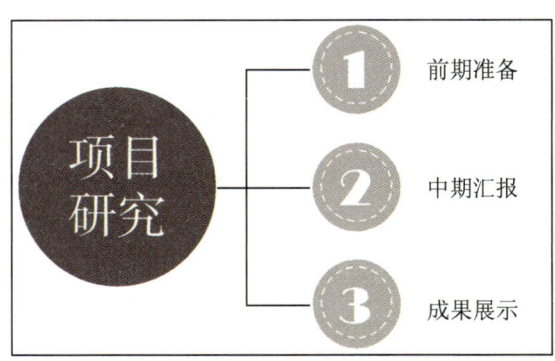

图3-5-19　项目研究过程的整体结构设计

1. 小组分工

本次项目式教学以"'牟合方盖'体积计算方法研究"为主题，学生每6~8人成立一个项目研究小组，共5个小组（尽量保证各小组水平分配平均，性别搭配合理）。其中一小组研究"牟合方盖"历史背景（文献综合研究），另外四个小组研究"牟合方盖"的体积计算方法（文献综合研究、跨学科研究）。

需要注意的是，以上的学习小组分工是通过后期阶段性调整实现的。从项目开展初期的就近分组到后期根据学生研究兴趣调整的各项目研究主题的学习小组，数学项目式教学中对于小组分工的设计不应当是固定的、死板的，而应当是灵活的、可调整的。

2. 研究进度表

本次项目式教学历时6周（研究过程详见表3-5-8）。

表3-5-8 研究过程

时间	进程
11月19日—11月25日	1. 教师讲解"牟合方盖"的历史背景 2. 教师初步确定学生分组，设计任务清单，并发放
11月26日—12月9日	3. 根据任务清单，学生利用课余时间，通过网络学习查阅有关文献资料，以小组为单位展开研究 4. 小组成员之间就研究成果交流讨论，完善任务清单 5. 课上各小组汇报研究成果，小组间交流评价 6. 实施花泥切割的"牟合方盖"模型建立实验 7. 重新确定小组分组及各小组研究方向
12月10日—12月21日	8. 第一小组综合各小组研究成果，细化"牟合方盖"历史背景 9. 其余四个小组设计多讨论下的解决方案 10. 项目中期汇报，小组互评
12月22日—12月28日	11. 组内选取最佳方案，确立方案终稿 12. 方案设计汇报

附任务清单

1. 我国古代数学家刘徽是如何研究圆面积的计算公式的？得到的面积公式中，面积S与圆的哪种几何数量（角度、半径、周长等）构造了联系？你能把这种联系类比到球体积计算的公式中去吗？

2.《九章算术》中，球体积的计算公式为$V=\frac{\pi^2}{16}D^3=\frac{9}{16}D^3$。（其中$D$为球的直径，取$\pi=3$）

该公式是如何推导的？这种推导方式好在哪里？推导错误的原因是

什么？

3. 牟合方盖

（1）它是如何构造出来的，基于什么历史背景或者数学需求？

（2）"牟合方盖"具体是一种什么样的空间几何体？你能通过花泥/橡皮泥切割，纸片构造或者三维展示的方式生动地构造出"牟合方盖"吗？

4. 祖暅原理（选做）

（1）"祖暅原理"的具体内容是什么？如何理解？

（2）祖暅是如何利用"祖暅原理"解决"牟合方盖"的体积问题的？

3. 项目课程实施

（1）学情分析

①作为高一年级学生，他们已经有了必要的数学知识储备和一定的数学思维能力；

②经过前期的项目研究，各小组成员已经通过实验操作及理论研究充分认识了"牟合方盖"；

③经过前期的项目研究，各小组根据本组的研究方向已经完成对解决方案的初步设计，并通过中期汇报、小组互评进一步优化解决方案。

（2）项目目标

①学会从不同的角度思考和设计解决问题的方案；

②能对设计的方案进行科学论证与评价；

③通过查阅文献资料的活动，培养学生阅读能力和资料整合能力；

④结合"牟合方盖"的构造过程和求"牟合方盖"体积的四种方案设计，培养学生的创新能力，渗透转化和极限的数学思想，培养学生数学抽象、逻辑推理、数学建模、直观想象和数据分析的数学核心素养；

⑤通过数学文化的渗透，激发学生学习数学的兴趣，提高学生对中华民族文化和历史的认同感。

（3）项目展演讨论

表3-5-9　项目展演

环节	实施过程	设计意图
"牟合方盖"的背景介绍	教师活动：提出数学文化的重要作用，介绍本节课的主要流程。 学生活动：第一小组成员介绍前期研究成果——"牟合方盖"的历史背景，了解"牟合方盖"的建构过程及其几何特征。 教师活动：教师总结，引出本节课的中心环节，"牟合方盖"体积计算的方案设计	回顾前期研究成果，通过对"牟合方盖"建构过程及其几何特征的分析，培养学生直观想象的数学核心素养
"牟合方盖"体积计算的方案展示	教师活动：请第二小组成员介绍"牟合方盖"体积计算方案。 学生活动：（1）第二小组介绍"牟合方盖"体积计算的已有方案"祖暅方法"； （2）其余各小组讨论交流，提出质疑、收获。 教师活动：引导学生讨论交流	祖暅在解决"牟合方盖"体积问题中提出的"祖暅原理"是中华民族数学文化的瑰宝，其中渗透的转化的思想（等体积转化法）是数学的重要思想方法。 通过对"牟合方盖"体积计算的求解，培养学生逻辑推理的数学学科核心素养
	教师活动：请第三小组成员介绍"牟合方盖"体积计算方案。 学生活动：（1）第三小组介绍借助数学软件的"蒙特卡罗方法"； （2）其余各小组讨论交流，提出质疑、看法。 教师活动：引导学生讨论交流	通过设计理想模型，结合数学中的概率与统计及数学软件，计算"牟合方盖"的体积。求解方法中渗透的极限思想是西方数学的一种重要思想方法。 通过跨学科融合及对所得数据的使用和分析，培养学生数学抽象、数学建模和数据分析的数学核心素养
	教师活动：请第四、五小组成员介绍"牟合方盖"体积计算方案。 学生活动：（1）第四、第五小组介绍借助实体模型设计的"牟合方盖"体积计算方法。 （2）其余各小组讨论交流，提出改进意见。 教师活动：引导学生讨论交流	体现了跨学科融合，培养学生数学建模和数据分析的数学核心素养。 通过小组交流讨论，培养学生的团队合作能力
对不同方案的评价与思考	学生活动：结合四个小组方案设计汇报，思考四个方案的共性及特征。 教师活动：引导小组代表阐述本组对不同方案的评价	锻炼学生的思维，提高学生的分析能力

续表

环节	实施过程	设计意图
总结提升	教师活动：从方案设计和数学思想两方面引导学生对本节课进行归纳总结。 学生活动：根据掌握情况自主回答	归纳总结，提炼本节课的核心内容

附方案记录表

表3-5-10　方案记录表

历史回眸（牟）——牟合方盖体积计算方案记录表

姓名：

1. 课堂随记

方案	记录与思考
祖暅方法	
蒙特卡罗法	
实体模型转化法	

2. 总体评价

3. 课堂收获

附项目评价

历史回眸（牟）——牟合方盖体积计算项目评价

1. 评价内容

知识方面：在问题探究的各个阶段中，解决"牟合方盖"体积计算的原理、涉及知识、问题解决方案设计、实际操作难题、方案结论的误差分析等。

小组交流合作方面：同组之间组内成员分工是否合理，各个成员的探究积极性，不同成员对最终方案的贡献值等；不同组之间，对其他小组成果的参与情况（包括质疑、改进意见、最后的总结归纳情况等）。

课堂参与度方面：小组成员有没有积极参与到成果展示环节，包括展示成果、提出质疑、问题解答、改进意见、对方案的总结评价等。对学生的语言表达能力、质疑能力、归纳总结能力等进行评估。

2. 评价方式

教师对学生进行课上即时性评价，在各个阶段中给予阶段性评价。

学生需要对本组的方案和其余小组的方案进行总结性评价，包括组内评价和小组间评价两种。通过对最佳项目研究小组及最佳项目研究成员的后期评价落实。

三 项目课程总结

1. 教师授课反思

设计一节项目式教学课程需要大量的前期铺垫。从上个学期确定出课，到这一学期前期说课准备，北京师范大学的教授指导说课，进而到为期一个月的准备工作，都需要教师、学生以及集备组的前辈和同仁付出很多努力。

我的课题是：历史回眸（牟）——"牟合方盖"体积计算。"牟合方盖"是魏晋时期伟大的数学家刘徽构造出的几何体，其后两百年，祖冲之之子祖暅解决了"牟合方盖"体积计算问题。

基于选题，本节课是一节融合数学文化的数学探究课。前期通过文献阅读整理与动手操作实验，带领学生充分直观地认识到"牟合方盖"，使学生明确"牟合方盖"是一种怎样的几何体。中后期根据学生的兴趣爱好及数学水平，将学生分为5个小组，每组6～8个同学，一组负责"牟合方盖"历史背景及试验操作的继续深挖，剩余四组从已有方案、结合信息技术、结合实体模型三个方面研究"牟合方盖"的体积计算问题。

在方案设计、问题解决的过程中，教师指导学生学习了大量的知识。第一种方案：祖暅方法，教师提前收集资料，通过指导学生阅读特定论文，得到"牟合方盖"体积计算方法。其中，祖暅原理是我国数学史上关于转化的数学思想的重大体现。第二种方案：蒙特卡罗法，通过教师引导，学生自主设计，运用数学软件得到"牟合方盖"体积，体现了西方数学取极限的数学思想。后两种方案，通过结合实体模型，用近似代替的方式求得"牟合方盖"体积。

在解决"牟合方盖"体积的过程中，学生设计了四种方案。作为解决同一个问题的四种不同方法，教师应指导学生了解每一种解决方案的思路或原理。其次，根据四种方案的异、同，能够从差异性的角度指导学生从不同的角度对方案进行评价，从"同"的角度升华到解决这个问题的统一思路——数学转化法，并以此为突破口再次对四类方案进行评价。

本节课从课下到课上，从主要流程到细节处理，都融合了数学组成员的建议与帮助。感谢前辈和同仁的付出，使这堂课能够生动、顺利、成功地完成。

2. 专家点评指导

项目来源是把学习看成产品生成的过程，要有结果，20世纪80年代来源于美国。项目式教学的本质是问题解决，也可以叫作探究式教学，旨在传递对社会有用的技能。

问题解决基于的情境除了数学情境外，还包括其他真实性的情境或者知识范围内的情境。问题解决包括问题驱动和问题本位两种，本次课题属于问题驱动。

基于问题解决培养学生的能力也就是培养学生的综合素养。

课堂的展示并不能涵盖项目推进的方方面面，如小组是怎么分组的，小组成员的角色和任务是如何分配的，小组中解决方案的发起人是谁，每个人承担的责任是什么等。从课堂流程上来看，本次课的主要环节和步骤都很完整；从评价上来看，对难点和要点的即时性评价都做得不错。通过本节课，教师能够引导学生把小组成果转化为班级成果。成果并不一定具体到细节，但是思路和方法要被学生广泛知道。项目式教学的目的也是尽量让学生认识一种认知的方法，知识、技能、方法要能够从小组成果转化为班级成果。

项目式教学的发展在国际上名称各不相同，本质上是一致的，各国开展的都非常好，如PISA。芬兰有一种类似项目式教学的内容叫作现象学，学生根据自己的感知，选择素材，进行分析。

接下来，我们共同学习欧盟评价（六维评价模型，每一维度都包括四个层次）。

1. 问题的发起

（1）教师根据自己的情境；

（2）教师提出的问题与学生的经验有关；

（3）学生基于教师给定情境建构问题；

（4）学生基于主题但又超越原本主题（超越了某一种具体的主题）。

2. 问题的本质

（1）封闭性问题（教师提出方案学生分步骤展开）；

（2）比较封闭的问题（教师提出众所周知的问题，学生解决）；

（3）比较开放的问题（用限定的材料处理一个较为开放的问题）；

（4）开放问题（学生使用开放材料处理开放问题，开放体现在思路、目标、过程、材料四个方面。方案不同，则策略、手段也不同，从而在问题解决的过程中体现差异）。

本次课的项目设计在前两个维度上能到达第3~4个层次，超越了第3个层次，但又没到达第4个层次。

3. 学生任务

（1）教师设定固定研究过程；

（2）教师建构不同的步骤与方案提供给学生研究；

（3）学生或小组自主负责项目研究过程；

（4）学生使用教师提供或自主设计的标准进行自我评价（学生能够反省，有自我监控能力）。

4. 对待学生

（1）指令性任务；

（2）教师能够转化方案维持一些学生参与；

（3）很多学生能够在活动中、在教师指导中获益（教师能够画龙点睛，点出精神）；

（4）一些特殊的学生能够在教师指导中获益（如不想学、懒散的学生能够改变态度，产生学习兴趣；优秀的学生也能够得到有益的发展。体现对待学生的多维性，达到培优、补差，实现学生全方位的发展）。

本次课不能展示出学生在解决任务过程中的细节，因此并不能从第3、4维度对课堂进行评价。

5. 论证

（1）鼓励学生论证；

（2）教师选择性地抛给学生典型问题，调动学生共同讨论（6个学生讨论，可能能得到意想不到的好的结果）；

（3）鼓励学生考虑其他学生的论证（增加机会）；

（4）鼓励学生用知识证明结果的回答（直观推理有些不准确，需要进一步证明，教师可以介绍一些科学的方法证明）。

6. 教师目标

（1）能够设定出合理的目标；

（2）能够清晰说明教了什么；

（3）能够解释学生学到了什么；

（4）学生能够清楚知晓自己获得了什么并能够应用。

本课的项目设计在5、6维度上都能到达第3~4个层次。

总体而言，这节课比较好。

（北京师范大学　王教授）

3. 师生感悟分享

（1）学生分享

戚煜：这是一堂非常"奇妙"的数学课，不管是知识上还是课程历时、课堂探究方式上跨度都很大。我最喜欢前期探究过程中的"牟合方盖"的花泥切割。对我来说，直观想象"牟合方盖"难度很大。通过前期的动手操作，我对"牟合方盖"有了更为深刻的理解，也提高了我对后期探究内容的兴趣。

高硕：这是一次很丰富的经历。我们小组负责"牟合方盖"体积计算的"祖暅方法"。为了了解先贤的做法，我们在老师的帮助下阅读了大量文献。在探究的过程中，不仅解决了数学问题，也培养了我的阅读能力和对数学文化的历史认同感。同时，我对"蒙特卡罗法"也很感兴趣，与计算机信息技术的跨学科融合，让我感受到数学问题除了纯粹运用数学方法，也可以结合各种其他学科或者其他领域的知识协同完成。

（2）听课老师分享

衣军潼：这是一堂综合性很强的项目式教学课，能够充分调动不同层次学生的积极性，使其参与进来。

李元基：课程的框架非常合理，学生得到的解决方法种类丰富，涵盖面广。

（执教人：陈雪）

成果1　用所学知识解决真实世界的问题

——高中数学项目式学习的实践研究

山东省青岛第三十九中学　孙云霞

高中数学项目式学习是基于高中数学核心素养的落实，以解决真实问题为背景，以"项目"为形式，整合数学教材，在教师的指导下，学生围绕一个项目或多个子项目开展的教学活动。学生通过小组合作完成项目，以此促进学生数学学科核心素养的发展。

一　培养现实知识与实践能力

数学项目式学习以学生的发展为本，以现实的、学生生成的知识和能力培养为最高目标。我们根据课程标准的要求，围绕高中数学学科知识主题确立项目，通过项目问题的生成、探究、解决、运用，自主地进行知识的建构，学习学科知识，落实学科核心素养，培养学生关键能力。根据数学课程特点，开展有效的项目式学习，依据以下原则：

素养性原则。 数学项目式学习设计以学科核心素养的培养为准则，在学生已有的知识技能基础上建立将要学习的新知识和技能，落实数学抽象、逻辑推理、数学建模、数学运算、直观想象、数据分析六大核心素养。

真实性原则。 数学项目式学习从实际应用、实际生活、生产实践中选择项目背景。

可行性原则。 数学项目设计根据学生的实际情况，分不同课型，把握难易度，确保学生经过自主和协作学习能够完成任务，并充分考虑学生现有的知识水平、认知能力和兴趣爱好。

启发性原则。数学项目式学习的"项目"须能引起学生的兴趣，激发学生的求知欲，有一定的启发性，蕴涵需要探索的问题，启发学生去思考。

整合性原则。数学项目式学习设计以项目为主线，把多种知识点、多学科融在一起，达到整合学习内容的目的；学生在进行项目学习时，既要思考，又要动手，还要创造和体验，实现学习方式的整合。

二 数学项目式学习实践研究的课型与结构

课堂教学中如何落实数学学科核心素养？怎样培养学生的关键能力？如何将项目式学习研究与高中数学课程标准、教材有机融合，将项目式学习深入日常的数学教学中？如何用好课堂的生成资源？如何在项目式学习的实践中带动促进整个数学组的教研发展？基于上述问题的研究，根据国家课程标准和教学内容，我们根据课型和结构实施课堂教学。通过理论学习、教材整合、项目挖掘、高端备课、研讨打磨、教学实施、反思评价等环节，开展项目式学习。

基于数学学科基础知识学习的微项目式学习。数学基础知识的学习采用微项目教学，即在国家课程标准的指导下，针对数学基本概念、定理等数学基础知识，选择合适的教学背景作为项目来源，教师引领学生在合适的教学环节采用项目式学习方式。微项目式学习的宽度在于基础知识的学习，是在高中数学课堂教学活动中普遍开展的教学方式，它发展了学生原有的学习方式，采取小组合作的形式，进行数学学科知识的学习与能力提升。数学微项目式学习有效实施的基础在于课程整合与项目优化。

基于学科融合的大项目式学习。学科融合的项目式学习顺应"STEAM"理念，旨在提高数学的应用能力，加强学生在中学阶段数学与各学科的交叉应用意识，让学生在专题研究中主动获取知识，应用数学的理论、方法和思维方式解决问题，培养综合型人才。

基于数学研究性学习的小项目式学习。基于研究性学习的项目式学习是在完成单元教学后，以解决实际问题为项目背景的学习方式，目的是切切实实让学生用所学知识解决真实世界的问题，真正实现课本理论知识从"知"到"行"再到"用"的有机结合。这种教学形式是基于新课程标准主题四数学建模活动与数学探究活动开展的项目课题，一般利用周末或课外活动时间组织学生以小组研究的形式进行。

项目的选取从学生的立场出发，挖掘实际生活中有价值的数学素材，在教材中已有的知识体系中进行。选题范围集中在与生活实际密切相关的函数模型的建立（人口爆炸模型、简谐运动模型等），银行利息中的数学运算——数列知识，解三角形实际问题的数学抽象，空间位置关系（点、线、面，空间向量）中的逻辑推理及概率统计中的数据处理等系列。以"距离与高度问题的解决——正余弦定理的应用"为例，以解三角形实际问题为项目研究，利用正余弦定理应用举例培养学生数学建模和数据处理能力，让学生切身体验数学在生活中的重要性、普遍性。教学设计以学生拍摄测量视频为背景，设计问题，应用正余弦定理解决有关高度问题，达到在实际问题中熟练应用的效果。

首先，给出项目任务，学生结合自身相关的知识储备及技能，以小组为单位在课后搜集古代测量高度的方法（传统文化），去学校附近实地测量山的高度，录制视频，统计数据，编制程序，并制作测量模型；然后在组内分析所建模型优劣，进行组间交流，选取最优模型进行课堂展示。课堂授课模式为质疑式成果展示，在质疑、讨论、展示的过程中以学生为主，教师帮助解决知识上的问题及技术上的问题，对学生的想法不做过多干涉。

在教学过程中，由学生介绍古代测量高度的方法，播放学生录制的测量视频，然后切入课题，指导学生展开本节课的探究。其基本意图是让学生走到大自然，借助现代测量仪器——全站仪，实地测量学校近郊的毛公山，用数学知识解决山高等实际问题，形成不同方案，体现数学的应用价值与转化思想解决问题的多样性与策略性。

然后，进行一轮探究与展示。探究测量高度问题，介绍古代人测量高度的方法。借助古人测量物体高度的方法，启迪学生类比，对山高测量问题给出设计方案。

在二轮探究与展示中，利用目前高中所学知识探究测量山的高度（利用全站仪测量基线距离和角度），每个小组再细分为测量小组、计算编程小组。测量组明确每个方案必须测量的数据，负责精确测量数据、并统计数据；计算编程组将测量组测出的已有的数据进行计算和编程，学生给出测量的方案；根据方案考虑需测量的数据；由计算编程组统计数据和展示结果。

通过所建模型的应用问题，可以让学生直接感受数学建模的实际价值，学会生活问题模型化，将实际问题转化为数学问题，回归到数学中，利用正余弦定理解三角形。对学生来说，一是有利于数学学科单元知识的建构与学习。问题解决的过程，使得与课程有关的问题当场暴露；小组合作研讨加深了对正确理论的理解；发现与解决问题、多次研究，提高了学习和掌握知识的效能；学习积极性的提高，有益于知识的综合使用。二是有利于学生多个维度能力的发展。在本案例中数学抽象与数学建模能力、数据分析与数学运算能力，文献检索、查阅资料的能力，动手实践、运用技术与先进实验仪器，归纳总结、质疑辨析、综合理解的能力等，都在一定程度上得以锻炼和发展。同时，项目式学习的实施，要求教师对国家课程标准要求的高中数学知识必须有系统的全方位的认知。项目背景的选取，要求教师必须立足学生主体，充分认知学生的各学科知识储备、学习兴趣，并对数学学科有准确的理解，各学科之间达到有效的融合。

三 使学生成为全面发展的人

数学项目式学习是一种与学生个体相关的，以实践为导向、教师为主导、学生为主体的有生命力的教育方式。一是实现了课程整合与跨学科融合，在学科融合中充分体现了数学的基础作用，数学建模的项目有力地证明了数学的应用价值。二是改变了学生的学习方式，实现了知行合一，克服了知识学习和思维实践的割裂，挖掘了主动参与学习的内驱力。在项目确立、研究、完成、推广的过程中，提升了学生发现问题、规划问题、解决问题、沟通探究、能力迁移和主动学习的能力。三是项目式学习尊重学生的个性，注重学生发展的主动性、潜在性和差异性，满足不同学习风格和学习技能水平学生的学习需求，实现了培养学生终身学习能力的必备品格。四是项目式学习成就了教师的专业成长。项目式学习的实施过程是教师精心备课、认真传道授业的升华。在项目式学习中教师引领学生在"做中学""学中用""用中思""思中辩""辩中明"，教师的专业引领者和执行掌舵人地位得到强化，为教师的发展指出了更明确的方向。

教育是人与人心灵交融的学问。所谓从核心知识到核心素养，它的另一层解读就是从关注"物"到关注"人"。数学项目式学习是基于学科素养对高中数学知识学习的进一步延伸、应用、再创造,学生"做项目"与学习知识是一种相互促进的过程,是提高学生的学习能力、实践能力、创新能力的有效形式。

成果 2　基于数学核心素养培育的项目式学习研究

山东省青岛第三十九中学　李洪忠

[摘要] 在新课改的教学大背景下，高中数学的重要程度越来越明显。作为高考的科目之一，学生需要在规定时间内完成学习任务，实现有效学习。为了实现学生学习数学的有效性，现基于核心素养对项目式学习进行深入的研究，在教学中体现高中数学教学的价值和意义，教师在教学时要讲解基础思想以及知识，培养学生学科观念；营造项目式学习的条件，增强学生学习信心；进行数学建模教学指导，提高学生思维能力；开展活动加强学生交流，训练学生分析能力。巧妙运用项目式学习模式，对学生进行有效教学，提高学生数学综合能力。

[关键词] 高中；数学；核心素养；项目式学习；教学研究

[中图分类号] G　　[文献标识码] A　　[文章编号] 1002-4808（2019）12-0000-00

党的十九大明确提出："要全面贯彻党的教育方针，落实立德树人根本任务，发展素质教育，推进教育公平，培养德智体美全面发展的社会主义建设者和接班人。"学科《课标》和中高考考试大纲等重要文件提出了新课程背景下的学科核心素养和关键能力培养的要求；促进人才培养模式的转变，着力发展学生的核心素养。

一　高中数学核心素养培育呼唤项目式学习

高中数学核心素养要求学生做到"心中有数，脑中有形，脚下有路，手上有术"的基本数学能力。高中数学核心素养要求学生在学习期间需要对数学题目有深层的认识，能够从烦琐的题干中发现重要的解题条件，将有效条件与无关因素抽离，形成完整的解题框架，通过自身对题目的理解，可以快速、准确地解答数学问题。不再着重强调学生的学习兴趣，而是更加注重学生的学习效率与质量。只有学生在思想上对数学问题有完整的解决方案，才能保证学生的解决数学问题的过程是畅通无阻的，这也是高中数学教学的最终目的。

在注重学科核心素养培育的大背景下，传统的数学教学方式已难以完全适应学生的学习需求。项目式学习是依据教育目标和教学内容，通过老师设计实施一个完整的项目而进行的学习活动。由实际教学出发，围绕主题确立优秀项目，明确项目研究、项目实施的基本方法，通过项目问题的生成、探究、解决、运用来培养学生的创新精神和实践能力，注重核心素养全面提升。数学项目式学习是基于数学学科素养对高中数学知识学习的进一步延伸、应用、再创造，以学生的发展为本，通过"做项目"提高学生的"学习能力、实践能力、创新能力"的有效学习形式。综上，项目式学习正是集中关注于某一学科的中心概念和原理，旨在把学生融入真实的情境中，在完成任务的过程中，让学生积极地深度学习，自主地进行知识建构，以在现实的情境中学生自主生成知识，培养探索、创新能力为最高成就目标，最终提升学生的核心素养和关键能力的一种高效的学习模式。

二 基于高中数学核心素养的项目式学习策略

（一）讲解基础思想以及知识，培养学生学科观念

教师在教学过程中需要对学生进行数学观念的教育，指导学生正确认识数学这一学科。在项目式学习的前提下，学生需要对数学有一个正确的认识，教师才能对学生展开正式的教学。在教学期间，教师要保证学生的基础知识是过关的，教师才能在后来的教学中实现有效教学。其中基础知识包括教材中的定义公式、定理定律以及每一类型题的解题思路等基础的数学能力。教师在教学过程中不能只注重学生的解题速度，同时还要观察学生的数学意识和基础观念是否形成和完善，以此来提高教学的效率。

例如，教师在讲"空间几何体的结构"一节时，首先要让学生明确空间几何体的由来，通过学生动手实践以及相互之间探讨，寻找制作空间几何体最简单直

接的方法。学生翻阅教材发现，空间几何体是由多个平面多边形围成的。以长方体为例，学生在相互研究的过程中可以发现，长方体是柱体的一种，经过观察学生可以看到长方体相对的面是平行的，有多条公共边等。学生会将这些特征带到其他棱柱中进行检验，发现其中始终平行的两个面只有两个底面，其余的面并没有相互平行的特点，这些面叫作棱柱的侧面，按照底面图形的形状可以将棱柱叫作三棱柱、四棱柱以及五棱柱等。学生在认识空间几何体是为以后解决几何问题打基础，在学习过程中学生通过自主探究式学习，将本节课作为一个项目进行研究，以此形成空间几何体的基本观念与认识。

（二）营造项目式学习的条件，加强学生学习信心

在外界环境中，学生进行项目式学习的前提是要有一个好的学习环境和氛围，教师在教学中要给予学生支持与鼓励，学生才能将最饱满的热情带到数学学习当中。在教学过程中不能像以往的传统教学一样采取"教师讲课，学生听课"的教学模式，而是将教室变为小组式学习的圆桌模式。将教学整体分为不同的小项目，保证学生在学习期间对其中的每一个项目都能进行有效的学习和研究。教师将实际问题拿到课堂上，根据每一节课的学习内容，教师带入不同的情景，学生根据教师提供的已知条件展开小组自主探究式学习。将完整的研究过程整理到报告当中，教师根据每一位学生的学习报告来确定他们的学习情况。在整个学习过程中学生在课堂上进行自主学习，在学习中逐渐找到学习数学的信心，坚定数学学习的信念，对高中数学进行有效学习。

例如，教师在讲"直线的方程"一节时，学生在进行项目式学习之前，需要分好学习小组，保证项目式学习可以正常进行。教师根据直线方程的五种表示方法将学生分为五组，每一小组都需要研究一种直线方程，最后在每个小组中选出一位代表在班级内进行讲解，过程中的问题与难题需要教师进行整理，在学生讲解之后，教师将其中的问题进行逐一解答。整个学习期间，学生通过自主研究学习可以实现直线方程的有效学习。在教师的引导下，学生对项目式学习有了深刻的印象，同时作为课堂上的主体，学生在学习时会更加有信心。在系统的教学过程中，教师结合核心素养的理念，对学生进行辅助教学，有利于学生对本节课进行有效学习。

（三）进行数学建模教学指导，提高学生思维能力

数学建模是一种进行数学学习的工具，将生活中实际问题的数学部分抽离，拿到数学研究中，对问题进行本质的思考。根据问题的内在规律，做出相应的数学模型，学生对此进行深入的研究和学习。在数学建模的基础上，学生进行项目式学习，对某一数学问题进行全方位的调查研究，从问题的实质出发，扩展到现实中的问题和情景。在以上学习过程中，不仅可以全面提高学生的学习能力，还可以有效提高学生的思维能力。在核心素养视角下进行项目式学习，通过数学建模的学习方式，提高学生思考问题的能力，训练学生的抽象思维，实现学生的有效学习。

例如，教师在讲"随机事件的概率"一节时，要向学生明确随机事件的概念，保证学生在学习本节课时可以进行更好的理解。在讲本节课之前，教师可以列举出一个描述随机事件的典型例子，用案例将本节课的知识点串连在一起，对学生进行系统的教学。教师建立一个数学模型，在本节课之前，教师告知学生带一个苹果到班级。试问"学生带来的苹果颜色会是什么，在进行统计之前是否有明确的答案？"学生可能带来的是红、黄、绿三种颜色苹果，每一位学生所带苹果的颜色都不是确定的事情，那么其中一位同学带了红苹果的概率是多少，全班同学所带青苹果的人数又占班级人数的多少。将其中的问题转化为本节课的概率问题，学生对此进行学习和研究，在数学建模中体会生活中数学的实质性问题，加强学生的思维能力。

（四）开展活动加强学生交流，训练学生分析能力

在项目式学习的基础上实现学生数学学科的有效学习，只依赖教材进行课堂教学是远远不够的，教师还要在教学期间组织学生进行数学活动，包括带领学生听一些数学讲座、开展数学竞赛、成立数学建模小组等。不同的数学活动都有着不同教育教学意义，在学生学习期间，面对紧张的学习压力可以进行适当的缓解，加强同学之间的合作交流，还能在活动当中弥补自身的不足和缺陷。学生在活动期间不断完善自身的学习能力，在分析问题时可以快速检索出准确的信息，提高解决问题的效率，实现有效学习。

例如，教师在讲"三角函数模型的简单应用"一节时，通过不同类型的练习题对学生进行三角函数的巩固和复习。教师在讲完课之后为学生布置相关的实践作业，通过观察与实践，找到一天内气温的变化规律，将其制作成函数图形，计算出具体的函数解析式。学生参与到活动当中，将学习与实践相结合，保证活动进行的有效性。学生在活动当中学习到三角函数周期变化的特征和规律，将一天内的气温问题与三角函数结合到一起，对三角函数进行应用与学习。基于核心素养下，学生在分析问题与解决问题中的能力都得到有效提高，实现项目式学习的价值和意义。

三 总结

数学是学生必须学习的基础学科之一，高中阶段的数学内容具有一定难度，教师在教学过程中要正确引导学生进行学习，根据教材中的内容制订相应的教学计划。教师教学要以培养学生学习能力和学科素养为教学的目标，在项目式学习的前提下，实现学生综合能力的提高。教师将数学的定义公式、定理定律等基础知识融入实践教学中，为学生营造优越的学习氛围，为学生进行有效学习打下坚实的基础。通过师生双方的协作，优化高中数学教学模式，实现教学的有效性和实践性。

参考文献

[1] 刘育东.国外项目学习的历史沿革及发展趋势[J].教育理论与实践,2019(19):60-64.

[2] Dewey J.School and Society[A]. The Middle Works of John Dewey(Vol.1)[C]. Carbondale: Southern Illinois University Press, 1899.1-109.

[3] Knoll M.Project Work[A]. Encyclopedia of Educational Theoryand Philosophy, ed.D.C.Phillips[M]. Thousand Oaks, CA: Sage, 2014.665-669.

[4] Charters W W.The Project in Home Economics Teaching[J]. The Journal of Home Economics, 1918, (10): 106-114.

[5] 赵全新.核心素养背景下高中数学抽象再思考[J].课程教育研究,2020(03):155.

[6] 吴志坚.合理设计教学目标,突出数学学科核心素养[J].福建中学数学,2019(12):7-9.

[7] 惠小健,王震,章培军,于蓉蓉.线性代数项目案例式教学改革与实践[J].数学学习与研究,2019(23):22.

[8] 于亚男.核心素养理念下高中生数学运算能力的培养[J].数学学习与研究,2019(22):88.

[9] 吴志勇.浅论高中数学建模思维和能力的培养[J].数学学习与研究,2019(02):129.

[10] 李敏.高中跨学科能力整合提升策略探究——以地理和数学学科为例[J].中学地理教学参考,2018(04):20-23.

[11] 武静东.浅析高中数学核心素养的内涵及培养策略[J].才智,2019(23):36.

[12] 李佳."慕课"视域下项目式学习模式在理工类院校外语翻转课堂中的应用[J].湖北开放职业学院学报,2019,32(15):167-169.

[13] 张文兰,张思琦,林君芬,吴琼,陈淑兰.网络环境下基于课程重构理念的项目式学习设计与实践研究[J].电化教育研究,2016,37(02):38-45,53.

[14] 王黎仙.高中数学教学中学生"建模能力"培养策略研[J].数学学习与研究,2019(15):23

[15] 丁延.中国数学文化研究的综述与反思[D].苏州大学,2015.

[16] 潘静红.中学课堂教学中进行数学文化渗透的途径[J].思想理论教育,2012(14):55-59.

[17] 晏玲友.高中"数学文化"内容的教学策略研究[D].西南大学,2011·8.

[18] 陆珺.数学文化在高中教学中的应用[D].2015.

[19] 龙先远.数学语言的使用与学生素质的培养[J].读与算:教育教学研究,2012(23).